MUSIQUE

ORCHESTRATION

TRAITÉ D'INSTRUMENTATION

SOMMAIRE

1º Étendue raisonnée et limitée de tous les instruments qui composent l'orchestration.

2º Détails sur le mécanisme des instruments en cuivre.

3º Tablature raisonnée du trombone à coulisse (plan nº 1) et tableau comparatif de la tonalité relative des instruments en cuivre (plan nº 2; explication du tableau à la table des matières).

4º Observations spéciales concernant les différents rhythmes applicables à chaque espèce d'instruments selon le genre d'embouchure ou moyen d'émission propre à chacun de ces instruments et selon la légèreté de leur mécanisme particulier.

5º Emploi de tous les instruments, chacun selon son timbre.

6º Tablature de la tonalité comparée des instruments à cordes.

7º Observations sur les instruments qui composent la batterie.

8º Tableau général de la tonalité de tous les instruments comparés avec le piano et pris en détail dans tous leurs tons de rechange.

9º Quelques détails sur les instruments appelés saxhorns.

10º Quelques mots à propos des exagérations et des abus que l'on commet dans l'orchestration.

11º Conseils à MM. les jeunes compositeurs.

FIN

Plan.

Table des matières.

MUSIQUE

A MM. les Artistes, aux Dames musiciennes, à MM. les Amateurs,
aux jeunes Compositeurs et aux jeunes Artistes de l'armée.

ORCHESTRATION

TRAITÉ D'INSTRUMENTATION

PAR

ALFRED QUENTIN

Membre de l'Académie impériale de Musique.

1ᵉ ÉDITION

Prix : **24** francs.

DÉPOSÉ.

Propriété de l'Auteur pour la France et l'Étranger.

REPRODUCTION INTERDITE. — TRADUCTION RÉSERVÉE.

Chez ALFRED QUENTIN, rue Saint-Georges, 4, Batignolles-Paris.

CHEZ TOUS LES ÉDITEURS ET MARCHANDS DE MUSIQUE DE LA FRANCE ET DE L'ÉTRANGER.

PARIS

1864

A MM. LES SOUSCRIPTEURS.

Pour exprimer sa gratitude aux personnes qui ont coopéré à l'édition de son ouvrage, en prenant part à la souscription qui avait été ouverte dans ce but, l'auteur a cru leur rendre hommage en inscrivant leurs noms en tête de l'ouvrage même.

SOUSCRIPTEURS.

MM. Dietsch, premier chef d'orchestre (retraité) du théâtre impérial du Grand-Opéra, Paris.

George Hainl, premier chef d'orchestre du même théâtre.

Deldevez, second chef d'orchestre du même théâtre.

Leborne, professeur au Conservatoire impérial de musique.

Boveri, compositeur et chef d'orchestre.

Lussy, professeur de piano.

Taurines, constructeur d'instruments de précision.

G. Bizet, compositeur.

Du Seuil, compositeur amateur.

A. Artus, chef d'orchestre de l'Ambigu.

Th. Saintfélix, avocat-rédacteur.

Lécureux, compositeur et pianiste (Brest.)

Alfred Musard, compositeur et chef d'orchestre.

Le marquis de Laqueuille, M. Lamquet, rédacteurs de la *revue des Beaux-Arts*.

Rahn, professeur d'harmonie.

Courtenay, (de Londres)

Doriot, sculpteur.

Alfred Gondelier, (élèves de M. Rahn.)

Alfred Godard, compositeur amateur.

Dias, chef de musique au 24me régiment d'infanterie de ligne (Marseille.)

Jules Simon, artiste et rédacteur (Orphéon.)

Pougin, artiste et rédacteur.

Peuchot, chef d'orchestre et compositeur.

Joncières, compositeur.

J. Javelot, chef d'orchestre et compositeur.

Hubans, chef d'orchestre (cirque Napoléon.)

Emmanuel Chabrier, attaché au ministère de l'Intérieur.

Viel, artiste et commis principal au ministère de la Marine.

Simon de Vaudiville, sténographe et artiste.

Auguste Robert, juge suppléant à Riom, (Puy-de-Dôme.)

Lematte, chef de musique des pompiers à Marseille.

Guivier, professeur à Marseille.

Edouard Braconnier, professeur et chef de musique à Jarnac.

Barge Claudius, chef de fanfare à St-Julien, Molin-Molette, canton de Bourg-Argental (Loire.)

Causserouge, artiste à Bordeaux.

Métra, chef d'orchestre (Paris.)

Auguste Bardet, artiste musicien et sculpteur.

Duhem, professeur au Conservatoire de Bruxelles.

Aberlen Charles, mécanicien et artiste.

MM. José Barrières, professeur et organiste à Cherbourg.

Antonio Barrières, professeur de piano à Cherbourg.

Emile Crémieux. Paris.

Antoine Courtois, facteur d'instruments de musique. Paris.

Forestier, capitaine de musique de la 5me subdivision de la garde nationale de Paris, et artiste du théâtre Italien.

Forestier, capitaine de musique de la 4re subdivision de la garde nationale de Paris et artiste du théâtre impérial du grand Opéra.

Jean-Baptiste Tolbecque, Maury, (sous-chef de musique à la garde de Paris) Marchant, Pilout, Adam, Pasquier, Périers, Simon, Lahou, Viollet, F. Dubois, Rabaud, Collongues, artistes du grand Opéra.

Génin, Harndorff, Greive, Borelli, du théâtre Italien.

François, (artillerie à pied de la Garde.)

Grolard, Ibert, Asperges, Mercadier, De Lorenzo, Liouville, artistes du théâtre Lyrique.

Emile Bourdeau, professeur de musique au collège Chaptal.

Adolphe Nibelle, compositeur.

André, rentier et amateur.

Tardif, Lequeux (Nicolas), Gœdel (Chevalier de la Légion d'honneur et artiste.)

Henry Gobert, Montauriol, Demersman, Tatté, (Concerts du Casino.)

Legendre, Richir, J. B. Dias (compositeur) Chertier (ex-professeur au Gymnase-Musical) Prosper et Napoléon Artus, Provost, Rome, Gobin, Boute, Jules Périer, Ghilain, Dassen, Soler, L. Amato, Ed. Masson, Tubeuf, Janssen, L. Parme, Rigaud (chef d'orchestre.)

Lassagne, Huschard, Henry, artistes de la garde de Paris.

Austruy, Louis Germain, Edouard, Paulin, St-Jacôme, Montardon, Tomler, Larocque (Eugène) artiste au 70me régiment d'infanterie de ligne.

Julien, premier Basson au théâtre de l'Opéra à Marseilles.

Auguste Grisey, sous-chef du musique au 14mo régiment d'artillerie. (Rennes.)

Cordier, chef d'orchestre et éditeur de musique.

Mme Feuardent.

Mme Tinel de Kérolan, professeur de musique.

Mlle Collinet, professeur de piano.

AVANT-PROPOS

Depuis longtemps je cherchais par quel moyen je pourrais arriver à faire connaître en peu de temps, aux artistes qui travaillent l'harmonie et veulent devenir compositeurs, la partie la plus difficile de l'orchestration, celle qui, outre les observations relatives à tous les instruments traités dans cet ouvrage, selon leur emploi et la *limite raisonnée* de leur étendue, concerne spécialement le trombone à coulisse, le cor simple, la trompette et le cornet à pistons, afin qu'ils pussent aisément écrire pour ces quatre instruments, sans être forcés d'apprendre *tous* à en jouer; et comme tous les artistes ne peuvent pas s'astreindre à jouer de tous les instruments, ce qui prendrait une grande partie de leur existence et leur coûterait fort cher, il a fallu jusqu'ici, pour connaître à fond ces quatre instruments, faire partie d'une musique d'harmonie militaire, parce qu'alors, entendant tous les jours ces instruments, chaque artiste était forcé d'en remarquer les différents timbres et de se rendre compte du rapport qui existe entre eux. Il pouvait, en s'informant, les connaître, *mais à la longue*, sous le point de vue mécanisme.

Il pouvait, en outre, remarquer les timbres des autres instruments, et, par là, acquérir l'expérience indispensable à un compositeur.

Ce moyen était le seul, moyen impossible; puisque, parmi les compositeurs, il y en a beaucoup qui ne connaissent aucun instrument à vent; quelques-uns, qui sont organistes ou pianistes, ne connaissent pas même un instrument à cordes (1). Mais ces messieurs ne sont pas les seuls qui, pouvant écrire, soient privés de ces moyens; il y a aussi les dames qui peuvent écrire, mais qui ne peuvent pas être forcées de *souffler* dans les instruments à vent, et qui, moins encore que ces messieurs, *peuvent faire partie d'une musique militaire.*

Il y a beaucoup de dames qui s'occupent de musique, et s'il y a des sciences qui soient plutôt le fait propre de l'homme que celui de la femme, il ne doit pas en être ainsi pour la musique. Pourquoi la musique, cet art qui est le reflet de l'âme, ne serait-elle pas autant le fait de la femme que celui de l'homme?

Le Créateur, qui donne à tous l'intelligence plus ou moins grande, l'aptitude à une chose quelconque, n'a-t-il pas, en donnant à l'homme la force des muscles, donné en *revanche* à la femme la force du cœur, la sensibilité? Cette sensibilité, grande et naturelle, que le grand maître a largement versée de son propre sein dans celui des filles d'Ève, ne les rend-elle pas aptes, autant que tout autre, à comprendre, à sentir, à créer, à reproduire enfin leurs pensées, leurs impressions, dans ce miroir de l'âme, la musique!

Or, pourquoi nos dames, parce qu'elles n'ont pas la science que nous leur refusons en les privant des moyens de l'acquérir; pourquoi, dis-je, nos dames, dont l'intelligence est si fertile, seraient-elles privées d'écrire elles-mêmes, pour l'orchestre, leurs inspirations?

---

(1) Voir à la fin de cet ouvrage les conseils donnés à cet égard.

Les dames ne s'en occupent pas assez sérieusement, peut-être !

Mais qui les stimule, qui les encourage?

Rien.

Et, cependant, il y a déjà des ouvrages lyriques qui, pour auteur de la musique, portent le nom d'une dame.

Eh bien ! donnons aux dames la science nécessaire : la première œuvre de l'une d'elles sera l'éguillon qui stimulera les autres; elles y mettront de l'amour-propre d'abord, du goût ensuite et bientôt une ardeur enthousiaste, et alors on aura très-probablement un grand choix de musique d'un nouveau genre. Mais poursuivons, et revenons aux instruments et principalement aux instruments en cuivre.

Quand il ne s'agit que d'accords frappés, il n'y a rien de difficile; par exemple, pour le trombone, on peut frapper toutes les notes que l'on désire, tant qu'on ne sort point de son étendue; mais pour le cor il n'en est point de même; le cor a des notes bouchées, chose qui n'existe point dans le trombone.

Peut-être, me dira-t-on, qu'on a le cor à pistons; mais il y a beaucoup d'artistes qui ne jouent que le cor simple, et je dirai plus loin, dans le chapitre du cor, pourquoi il sera toujours bon d'écrire pour le cor simple, comme s'il n'en existait pas d'autre. Voilà pour les accords frappés.

Mais, quand on voudra écrire un trait pour le trombone, les choses changeront complétement de face; par exemple, un compositeur veut écrire un trait spécialement pour cet instrument, il se réjouit de son idée, de son inspiration.

Cela fera un effet magnifique, se dit-il. Alors, il fait exécuter sa musique; son cœur bat en attendant l'effet qu'il a rêvé, et puis !... il écoute !... Et tout à coup sa physionomie change. Ce bel effet lui a fait faire une grimace.

Pourquoi donc ce résultat inattendu?

La réponse est facile à trouver.

Les instruments en cuivre, sans exception, sont les plus difficiles de tous les instruments. On écrit pour eux comme pour les voix, instruments qui n'ont point de mécanisme *matériel*, ou comme pour les violons, sans *chercher* en aucune façon si ce que l'on écrit est *possible*

Aujourd'hui on trouve dans toute espèce de musique, je ne dirai pas de la musique difficile, car on travaille ce qui est difficile et on le fait, mais de la musique qu'il est impossible d'exécuter d'une manière nette, convenable; même dans les doigtés faciles, il y a des mouvements dans lesquels la quantité de notes que l'on écrit ne peut pas être rendue; le trombone n'est pas une flûte, et plus les embouchures des instruments en cuivre sont larges, plus la langue devient lourde; si le mécanisme de l'instrument est difficile par lui-même, le tout devient impossible; si, au contraire, les notes sont bien écrites, et dans un mouvement qui rende possible l'exécution d'un trait quelconque, si les notes sont bien enchaînées, *tels sont les traits écrits par des degrés conjoints*, tout est possible. Tout est possible, lorsque tout est bien écrit. (Voir le chapitre du rhythme.)

La plus grande difficulté de cet instrument existe, comme on le verra plus loin, dans l'intervalle compris entre sa base, *mi nat.* grave, et le *sol* 4ᵐᵉ interligne de la portée, clef *fa* 𝄢. On peut écrire tous les rhythmes bien carrés depuis la ronde jusqu'au triolet et jusqu'à la double croche, dans toute l'étendue de l'instrument, mais plutôt dans les notes placées au-dessus du *sol* susdit, étendue dans laquelle on peut prolonger les rhythmes composés de beaucoup de notes, plutôt que dans le grave, où l'on doit éviter les grands écarts de coulisse, écarts forcés, puisque, comme on le verra aussi, chaque note ne se trouvant qu'à une seule position, on est obligé d'aller souvent chercher une note à une grande distance de celle qui la précède et quelquefois même de celle qui la suit. On doit bien aussi admettre que la quantité d'air que dépense cet instrument, que le mouvement de la coulisse, lequel, tout en contribuant à l'épuisement de l'air, fatigue les lèvres par les secousses quelquefois trop brusques qu'elles peuvent en recevoir, doivent exiger plus souvent que les autres instruments des instants de repos, lesquels, si courts qu'ils soient, ne fussent-ils même que de la valeur d'une double croche, empiétée sur celle d'une note représentée par une simple croche, puissent permettre à l'*instrumentiste* de renouveler l'air qui s'est échappé des poumons qui en sont le réservoir, jusqu'à ce qu'il puisse reprendre une respiration complète, et ce faible instant de repos, si court qu'il puisse paraître au compositeur, suffit en outre pour reposer les lèvres qui finissent toujours par se contracter si, à la longueur d'un trait écrit dans un rhythme régulier de doubles croches carrées ou de croches en triolets, viennent se joindre les difficultés provenant et du *grand mouvement* du mécanisme et des *grands écarts continus* de l'intonation des notes écrites par degrés disjoints, écarts dont les lèvres subissent toujours l'influence.

Si le repos de la croche suffit pour les rhythmes des temps divisés par quatre, la noire sera nécessaire dans les triolets; mais dans ce dernier rhythme les lèvres supporteront assez aisément la longueur du trait, si les notes, placées dans le médium et dans l'aigu de l'instrument, sont *souvent* écrites par degrés conjoints ou séparées par de courts intervalles.

Mais quelques personnes disent que le trombone à pistons est venu à propos pour remplacer le trombone à coulisse, et que l'on peut désormais écrire pour cet instrument comme pour le violon, vu la rapidité que peut donner à l'exécution des notes le *nouveau* genre de mécanisme. Or, comme je n'ai pas eu l'intention, sous prétexte de livrer aux compositeurs un ouvrage utile, de faire *de la critique*, je me bornerai à dire que le trombone à pistons et le trombone à coulisse ne sont nullement le même instrument; que le trombone à pistons est une bonne invention pour les musiques militaires, parce que, pour des élèves qui ne savent rien lorsqu'ils commencent à apprendre et desquels on réclame *de suite* des services, il est beaucoup plus facile à apprendre; mais dans l'orchestre, le premier ne peut pas remplir le même but que le dernier.

Enfin, on trouvera dans les quelques observations qui, dans cet ouvrage, précèdent le chapitre du cor simple et qui sont relatives aux anciens instruments auxquels on a ajouté des pistons, des raisons suffisantes pour faire connaître la différence qui existe entre le trombone à pistons et le trombone à coulisse, surtout lorsqu'on aura comparé entre elles les causes qui détruisent dans le premier, les qualités que l'on exige du *trombone proprement dit*, avec celles qui, au contraire, les donnent au second : vigueur dans le timbre, étendue, clarté, souplesse dans le son, élasticité dans le mécanisme, justesse.

Ah! qu'il fut grand le génie des hommes qui surent, en lui donnant des formes différentes, *mettre* le son dans la matière, lui donner des teintes, des couleurs différentes.

Respectons leur ouvrage et ne le détruisons pas sous prétexte de faire du *progrès*; car, à part le perfectionnement apporté aujourd'hui par l'expérience, par le travail, dans la reproduction de leur œuvre, jamais nous ne ferons mieux qu'ils n'ont fait.

Mais par quelle erreur bizarre veut-on donc absolument faire jouer au trombone le rôle du violon ou de la flûte, et par ce fait même détruire en lui tout ce qu'il y a de beau et de bon? Dans tout ce qui compose un orchestre, n'a-t-on pas assez d'instruments pour faire beaucoup de notes; qu'il y a-t-il de plus brillant que les sons du trombone, lorsqu'ils sont bien posés, au lieu d'être *escamotés* ou altérés par *le manque d'émission*?

Que l'on écrive bien, on fera sur le trombone à coulisse tout ce qu'il faudra, *et l'on peut faire beaucoup* et avec des qualités que *n'aura jamais le trombone à pistons*.

Dans les effets de *forte* surtout, les rondes, les blanches, les noires et les croches produiront un effet bien plus pur et bien plus brillant que toutes les notes que l'on écrit pour cet instrument, et qui positivement le font sortir de sa nature et de son emploi.

Mais il ne faut point se le dissimuler, même dans ce qui est possible, le trombone à coulisse, instrument si utile dans un orchestre, présente aux exécutants trop de difficultés pour que l'on se contente de le traiter comme tout autre instrument, sans vouloir se *rendre compte* de ce que l'on écrit.

De plus, le mécanisme de cet instrument est si bizarre, qu'il arrive souvent que des choses parfaitement possibles ne sont jamais faites quand on ne les a point étudiées et sont quelquefois très-faciles quand on les connaît. Ce n'est pas la lecture qui manque à l'artiste, c'est la bizarrerie même du mécanisme qu'il rencontre tout à coup qui l'empêche de lire, et cela en courant après les positions dans lesquelles l'imagination s'embrouille quelquefois, et alors on perd de vue les notes écrites.

Mais, me dira-t-on, les artistes qui jouent du violon se plaignent aussi de ce que certaines choses soient mal écrites pour leur instrument! Cela peut être vrai; mais, à cette objection, je répondrai que leurs doigts parcourent sur la corde une distance d'environ vingt-trois centimètres, qu'aucun mouvement étranger à leur doigté ne les dérange; tandis que pour le trombone, on nous fait faire *brutalement* des sauts par mouvements contraires et souvent répétés (et c'est là le tort) de trente à soixante centimètres de distance, et, quelle que soit notre dextérité, cela ne peut pas être aussi vif que sur le violon.

De plus, ce mouvement trop brusque imprime aux lèvres une secousse qui les paralyse et fait étrangler les notes, surtout lorsque l'on écrit dans le grave, étendue dans laquelle les notes extrêmes exigent, pour être émises, pour être entendues, une certaine durée. Je crois que ce désagrément n'existe pas sur le violon.

Que l'on demande au premier artiste venu pourquoi *tel artiste* ne peut point jouer avec des dièzes, comme il joue avec des bémols, et *vice versâ;* il répondra que c'est tout simplement parce que cet artiste aura travaillé son instrument en se servant d'une des deux espèces de ces accidents et ne se sera point servi de l'autre espèce.

Pour tous les instruments, le trombone excepté, cette raison peut être très-juste, mais pour le trombone elle est complétement fausse; j'ajouterai même, et je le ferai voir plus loin, que dans certains cas cette raison est fausse pour le cornet à pistons.

Mais revenons au trombone.

Règle sans exception :

Pour éloigner toute espèce de difficulté, on doit toujours, *autant que le ton le permet,* se rapprocher de la première position, c'est-à-dire l'instrument fermé. Donc, je dirai qu'avec des bémols, sauf quelques notes passagères qui dépassent cette limite, le trombone parcourt la distance de la première position à la quatrième, tandis qu'avec des dièzes, le trombone a à parcourir toute la distance de la coulisse, depuis la première position jusqu'à la septième. Double distance à parcourir, donc, double difficulté.

C'est donc dans le but de faire connaître aux jeunes compositeurs les quatre instruments principalement cités au commencement de cet ouvrage, qu'après y avoir sérieusement réfléchi, j'ai songé à entreprendre cette tâche, quelque difficile qu'elle me parût; et après avoir tout calculé, tout médité, certain d'avoir atteint mon but en employant un moyen prompt à tel point que, en quelques semaines seulement et en y consacrant une ou deux heures de réflexion par jour, un artiste intelligent puisse connaître, pour les écrire, ces quatre instruments aussi bien que les artistes mêmes qui en jouent, je n'ai pas hésité à écrire cet ouvrage qui, lu couramment, peut l'être en entier en cinq heures : un peu d'expérience suffira pour mettre chaque artiste en état d'écrire avec facilité, sans être obligé de le consulter à chaque instant. Comme je veux être clair, *et concis autant qu'il est possible,* dans mes observations, je commencerai par celles qui, ne demandant aucune étude, doivent seulement être lues sans qu'il soit nécessaire d'y revenir.

TRAITÉ D'INSTRUMENTATION

CHAPITRE PREMIER

Du timbre des instruments en cuivre. — Des causes de la différence qui existe entre ces différents timbres.

Toutes les fois que l'on adaptera à l'une des extrémités d'un tube quelconque une embouchure et que l'autre extrémité de ce tube s'élargissant graduellement se terminera en forme d'entonnoir, appelé pavillon dans les instruments, l'on produira un son quelconque; mais le timbre de ce même son vient de deux causes :

1° De la forme des tubes;

2° De la façon dont l'embouchure est percée.

Tout son émis dans un tube long et de forme circulaire, faisant sur lui-même plusieurs tours, est, si l'on veut me permettre cette expression, mystérieux et doux; on ne peut point dire qu'il soit sourd, mais il n'y a rien de strident dans son caractère, qui est celui du cor; mais alors cette forme circulaire du tube exige une embouchure percée en ligne droite et se rétrécissant peu à peu jusqu'à l'extrémité de la queue. Le grain de cette perce, c'est-à-dire l'endroit où l'embouchure est le plus étroite à l'intérieur, doit être proportionné à la grosseur du tube auquel on adapte cette embouchure.

Lorsqu'un son est émis dans un tube dont la forme d'abord droite, se recourbant tout à coup en angle droit (fig. 1) pour se recourber presque immédiatement à peu de distance (2 de la fig.) et que ce tube, après avoir parcouru une nouvelle route en droite ligne, vient à reproduire une autre courbe formant, comme la première, deux angles droits (3 et 4 de la fig.) pour se terminer ensuite à son extrémité formant le pavillon (5 de la fig.),

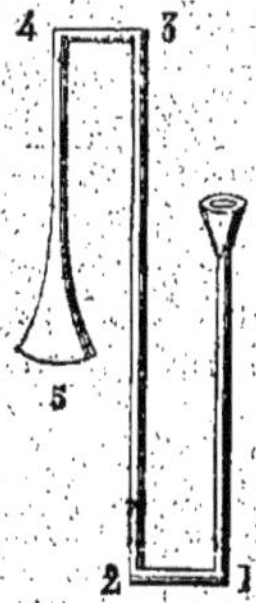

ce son aura le timbre beaucoup plus strident, plus brutal, et, en modifiant par le travail la dureté de ce son, il sera, quoique doux, beaucoup plus clair que le son émis dans un tube de forme circulaire.

Tel est le timbre du trombone, ainsi que celui de la trompette.

Alors, pour ce genre d'instrument, l'embouchure, pour aider le timbre à bien avoir son caractère strident, dût, dans le principe, avoir dans sa perce, à partir de l'orifice, une forme cintrée se rétrécissant jusqu'au grain, d'où part véritablement le son, et la queue de l'embouchure s'élargissant peu à peu, à partir du grain, jusqu'à son extrémité.

Mais en France, sauf quelques artistes qui, pour ne pas changer d'anciennes habitudes, ont conservé ce vieux système pour le trombone, M. Dieppo, professeur dont le talent est prouvé, a apporté dans l'embouchure de cet instrument une modification qui, sans altérer en rien son véritable caractère, en a adouci les sons de façon à les rendre, même pour les oreilles les plus délicates, aussi agréables que les sons des autres instruments en cuivre.

Cet adoucissement du son vient de ce que M. Dieppo a fait rapprocher la perce de cette embouchure, de celle de l'embouchure du cor; mais à l'endroit le plus étroit, c'est-à-dire au milieu où se trouve le grain, cette perce forme un angle légèrement accentué, et à partir de cette espèce d'angle, la queue de l'embouchure se rélargit jusqu'à son extrémité.

Pour le timbre on comprendra facilement que, dans un instrument de forme circulaire, l'air qui produit le son étant détourné de sa course, mais régulièrement et sans jamais être arrêté par secousses, et de plus, passant par un tube long et étroit, produira un son qui s'assourdira de plus en plus; de cette cause vient le son mystérieux et voilé du cor.

Au contraire, toutes les fois que l'air, après avoir parcouru, sans rencontrer d'obstacle, une ligne droite, s'arrêtera tout à coup sur un angle droit qui, par le contre-coup, le renverra se répercuter avec plus de force sur un autre angle droit; puis, parcourant une autre ligne droite à l'extrémité de laquelle il rencontrera un nouvel obstacle, semblable au premier, sera brusquement détourné dans sa marche, cet air devra produire un son dur; c'est ce qui donne au trombone et à la trompette leur timbre strident, ces deux instruments étant de même forme, quoique l'un soit plus grand que l'autre.

Il est, du reste, très-facile d'acquérir la preuve de ce que je viens de dire.

Que l'on prenne un cor, et qu'après avoir donné une note en plein air, on tourne le pavillon de l'instrument contre un corps dur, une pierre surtout, ce qui arrêtera brutalement le courant d'air au moment où il sortira de l'instrument, on verra que cet obstacle produira, sur le son du cor, l'effet que produisent, sur le son du trombone et de la trompette, les angles de leurs tubes.

Le cornet à pistons tient, pour le timbre, le milieu entre la trompette et le cor, pour cette raison que, quoique fortement cintrées dans certaines parties, ses courbes ne sont pas, d'un côté, aussi régulières que celles du cor, et, d'un autre, aussi anguleuses que celles de la trompette; mais à cause de ces mêmes courbes et de la coupe intérieure de son embouchure, coupe qui, par sa forme cintrée comme celle de la trompette, quoique plus allongée, se rapproche de cette dernière, le cornet à pistons se rapproche plus de la trompette, pour le timbre, que de tout autre instrument, de sorte qu'à défaut de trompette on peut au besoin la remplacer par le cornet à pistons (1), attendu que les notes écrites dans la portée sont à l'unisson pour ces deux instruments pris dans le même ton. Si l'on monte le ton de la trompette, le cornet à pistons a la ressource de ses pistons; seulement le cornet à pistons jouera dans sa première octave, tandis que la trompette jouera dans sa deuxième. (Voir le tableau comparatif.)

Observations concernant le rapprochement d'unisson des notes de PASSAGE *d'un chant exécuté par un instrument en cuivre et des notes de l'accompagnement des autres instruments également en cuivre.*

En établissant entre les instruments en cuivre les précédentes comparaisons relatives à tous les timbres, l'on peut aisément remarquer la différence qui existe entre chacun d'eux, d'où l'on peut conclure ceci : que le trombone étant employé pour exécuter non pas *forte*, mais avec des sons naturels, pleins et francs, un chant quelconque, on pourra, dans le grave

---

(1) Quand je dis : *remplacer*, je veux dire que dans un orchestre où l'on n'emploie point de trompette (et cela arrive souvent), le cornet vaut mieux pour remplacer cette dernière, que *la clarinette* ou *la flûte*; car, pour l'effet positif, pour le timbre, le cornet à pistons ne sera jamais une trompette.

et dans le médium, faire impunément accompagner le solo du trombone par les cors, même à l'unisson, sans craindre que les notes de passage du trombone ne viennent se choquer contre les notes d'accompagnement des cors.

Mais comme il faut en tout, et le plus possible, rechercher la pureté dans l'effet, comme le trombone et le cor, pris dans les tons du médium et dans ceux de l'aigu, sont généralement à l'unisson l'un de l'autre (il faut se rappeler que, généralement et sauf quelques exceptions, l'accompagnement des cors s'écrit dans les notes de la portée, clef *sol*), et enfin, comme les sons du trombone (il ne faut jamais crier dans un instrument, quel qu'il soit) s'adoucissent dans l'aigu, il faudra, par respect pour les notes de passage du chant et pour obtenir toute la pureté désirable, éviter le trop grand rapprochement du chant et de l'accompagnement : 1° lorsque le solo de trombone, exécuté même à sons pleins, sera écrit dans l'aigu; 2° lorsque ce même solo, écrit dans le médium et dans l'aigu, devra être exécuté *piano*, parce qu'alors l'adoucissement du timbre, par l'effet du *piano*, rapprochera les sons du trombone de ceux du cor.

D'un autre côté, il faudra en agir ainsi lorsque le chant et l'accompagnement seront indistinctement exécutés par l'ophicléide et par les cors, et pour la musique militaire par les saxhorns.

Ces trois instruments, ophicléide, cor et saxhorn, ne sont point d'un timbre semblable, mais le caractère voilé du timbre particulier à chacun de ces instruments établit entre eux un rapprochement qui exige de mettre une certaine distance entre le chant et l'accompagnement, et si l'on ne veut point blesser l'oreille, il faudra éviter le rapprochement des notes de passage du chant et de celles de l'accompagnement.

Il doit en être de même entre le trombone, la trompette et le cornet à pistons, instruments dans le timbre desquels il existe, sinon une parfaite ressemblance, du moins une grande analogie.

Ainsi, de ces trois instruments, l'un étant employé comme instrument chantant et les autres comme accompagnateurs, le rapprochement déjà énoncé serait d'un très-mauvais effet, parce que la différence de timbre n'est pas entre eux assez grande pour que, dans ce sens, l'on ne doive pas les considérer comme étant d'un timbre semblable; alors les notes de passage du chant, tournant autour des notes de l'accompagnement, produiraient à l'oreille un effet très-désagréable.

Prenons pour exemple la terminaison d'un chant exécuté en duo par deux cornets à pistons, et les trombones accompagnant ce chant, le premier trombone donnera la note commune à son octave aiguë.

Donc, ces deux instruments étant du même timbre, si l'on réduisait au piano les deux parties, voici ce que l'on trouverait pour les deux premiers temps du trait :

et pour le troisième temps

Même observation pour la trompette.

Du reste, il faudra non-seulement appliquer cette observation à tous les instruments de même nature, mais encore il sera prudent d'agir avec beaucoup de discernement à l'égard des instruments qui, quoique n'ayant pas un timbre semblable, ont cependant, quant au timbre même et dans certains cas, un semblant d'analogie.

Ainsi (1), la voix de ténor, dans le médium et dans l'aigu, a beaucoup d'analogie avec les sons du cor et avec ceux du basson, ces deux instruments jouant *piano*, à l'unisson de la voix, et cependant tous les trois ne sont pas d'un timbre semblable.

Le même rapprochement peut exister, dans un effet d'accompagnement, entre le trombone, la voix de ténor et le cor, le trombone jouant dans le médium et dans l'aigu. La clarinette et la grande flûte ont aussi, dans cette même étendue, une certaine analogie dans les effets *piano*; il y a comme un semblant de rapprochement.

Dans les instruments à cordes, et quoique les sons de l'alto soient plus ronds, plus moëlleux que ceux du violon, les sons de ces deux instruments, pris à l'unisson (voir plus loin leur rapport à cet égard), ont entre eux beaucoup d'analogie; mais le timbre du violoncelle diffère beaucoup de celui des deux premiers, en ce que le timbre est beaucoup plus mâle dans celui-là que dans les deux autres.

CHAPITRE II

Trombone à coulisse.

Observations particulières.

Le trombone (grande trompette) forme, comme les instruments à cordes, une famille, laquelle se divise en trois espèces d'instruments :

1° Le trombone alto, appelé par convention, trombone en *mi b.*, parce qu'il donne l'accord de *mi b.* à la première position (c'est-à-dire l'instrument fermé);

2° Le trombone ténor, appelé trombone en *si b.*, parce qu'il donne l'accord de *si b.* à la première position;

3° Le trombone basse, appelé trombone en *fa (nat.)*, parce qu'il donne l'accord de *fa nat.* à la première position.

(Il y a bien encore un autre trombone basse dit en *mi b.* et un autre dit en *sol;* mais le plus usité, et celui qui est vraiment le plus commode, est le trombone basse dit en *fa.* Du reste, il y a en Allemagne des trombones presque dans tous les tons, mais cela se perd de plus en plus.)

Mais que l'on n'aille pas commettre d'erreur sur la dénomination toute conventionnelle de ces instruments.

En effet, le cor, la trompette et le cornet à pistons ont des corps de rechange, lesquels changent la tonalité de l'instrument, sans rien changer au mécanisme.

Donc, pour ces trois derniers instruments, que l'oreille entende un *fa*, un *sol*, un *la* ou un *ut*, c'est toujours, pour l'écrivain comme pour l'intrumentiste, un *ut*, tonique de l'instrument. (Les clarinettes sont dans le même cas.)

Tandis que ces trois trombones sont parfaitement bien en *ut;* leur *ut*, quelle que soit la position où on le prenne, est bien un *ut* pour l'oreille; contrairement aux autres instruments, c'est le mécanisme qui est changé.

(1) Par convention l'on écrit le cor sur la clef *sol*, deuxième ligne, le basson sur la clef *fa*, quatrième ligne, et sur la clef *ut*, quatrième ligne, et la voix de ténor, pour l'opéra, soit sur la clef *ut*, quatrième ligne, ou sur la clef *sol*, deuxième ligne, et généralement sur cette dernière dans les œuvres isolées.
Or (excepté pour les tons aigus du cor, comme on le verra plus loin), pour ces trois instruments, cor, basson et voix de ténor, la clef *sol* ne représente pas l'unisson de la même clef écrite au piano, mais bien l'octave au-dessous, c'est-à-dire les notes du médium ou de l'aigu de la clef *fa*, quatrième ligne, ou de la clef *ut*, quatrième ligne. Alors, pour ces trois instruments, quelle que soit la clef sur laquelle ils sont écrits, quel que soit le *registre* dans lequel chacun est également écrit, et, en rétablissant la tonalité des tons de rechange du cor, comparativement avec la voix de ténor et le basson, les notes produites par ces trois instruments se trouveront à l'unisson, si l'on réduit les clefs de *convention* en une clef *ut*, quatrième ligne, qui donnera, dans leur tonalité réelle, *et à l'unisson pour les trois instruments*, les notes écrites *dans la portée* de chacune de leurs clefs respectives. (Voir le tableau général.)

Il n'y a guère qu'en Allemagne où l'on se serve encore du trombone alto en *mi b*. et des trois trombones basse dont je viens de parler, et MM. les compositeurs français savent tellement bien que, pour de bonnes raisons, les artistes français ne veulent jouer que du trombone ténor, qu'ils écrivent toujours pour l'étendue réelle de cet instrument, et que les autres sont, pour ainsi dire, inconnus en France.

Pourquoi?

C'est que, outre l'impossibilité d'exécuter avec le trombone basse tout ce que l'on écrit, tout ce qui peut être joué avec le trombone ténor (je reviendrai bientôt sur le premier), les artistes français ont compris qu'avec le trombone ténor ils peuvent remplir les trois parties de trombone alto, ténor et basse.

Outre la différence dans le mécanisme, lequel ne serait qu'une affaire de simple transposition de l'écriture, deux raisons de force majeure interdisent au trombone alto et au trombone basse cette similitude d'emploi, propre au trombone ténor. D'abord, l'embouchure du trombone alto est plus petite et l'embouchure du trombone basse est plus grande que celle du trombone ténor. Quant à la longueur et à la grosseur des tubes, le trombone alto est plus court et plus étroit, le trombone basse est plus long et plus large que le trombone ténor, d'où il résulte que le trombone alto n'a pas de grave relatif au trombone ténor et au trombone basse, et que le trombone basse n'a pas d'aigu relatif aux deux autres (voir ce qui est dit plus loin à ce sujet pour le trombone basse), ce qui donne au trombone alto et au trombone basse une spécialité exclusive; et chacun d'eux ne peut être employé que pour ce qu'il est. En vain les artistes ayant cette spécialité chercheraient-ils et souvent un emploi, car ils pourraient se présenter là où l'on n'aurait point besoin d'eux.

Le trombone ténor, au contraire, possède tout à la fois, grave, médium et aigu; il est donc clair que lui seul puisse exécuter les trois parties. (Voir pour l'étendue le tableau comparatif.)

Cependant, malgré toutes ces raisons, il y aurait un excellent parti à tirer du trombone basse en *fa nat*. (les deux autres n'étant pas usités) et sans que cela gênât beaucoup les instrumentistes.

Mais avant de faire connaître le parti brillant et utile que l'on peut tirer de cet instrument, je dois d'abord faire connaître le plus important de ce qu'il a de bon et de ce qu'il a de mauvais.

Trombone basse en FA NATUREL.

Comme matière, le trombone basse est très-lourd, et lorsque sa coulisse, armée d'une poignée sans le secours de laquelle le bras ne pourrait pas arriver jusqu'à son extrémité, est ouverte, son poids même empêche la rapidité dans le mouvement, et par sa longueur cette coulisse est tellement fatigante à soutenir, qu'il faudrait, pour arriver à la faire marcher avec autant de rapidité que celle du trombone ténor, avoir un bras de géant et d'hercule tout à la fois; de plus, la quantité d'air qu'exige son tube fort long et passablement large rendra le trombone basse, eu égard à la musique que l'on écrit pour cette partie de l'orchestration, vraiment trop fatigant pour la poitrine d'un homme, si l'on commet des exagérations qui, tout en fatigant, seraient d'un très-mauvais effet; car ce qui serait écrit ne serait jamais exécuté. Ajoutons à cela la difficulté, je dirai plus, l'impossibilité d'exécuter les mouvements d'une trop longue coulisse, en tenant à la main une branche de vingt-cinq à trente centimètres, correspondant à cette coulisse même, avec autant de rapidité, autant d'agilité qu'on peut le faire en tenant dans la main même le tenon d'une coulisse relativement plus courte et beaucoup plus légère. J'en appelle au propre bon sens.

Quant au son, cet instrument étant fait pour produire des notes graves, on ne doit pas dépasser dans l'aigu un certain degré, le *fa* et tout au plus le *sol* aigu, clef *fa*. Or, depuis l'*ut*, deuxième octave du trombone basse, jusqu'au *sol* aigu, les notes ont un beau son; mais ce son n'a pas la sonorité éclatante, le timbre strident du trombone ténor.

Il n'y a donc que dans ses deux premières octaves que le trombone basse soit vraiment dans son véritable emploi, et cette étendue, surtout dans la première octave, est magnifique si elle est bien appliquée. Du reste, son étendue possible, du *si nat*. grave au *sol* aigu, est la même que celle du trombone ténor, du *mi nat*. grave à l'*ut* aigu.

Comme il en sera encore parlé dans cet ouvrage, non-seulement les petites embouchures et les tubes étroits sont faits pour produire des notes aiguës, leurs notes graves étant trop maigres, comparées aux notes des gros tubes, les grandes embouchures et les tubes larges sont faits pour produire des notes graves, leurs notes aiguës, comparées aux notes des petits tubes, étant trop grosses; mais encore les notes, à mesure qu'elles deviennent de plus en plus graves, doivent se prolonger en durée.

Donc, à mesure que l'on descend dans les notes extrêmement graves d'un instrument qui est déjà très-grave par sa nature même, ces notes extrêmes dans le grave doivent avoir une certaine durée, sinon l'émission n'a pas lieu.

Les recherches et les observations que j'ai faites dans l'étude des instruments en cuivre m'ont appris que leur moyen d'émission, l'embouchure en forme d'entonnoir, placée au dehors de la bouche et pressant les lèvres entre elle et les dents, rend cette difficulté d'émission du son beaucoup plus grande dans ces instruments que dans les autres dont l'embouchure, anche ou bec, entre dans la bouche.

Enfin, dans le cas où l'on voudrait obtenir un effet exceptionnel à l'aide du trombone basse, il serait nécessaire que dans tous les théâtres où l'on joue l'opéra, il y en eût un appartenant à l'administration. (Les artistes n'en feront jamais l'acquisition à leurs propres frais.)

Si l'instrumentiste chargé de l'exécution de cette partie a l'habitude de se servir d'une embouchure très-large à l'orifice, il ne trouvera aucun changement, mais il devra chercher l'émission des sons, surtout du *mi* à l'*ut* graves, en posant les sons avec précaution, avec adresse et sans force, car la brutalité dans l'attaque de ces notes anéantirait le son et par conséquent l'effet : point de *forte* possible au départ du son de ces notes extrêmement graves; on doit les enfler après l'émission.

Mais il trouvera une grande facilité d'émission s'il fait faire exprès une embouchure à grain très-large, beaucoup plus large que celui de l'embouchure dont il se sert pour jouer du trombone ténor.

Si, au contraire, il a l'habitude de se servir d'une embouchure très-étroite à l'orifice, et il y a une mesure de largeur que l'on peut comparer, il sera obligé d'avoir une embouchure large et faite exprès pour le trombone basse.

Les embouchures de la plus petite dimension, quant à la largeur du bassin, à l'orifice, reçoivent à l'orifice même une pièce d'un franc, sans que cette pièce puisse entrer dans le bassin.

Or, il suffirait d'avoir une embouchure dans le bassin de laquelle cette pièce d'un franc pût entrer de manière à venir juste au niveau du bord de l'ouverture.

Comme les lèvres n'éprouvent pas une forte pression lorsque l'on émet une note grave, et, je dirai plus, comme toutes les notes que l'on peut écrire pour le trombone basse, dans le médium, ne sont pas dures à produire et ne demandent pas une pression fatigante, cette différence de largeur serait peu sensible lorsque l'on reprendrait l'autre embouchure, la plus étroite, et par conséquent gênerait peu l'instrumentiste, auquel on ne ferait du reste exécuter cette partie de basse extrême que par fragments peu nombreux; car, si cette partie était continue, cela nécessiterait l'emploi d'un artiste de plus dans les orchestres. Il faudra, en outre, que, pour acquérir une grande assurance de l'émission, cet instrumentiste ait une embouchure très-allongée dans sa perce et large à l'endroit où se trouve le grain.

Mais pour que les résultats soient vraiment bons, pour que l'on obtienne une sonorité convenable, il faut, comme on vient de le voir, que les notes aient une durée proportionnée aux degrés plus ou moins graves sur lesquels elles seront écrites, afin d'assurer l'émission.

Plus le mouvement sera large et plus les notes graves auront de durée, plus l'effet sera beau.

Écriture du trombone basse en FA NATUREL.

Voici comment l'on devra écrire la partie de trombone basse si l'on veut qu'elle soit possible :

Pour donner à l'instrumentiste chargé de cette partie la facilité d'exécution, il faudra d'abord lui donner le temps de changer d'instrument; ensuite, si cela est possible, préparer ses lèvres au changement d'embouchure (à moins qu'on ne l'ait laissé se reposer pendant tout l'acte dans lequel on aura écrit pour le trombone basse, jusqu'au moment du solo), en faisant précéder le solo, qui pourrait être en relief et obligé, de quelques notes *piano* qui, bien qu'elles n'auraient aucune importance réelle pour l'orchestre, seraient d'un grand secours pour l'instrumentiste; mais on pourra se dispenser d'écrire cette préparation, si les premières notes du solo ne descendent pas, pour le trombone basse, au delà de l'étendue du trombone ténor, avant de rencontrer les notes plus graves.

Jusqu'au contre *ut* grave inclus, la ronde et la blanche sont d'une émission sûre et d'un effet magnifique dans les mouvements larges. Quant à la blanche, comme elle peut devenir une simple noire dans un allégro modéré, il faudra lui appliquer, dans ce cas, les observations suivantes et relatives à la noire.

Depuis le *mi b.* grave jusqu'au *sol* aigu, on peut écrire une noire par temps dans le mouvement du métronome 112 ♩. On pourra aussi écrire deux croches, mais deux seulement, placées de temps à autre entre les noires, et, par nécessité, trois croches carrées, de deux pour un temps, ou même en triolet, soit par degré conjoint, soit par degré disjoint, mais seulement pour ce dernier cas, dans un mouvement très-large et en évitant bien les grands écarts de la coulisse dont le mouvement est beaucoup plus lourd sur cet instrument que sur le trombone ténor.

On pourra aisément calculer ces mouvements de coulisse du premier, sans se préoccuper de son véritable mécanisme, et cela en suivant le mode de transposition prescrit ci-après à l'adresse de l'instrumentiste qui voudrait se servir de cet instrument.

Lorsque l'on écrira dans le mouvement du métronome 112, au-dessous du *mi b.*, le *ré nat.* et par nécessité le *ré b.* ne pourront être représentés par une noire que lorsqu'ils seront écrits par degrés conjoints avec le *mi b.*, et ils pourront s'arrêter sur un *ut* (contre *ut*) soutenu, d'où ils pourront également revenir par degré conjoint sur le *mi*; isolément, ces deux notes, *ré nat.* et *ré b.*, ne pourront être représentées par une noire que dans un mouvement large.

La noire est déjà d'une durée bien courte, et on ne devrait jamais écrire l'*ut* grave représenté par une noire; mais, en cas de nécessité, on pourra le faire dans les deux cas suivants, mais seulement dans les mouvements très-larges, excessivement larges :

1° Lorsqu'un seul *ut* sera écrit par degré conjoint entre deux *ré*, il faut que les degrés varient;

2° Quand un *ut* se trouvera placé entre des blanches ou des rondes écrites au même degré. Dans ce dernier cas, on pourra au besoin, mais le plus rarement possible, écrire une ou deux noires.

Dans ces deux cas, les notes *ré b.* et *ut* ont déjà elles-mêmes bien peu de portée, et elles n'en auront plus si on prolonge leur durée par noires successives.

Pour ces deux notes, il est évident que la croche est impossible, même dans un mouvement large; on n'a pas même le temps de l'émission, et une seule de ces deux notes, écrite par une croche, gênerait beaucoup l'émission de la note qui la suivrait.

Pour le *ré nat.* on pourra, par nécessité, écrire une croche ou deux tout au plus, mais seulement lorsque cette note devra remonter sur le *mi*, note plus facile à émettre, et dans un mouvement large, et non lorsqu'elle devra descendre sur les notes plus graves, lesquelles demandent, avant d'être émises, un approvisionnement d'air fait à l'avance, tandis que les croches précédentes, d'abord sans résultat positif, empêcheraient, par la perte de l'air, l'émission des notes plus graves que ces mêmes croches.

Quant aux notes *mi b.*, *mi nat.* et *fa nat.* graves, on pourra si l'on veut, au lieu d'une noire par temps, écrire une croche suivie d'un demi-soupir, si l'on ne veut pas que la noire soit soutenue toute sa valeur.

Pour les notes écrites sur les mêmes degrés, on pourra traiter le trombone basse, quant au rhythme, pour les croches et les triolets et selon le degré de gravité ou d'élévation des notes, en suivant les principes émis à l'égard du trombone ténor, parce qu'alors il n'y a plus, ou du moins il y a peu de mouvement dans la coulisse, attendu qu'on ne doit le faire que si chaque note tient sur le même degré une valeur de deux temps au moins, dans un mouvement un peu vif, et d'un temps dans le mouvement du métronome 112 et dans les mouvements lents. Quant aux mouvements larges, on pourra prolonger ces deux rhythmes, ainsi que celui des doubles croches (notes tenues au même degré), autant qu'on le voudra. (Voir le chapitre du rhythme, à la fin des instruments en cuivre.)

Le *si nat.* grave, dernière note du trombone basse, ne peut être écrit que dans un mouvement large, représenté par une note large elle-même

Résumons : Dans le grave, depuis le *mi b.* jusqu'au contre *ut* grave, la ronde est magnifique, la blanche est bonne, la noire est possible; quant à la croche, elle est impossible à partir du *ré nat.*

Concluons : Les instruments graves étant faits, comme je l'ai déjà dit, pour exécuter des notes graves, on fera bien, quant à l'étendue, si l'on veut bien employer le trombone basse, de ne point dépasser le *ré* ou le *mi*, placés au-dessus de la portée, et de n'employer les autres notes jusqu'au *sol* aigu que pour ne pas se restreindre si l'on écrivait un solo obligé, en dehors, pour cet instrument.

Ces solos, qui ne doivent être écrits que dans des mouvements très-larges, seront d'un effet magnifique si le trombone basse est employé à propos.

On pourra facilement se rendre compte des mouvements relatifs de la coulisse de cet instrument, et par conséquent éviter les écarts impossibles, en comparant son mécanisme avec celui du trombone ténor et en établissant sur chacune des bases ci-dessous le même produit que celui qui existe sur chaque base des sept positions du trombone ténor.

Base de chaque position du trombone basse.

Chaque base supportant sa quinte, point de note intermédiaire (1).

Donc, si l'on veut ainsi tirer un parti vraiment utile du trombone basse, l'instrumentiste devra user d'un mécanisme semblable à celui du trombone ténor, en s'habituant, par l'exercice, à la distance plus longue des positions, et transposera l'écriture en lisant la clef *ut*, première ligne; alors cet instrument sera compris dans la catégorie des instruments qui possèdent des corps de rechange, tels que le cornet, la trompette et le cor, et sera véritablement alors en *sol*, puisque son *ut* donnera un *sol* pour l'oreille.

Revenons maintenant à l'emploi positif du trombone ténor, dont ce qui précède a dû prouver les qualités exclusives, étendues, qualité du son, légèreté relative dans le mécanisme, fourniture possible de la quantité de l'air et par conséquent soutien assuré des sons, toutes choses que ne possèdent pas le trombone alto et le trombone basse, et je demanderai pourquoi l'on n'accepterait pas le trombone ténor pour remplacer les deux derniers?

Est-ce parce qu'il ne descend que jusqu'au *mi nat.*, tandis que le trombone basse descend jusqu'au contre *ut* grave? Et à moins que l'on ne voudrait obtenir l'effet exceptionnel dont je viens de parler, ne pourrait-on point se passer de quatre pauvres demi-tons, puisque la gravité extrême de ces mêmes notes, descendant par demi-tons du *mi nat.* à l'*ut* grave (contre *ut*), exigeant une certaine durée pour chaque note, empêche que l'on puisse appliquer aux notes graves du trombone basse tous les rhythmes que l'on peut appliquer au trombone ténor?

La dernière note du trombone ténor est le *mi nat.* grave, et le trombone basse achève la gamme jusqu'à l'*ut* grave, à la sixième position. (Le *si nat.*, base de la septième position, ne s'écrit que rarement.)

(1) Comme ce qui concerne le trombone basse est une addition faite à cet ouvrage au moment où il allait être terminé, on ne devra pas s'étonner de ce que l'exemple ci-dessus se trouve placé avant les observations qui doivent en donner l'explication, explication que l'on trouvera dans les deux textes suivants ayant pour titre : 1° *Produits naturels des instruments en cuivre;* 2° *Tablature du trombone,* et l'on reviendra, pour la comparaison, à la tablature ci-dessus.

Est-ce parce que le trombone alto, à ce que l'on se figure du moins, peut rendre plus facilement les notes extrêmement aiguës suivantes :

ré nat., mi nat., mi b. et fa nat.

C'est une erreur; même avec le trombone alto, ces notes sont aussi difficiles à émettre qu'avec le trombone ténor. Je dirai plus, on les écrit isolément, et si on les réussit, parce que l'on est plus ou moins bien disposé, il n'y a pas toujours de certitude.

Donc, où il n'y a pas assurance, il n'y a pas possibilité; il n'y a pas vérité.

J'ai entendu dire souvent que l'on avait vu quelques instrumentistes allemands ou belges, des trompettes, lesquels montaient, sur leur instrument, jusqu'à des notes extrêmement aiguës, avec une facilité étonnante; mais aussi, d'après le rapport d'hommes sérieux et compétents, on a su que ce fait était chez eux une spécialité; qu'ils n'avaient à eux que quatre ou cinq notes dans l'extrême aigu de l'instrument; qu'ils n'avaient presque pas de médium et point du tout de grave, d'où je conclus que ces instrumentistes, se faisant une spécialité de jouer des solos dans des concerts, n'auraient pu tenir aucun emploi dans un orchestre, où il faut tout faire, et ce que font en effet les artistes français qui ont le bon sens de ne point vouloir sortir des limites véritables de leur instrument, quel qu'il soit.

En toutes choses il doit y avoir une limite. Parce qu'une voix, qu'elle soit de basse, de baryton, de ténor, de contralto ou de soprano, est plus ou moins élevée, selon la nature et de la voix même et de l'individu; parce que tel individu possédera un demi-ton ou même un ton de plus dans sa voix que tel autre, est-ce à dire pour cela que l'on écrira dans la dernière limite de cette même voix?

Non! Qui peut plus peut moins; mais la limite devra s'arrêter avant les degrés extrêmes, sinon l'on n'obtiendra aucun résultat, si toutefois on ne brise pas l'instrument. (Je parle de la voix.) Pourquoi n'en serait-il pas ainsi des instruments? Et, quant aux notes extrêmement aiguës du trombone, n'a-t-on pas en effet le cornet et la trompette à pistons qui, s'ils ne peuvent pas, quant au timbre, être remplacés l'un par l'autre dans les solos auxquels on attache un caractère particulier, peuvent parfaitement compléter un accord en *tutti*, soit *piano*, soit *forte*, écrit pour les trois trombones dont la partie la plus élevée serait écrite dans les bonnes notes aiguës de l'instrument et non dans des notes qui dépassent une limite extrême où l'on rencontre presque l'impossibilité.

En quoi y aurait-il rien de désagréable dans ce que l'on ferait produire les notes extrêmement élevées par de bonnes notes du médium, soit du cornet, soit de la trompette?

Dans les instruments à cordes, de la base au sommet de l'échelle, depuis la contre-basse jusqu'au violon, la différence même de la grandeur des instruments, de la grosseur de leurs cordes, non-seulement diminue, affaiblit l'intensité de la sonorité, mais encore change l'espèce du timbre.

Dans les notes élevées, et par conséquent dans les instruments qui forment la partie haute de l'échelle, les vibrations sont éclatantes et claires, mais elles sont maigres et légères. Au contraire, dans les notes graves et principalement dans les instruments graves, ces vibrations sont rondes, volumineuses et lourdes. Serait-il donc bien rationnel de faire représenter les notes graves du violon ou de l'alto par des notes extrêmement aiguës de la contre-basse, et *vice versâ*? Non! Chaque instrument, chaque timbre, chaque sonorité a son emploi.

Pourquoi donc n'appliquerait-on pas le même raisonnement, la même règle aux instruments en cuivre (1)?

Les timbres doivent s'affaiblir à mesure que l'on monte progressivement du grave à l'aigu; cet effet n'est-il pas tout à fait naturel? On peut en juger facilement en faisant la comparaison des notes du grave, du médium et de l'aigu du trombone. Je ne vois donc

---

(1) Si on voulait m'en croire, si on voulait apporter un peu de logique dans ce que l'on fait, on n'écrirait jamais pour le trombone, au-dessus du contre *si b.* aigu, dans les notes isolées ou faisant partie d'un accompagnement simple, et les autres notes, *si nat.* et *ut* ne seraient employées que très-largement; et pour ne point se restreindre dans l'étendue qu'exigerait une phrase musicale, je renouvellerai plus loin cette observation.

d'inconvénient à remplacer par des notes de la trompette ou du cornet à pistons les notes trop aiguës, citées plus haut, du trombone, les notes aiguës devant être naturellement et étant par ce fait d'un timbre moins dur, moins gros que les notes graves, et là on retrouvera le même rapport qui existe entre les instruments à cordes, et l'on obtiendra au moins, avec les trois trombones semblables, une uniformité de timbre qui ne peut pas exister dans les autres, vu la différence qui existe dans la longueur et dans la grosseur des tubes.

Est-ce qu'à Paris, dans les principaux orchestres, il y a un trombone alto dit en *mi b.* et un trombone basse, dit trombone en *fa?*

Non ! il n'y a que des trombones ténors, et cependant on y joue toute la musique possible.

Donc, le seul trombone connu en France est le trombone ténor, et, sans se préoccuper de la dénomination toute de convention, de trombone en *si b.*, dont on le qualifie, les compositeurs doivent l'écrire en *ut.*

Produits naturels des instruments en cuivre.

Comme les résultats que j'ai voulu obtenir dépendent de l'étude bien réfléchie de ce qui va suivre, c'est surtout à partir de maintenant que je réclame de messieurs mes lecteurs l'attention la plus sérieuse.

Avant de se servir d'un instrument quelconque, le plus important est d'abord d'en connaître les produits.

Or, toute espèce d'instrument en cuivre, sans exception, soit que les notes se fassent sans le secours d'aucun mécanisme ou doigté, soit qu'elles se fassent à l'aide d'une coulisse, d'un piston ou d'une ou plusieurs clefs, produit par le seul effet du mouvement des lèvres, dans toutes les positions de ces différents doigtés et élevée sur une base tonique, une suite de notes, semblable à l'exemple suivant (dans tous les tons possibles et sans faire aucun mouvement de doigté, la base étant donnée) :

Seulement les notes par secondes successives se retranchent graduellement, à mesure que le ton devient de plus en plus aigu.

Le premier cas où un instrument donne cette suite de notes, est celui où l'on peut les produire sans le secours d'aucun mécanisme.

On appelle ces notes : notes à vide.

Nota. — Généralement, pour toute l'étendue des notes que l'on peut écrire, on doit arrêter à la quinte cette suite de secondes successives.

A l'exception de la quarte des secondes successives, note qui, dans le ton d'*ut*, est un *fa*, et dont plus tard, dans le chapitre du cor et de la trompette, on trouvera l'emploi, toutes

---

(1) Seuls, le trombone ténor à sa sixième et à sa septième position, le cor et la trompette, dans les tons graves, peuvent donner entièrement cette suite de secondes successives à partir de l'*ut*, troisième interligne, clef *sol*, mais comme produit et non comme emploi. Si cela était possible pour les lèvres, on produirait, par mouvement chromatique, une autre suite de notes, au-dessus de la dernière note aiguë de ce produit.

ces notes à vide peuvent s'écrire jusqu'à la quinte des secondes successives inclusivement.

On verra aussi dans ce même chapitre jusqu'à quelle note le cor de rechange, plus ou moins aigu, permet d'écrire.

Tablature du trombone ténor à coulisse et mouvements relatifs de la coulisse n° 1 du plan.

La coulisse du trombone se divise en six parties égales (1) ou six intervalles; ces six intervalles, renfermés entre chaque extrémité de la coulisse, donnent sept positions.

Chaque position, dans son mouvement relatif, donne un intervalle d'un demi-ton. (Voir la tablature.)

En prenant isolément chaque note de la première position, et en descendant la coulisse de position en position, il s'opère un mouvement régulier de demi-ton en demi-ton, de manière à former, de la première à la septième, un intervalle de quinte diminuée (2). (Voir la tablature.)

Ce mouvement se trouve régulièrement répété sur chaque portée, quelle que soit la note du point de départ.

En prenant la ligne verticale de bas en haut, on verra que la coulisse du trombone donne sept fois, et dans sept tons différents, le produit énoncé plus haut.

La première base donne l'accord de......................... *si b.*
La deuxième.. *la nat.*
La troisième....................................... *la b.*
La quatrième....................................... *sol nat.*
La cinquième............................... *sol b.* ou *fa. diè.*
La sixième... *fa nat.*
La septième.. *mi nat.*

On ne s'étonnera donc plus, quand on se sera rendu compte de la tablature, que le trombone puisse opérer un mouvement chromatique et régulier de sa base à son sommet.

La première note que l'on peut produire immédiatement au-dessus de cette base tonique, est la quinte. (En suivant le mouvement à la tablature, en prenant de bas en haut la colonne verticale, on verra, quel que soit le ton que donne la base tonique, que ce mouvement est exactement le même dans chaque colonne représentant chaque position.)

Point de première tierce dans cette étendue grave.

Donc premier intervalle grave, intervalle de quinte juste.

Au-dessus de cette première quinte est la première octave.

Immédiatement au-dessus de cette octave on trouve la tierce, puis après la deuxième quinte.

Sur cette quinte est placée immédiatement la septième mineure ou septième dominante.

Après cette septième dominante, on trouve immédiatement la quinzième ou deuxième octave, et, à partir de cette octave aiguë, la suite de secondes successives que nous arrêterons à la quinte.

Dans tous les instruments, cette tonique aiguë, la seconde, la tierce et la quinte sont de bonnes notes; mais la quarte qui, dans le ton d'*ut*, est le *fa*, est une mauvaise note; cette quarte *fa*, étant trop haute pour faire un *fa nat.* et trop basse pour faire un *fa diè.*, a besoin du secours d'un mécanisme quelconque pour être juste.

---

(1) Je dis six parties égales, parce que; ayant écrit ce Traité spécialement pour les compositeurs, il n'y a point, en écriture, de tons divisés en commas. Comme il n'est pas écrit sur la note que l'*ut*, par exemple, est tonique dans le ton d'*ut*, tierce dans les tons de *la nat.* mineur et de *la b.*, quinte dans le ton de *fa*, septième dominante ou mineure de l'accord de *ré* et septième sensible dans le ton de *ré b.*, la différence de tonalité, pour la justesse, regarde spécialement l'exécutant.

2) En vérifiant à la tablature, pour éviter toute confusion, on laissera de côté toutes les notes en harmoniques, lesquelles, étant écrites dans une intention particulière, seront reprises en temps et lieu.

Pour le trombone, dans les accords frappés, soit *piano*, soit *forte*, il ne faut point dépas-

ser l'*ut nat.* aigu  et il faut éviter aussi de fixer constamment les lèvres de

l'exécutant sur les notes extrêmement aiguës, sans qu'il y ait de temps à autre un repos marqué, soit par un silence, quelque court qu'il soit, soit par l'intervention d'une note plus grave et d'une émission facile, soit une des notes aiguës *fa, sol, la,* ou les autres qui se trouvent entre le *fa nat.* et le *si bém.* Le *ré b.*, le *ré nat.* et le *mi b.* aigus ne doivent s'é-crire que dans des solos isolés, écrits spécialement pour le trombone; mais on n'écrit que très-rarement au-dessus du *ré b.*, encore faut-il que ces notes soient bien pré-parées.

Je ferai remarquer, quelque extraordinaire que paraisse cette observation, que pour la nature des lèvres, il en est de même que pour celle des voix. Un ténor ne pourrait point, de sa voix naturelle, atteindre les notes aiguës d'une voix de contralto. De même, la nature des lèvres n'est point la même chez tous les hommes; il y en a auxquels cette nature de lèvres permet de monter avec une grande facilité jusqu'à des notes extrêmement aiguës; mais quelquefois les notes graves sont maigres. Au contraire, elle donne à d'autres une grande facilité et une belle qualité de sons dans le grave et dans le médium de l'instru-ment, mais l'aigu s'arrête et se maintient à un certain niveau.

Donc, la nature des lèvres ne constituant point le fait de capacité, il faut écrire pour tous et non pour quelques exceptions.

Écriture du trombone mécanisme ou doigté.

On a déjà vu plus haut que, pour éloigner toute difficulté dans le mécanisme du trom-bone, il faut, autant que le ton le permet, rapprocher de la première position toutes les autres, afin d'éviter les trop grands écarts par mouvements contraires.

C'est surtout lorsque l'on écrit des traits dans l'octave basse, et à partir du *sol*, quatrième

interligne, clef que les difficultés se présentent.

En effet, que l'on analyse bien le mouvement de chaque position, depuis la première jusqu'à la septième, et, en prenant ce même *sol* pour point de départ, on verra que la pre-mière tierce manquant dans les sept accords, et à l'exception du *fa nat.* qui, d'abord quinte de l'accord de *si b.*, première position, se reproduit comme première octave de l'accord de *fa*, sixième position, et à l'exception du *mi nat.* qui, par le même mouvement, mais

à une position plus bas, se reproduit de la même façon, on verra, dis-je, que chaque note

qui se trouve placée au-dessous de ce *sol*, ne peut se faire qu'à une seule position. (Vérifier à la tablature.) On est donc obligé de prendre chacune de ces notes à sa position respec-tive, ce qui donne lieu à de grands écarts de coulisse.

Au contraire, au-dessus de ce même *sol*, quatrième interligne, on trouve la même note répétée à plusieurs positions.

Prenons par exemple le *fa nat.*, cette note se produit trois fois à sa deuxième octave de l'accord de *fa*. (Base sixième position.)

Le *si nat.* qui, dans le grave, ne peut se faire qu'à la septième position, retrouve son octave d'abord à cette même position, puis à la quatrième position, comme dixième de l'accord de *sol,* ensuite sa quinzième à la deuxième position, comme seizième de l'accord de *la nat.*

Enfin, le *mi nat.* qui, à une position plus bas que le *fa nat.,* suit relativement la même marche que cette dernière note.

Il en est de même de toutes les notes plus élevées que le *sol* quatrième interligne, lesquelles se produisent de la même manière au moins deux fois.

Observations concernant les pédales.

Il existe encore au-dessous de la dernière note grave, formant la base de chaque position, des notes appelées pédales. Ces pédales se trouvent à une distance d'octave au-dessous de chacune de ces mêmes bases.

Toutes ces pédales existent dans tous les instruments en cuivre, mais elles ne peuvent pas se produire, parce que : 1° l'orifice et le grain de l'embouchure de beaucoup de ces instruments ne sont pas en rapport avec la gravité de ces mêmes notes; 2° les tubes de plusieurs de ces instruments sont trop étroits pour les produire avec une sonorité convenable. Or, pour être de bonnes notes, il faut que ces pédales soient produites dans un tube large et aient leur point de départ, d'émission, dans une grande embouchure.

Il n'y a que le trombone qui puisse produire ces pédales; encore ne faut-il jamais dépasser la pédale de la quatrième position, celle du *sol.* Mais, pour des raisons que je vais expliquer, il ne faut écrire que la pédale du *si b.* et rarement, et, de plus, dans les conditions suivantes seulement (1) :

1° Il faut que les lèvres y soient préparées par quelques notes graves précédentes et que cette pédale soit écrite aux trois parties si l'on veut qu'elle soit soutenue;

2° La pédale peut être préparée par une des notes graves *si b.* ou *fa nat.;*

3° Comme il serait très-difficile de produire une pédale avec une sonorité satisfaisante, après l'émission d'une note aiguë, il faudra, dans un cas semblable, qu'il y ait au moins une mesure en blanc entre la note aiguë et la pédale;

4° La durée d'une pédale ne peut pas être moins longue que celle d'une blanche bien soutenue; il doit en être de même de la note servant de préparation.

Comme on l'a déjà vu, les lèvres n'étant pas de la même nature chez tous les hommes, l'exécution plus ou moins facile des pédales ne constitue pas une capacité quelconque. Pour produire avec assurance, et dans tous les cas possibles, une pédale, il faut une embouchure très-large; sinon, non !

Et s'il y a des personnes qui, par la nature de leurs lèvres, fassent exception, cela ne prouve pas que ces exceptions doivent servir de règle.

Or, il y a des lèvres qui ne peuvent pas monter dans les notes aiguës de leur instrument avec une embouchure large, de même que par effet contraire, d'autres ne peuvent pas don-

---

(1) L'exécution des pédales, jusqu'à celle du *la b.* serait possible, si les instrumentistes comprenaient qu'ils pourraient avoir une seconde embouchure large, et à l'orifice et dans le grain, laquelle ne servirait que dans ce cas; mais MM. les compositeurs sont avertis que ce fait n'existant pas, quant à présent, ils seront souvent trompés dans leur attente s'ils écrivent les pédales. C'est pourquoi ils doivent prévoir que, parmi les exécutants, on rencontrera le plus souvent des instrumentistes qui se servent de petites embouchures et écrire en conséquence; ceux qui se serviront de grandes embouchures n'auront alors que plus de facilité.

ner des notes graves avec l'embouchure dont la largeur conviendrait parfaitement aux premiers.

Les instrumentistes qui se servent d'une embouchure dont l'orifice est de la plus petite dimension, peuvent à coup sûr et même facilement produire toutes les notes réelles de l'instrument, mais ils ont grand'peine à produire les pédales, quand ils y réussissent.

Chez soi on travaille, on réussit les pédales; mais à l'exécution, dans un orchestre, on ne les réussit pas toujours, et quand on parvient à les produire, elles sont souvent trop faibles, si encore elles n'arrivent pas en retard, à moins, je le répète, que l'instrumentiste ne se serve habituellement d'une embouchure très-large. Mais qui voudra compter sur une éventualité?

Tout est relatif. Pourrait-on jouer de la contre-basse avec un archet de violon, ou du violon avec un archet de contre-basse? Il est aisé de comparer, en remarquant que les gros instruments en cuivre, appelés contre-basse en *mi b.* et en *si b.*, ont des embouchures énormes. Ce qui est pédale dans le trombone est note réelle dans ces instruments-là, auxquels on ne peut pas demander des pédales; pourquoi voudrait-on que l'on pût produire avec une petite embouchure et avec un instrument à tube cylindrique, forme qui exige plus de dureté dans l'attaque, et qui, par conséquent, donne plus de difficulté dans l'émission des notes qui se trouvent à l'unisson de celles qui sont produites dans l'étendue réelle d'un instrument qui demande une embouchure de grandeur énorme, quoique son tube conique lui donne déjà beaucoup de facilité dans l'émission.

Le cornet à pistons et le cor possèdent leurs pédales comme tous les autres instruments. Pourquoi ne peut-on pas les produire?

Dans le cornet, c'est de l'exiguité de son tube, de l'orifice et du grain de l'embouchure que vient l'empêchement.

Le cor, dont le tube s'élargit beaucoup à mesure qu'il approche du pavillon, peut produire les pédales dans les tons aigus et ceux du médium jusqu'au ton de *fa* seulement; les tons plus graves que ce dernier ton sont alors trop graves pour la largeur du tube. Mais comment les cornistes la donnent-ils, cette pédale? Chez eux, en tâtonnant, en cherchant; mais à l'exécution, point!... Si la forme conique de son tube est la cause de la possibilité d'émission dans les pédales, l'exiguité de la perce de l'embouchure et de l'extrémité du tube au point de départ du son est un obstacle qui anéantit cette possibilité. Le trombone, qui est à l'unisson du cor pris dans un ton relatif (cor en *si b.* haut, unisson de la première position du trombone), devra, dira-t-on, produire les pédales plus facilement que celui-ci, puisque son tube est plus large. Cela est vrai, mais moins de difficulté ne veut pas dire grande assurance dans l'émission, d'autant plus que dans le trombone, comme je viens de le dire, on veut entendre un son mordant, et son tube droit et cylindrique exigeant une attaque plus dure, la difficulté d'émission y est par cela même plus grande dans le grave qu'elle ne l'est dans le cor, dont le tube est conique et circulaire, et c'est probablement, à en juger par les effets, cette raison de forme cylindrique ou conique qui donne à l'un la difficulté, à l'autre la facilité dans l'émission des pédales.

Encore l'ophicléide, instrument dont le tube énorme dépense une immense quantité d'air, ne produit ses notes graves, qu'à l'aide des pédales produites par ses clefs, et toutes ces notes, non-seulement sortent bien, mais encore sont pour l'instrumentiste d'une émission très-facile; mais il faut aussi une grande embouchure!...

C'est donc de la largeur du tube, de sa perce conique et de la grandeur de l'embouchure que viennent la facilité d'émission et la quantité de son dans un instrument quelconque, de même que le son voilé ou strident vient des courbes régulières et cintrées, ou des courbes plus ou moins anguleuses du tube.

Donc, confiant dans la justesse de ce raisonnement, je crois pouvoir affirmer que la seule pédale possible pour tous, sur le trombone, est celle du *si b.*, et si quelques artistes ont les lèvres d'une nature à pouvoir produire à peu près bonnes les notes extrêmement graves au-delà de la portée véritable de cet instrument, le *mi nat.*, cela ne prouve pas que ces pédales soient à coup sûr exécutées partout et par tous, si on les écrit.

Maintenant que l'on connaît le produit de chaque position du trombone, lorsque l'on aura bien analysé tous les mouvements de la coulisse, on se rendra facilement compte de la difficulté et souvent de l'impossibilité qu'il y aura pour exécuter un trait mal écrit.

Mais que l'on n'aille pas surtout s'exagérer ces difficultés et se restreindre pour écrire; c'est justement pour que l'on soit bien renseigné et bien sûr de soi que j'ai entrepris ce travail, dont une étude sérieuse peut mettre en état de pouvoir tout écrire d'une manière au moins possible, sinon facile.

Qu'on se rappelle donc bien ceci :

« En travaillant un passage difficile, on le réussit ; mais ce que j'appelle impossible n'est jamais nettement exécuté.

» Rapprochez-vous, autant que possible, de la première position, ou du moins rapprochez le plus possible les positions les unes des autres. »

Du reste, la planche de modèles ou exemples qui va suivre ce chapitre, modèles que l'on comparera avec soin, fera voir qu'une seule note suffit pour rendre facile un trait qui serait difficile sans le secours de cette note ; quelquefois même il serait impossible.

Comme je l'ai dit plus haut, les notes plus graves que le *sol*, quatrième interligne, se trouvant selon le ton écrit et souvent très-éloignées l'une de l'autre, il faut éviter, toutes les fois qu'il y aura un mouvement précipité de notes (1), de répéter les grands écarts par mouvements contraires, sans qu'il y ait entre ces mouvements à grand écart au moins une note qui, rapprochée d'une des deux autres notes qu'elle doit enchaîner, et, trompant la marche de ce mouvement, donne le temps de se préparer à l'éloignement de la note suivante.

Exemple. (Mét. 112.)

Les chiffres placés sur les notes représentent les positions.

Ce mouvement est impossible. — Comparez :

Celui-ci, au contraire, est très-possible :

Remarque : Il y a un cas où, malgré cette note, pour ainsi dire conductrice, le mouvement est très-difficile, quand toutefois, je ne puis trop le répéter, ce mouvement est longuement suivi, continu ; c'est le cas où cette note, servant d'enchaînement, se trouve placée à égale distance entre deux notes qui, placées, l'une à la première ou à la deuxième position, l'autre à la sixième ou à la septième, se trouvent par conséquent à chaque extrémité de la coulisse ; mais on peut écrire ce mouvement s'il est interrompu.

Exemple.

Mouvement répété.

Au contraire, le même mouvement écrit en *la b.* est très-facile. — Comparez :

(1) Par mouvement précipité de notes, je veux dire tous les traits par croches régulières, doubles croches ou triolets, que la mesure soit de $\frac{2}{4}$, $\frac{6}{8}$, $\frac{3}{8}$, $\frac{3}{4}$ ou quatre quatre temps, dans un mouvement qui fournira 112 temps du métronome à la minute et dans les mouvements plus vifs. (Mét. 112, mouvement de pas accéléré, marche militaire.) La valeur réelle des notes est *relative* ; les notes n'ont pas de valeur *absolue*.

Outre les mouvements à grand écart enchaînés par une note intermédiaire, les mouvements que l'on peut écrire, quoique difficiles et même sans avoir recours à la note conductrice, sont ceux qui, comme dans l'exemple précédent écrit en *la na!.*, n'excèdent pas une
durée de plus de deux temps sans rencontrer un temps d'arrêt quelconque, ce temps d'arrêt ne fût-il que de la valeur d'une noire ou d'une croche, à moins pourtant que la deuxième
mesure de ce trait ne rentre dans un doigté facile; dans ce cas, on peut continuer sans
interruption.

Exemple. (Mét. 112.)

On rencontrera surtout ces grands écarts dans les arpèges réguliers en accord parfait, ou
dans leurs renversements, dans les tons d'*ut*, *ré nat.*, *si nat* et *la nat*, majeurs et mineurs. Il
arrive même souvent que ces arpèges, écrits dans le médium de l'instrument et par fragments isolés de deux temps seulement, sont très-difficiles. D'abord, leur isolement empê-
chant la préparation pour les lèvres, est déjà un obstacle si le mouvement de la musique est
plus vif que celui du métronome 112. Mais ce qui donne le plus de difficulté, c'est que très-
souvent, à cet isolement, à cette vivacité du mouvement des notes, aux écarts de la coulisse,
viennent se joindre les grands écarts d'intonation, octave, quinte et quarte. Si les lèvres
sont préparées par quelques notes précédentes et bien posées, le trait écrit ainsi sera possible; mais isolé, il sera souvent raté ou très-mal rendu. C'est cet intervalle d'octave, au
point de départ, qui rend l'exécution très-mauvaise, sinon impossible.

Exemple.

Mais je reprends la suite de ma théorie, seulement pour l'étendue comprise entre la base
de l'instrument et le *sol* du médium, quatrième interligne de la portée, et si les traits sont
continus.

Écarts de la première et de la deuxième position à la septième.

Toute espèce de trait dont les notes nécessiteront le mouvement éloigné de la première
ou de la deuxième position à la septième pourra être écrit sans nulle crainte.

Premier cas. — Toutes les fois que la note de la septième position, plusieurs fois répétée
dans le trait, sera précédée ou suivie, avant de se reproduire, de plusieurs notes parcourant les autres positions.

Exemple. (Mél. 112.)

Les mouvements réguliers à grand écart sont impossibles dans tous les cas.

Mais on peut écrire (difficiles, mais possibles) :

Ces traits, dans un rhythme en triolets, sont très-difficiles, et sont impossibles à faire nettement en doubles croches (toujours dans le mouvement dont j'ai parlé plus haut, mét. 112).

Mais ils sont très-possibles dans un allégro modéré, un mouvement de quatre temps, modérément battu à deux, et dans le rhythme carré de deux croches par temps.

Ces exemples prouvent donc que l'on pourra écrire tout ce que l'on voudra dans cette étendue, en évitant toutefois la répétition, quand les notes se trouveront enchaînées par mouvements conjoints ou à de courts intervalles de coulisse.

Deuxième cas. — Toute espèce de trait, se trouvant dans le cas cité ci-devant, pourra être écrit toutes les fois que les notes étrangères à la septième position se trouveront à une même position, c'est-à-dire lorsque le trait formera un accord parfait dans le produit de chaque position.

EXEMPLE.

Mouvement que l'on peut même répéter.

Ce mouvement sera le même, écrit en *la b.*, troisième position, et en *la nat.*, deuxième position; mais, plus on se rapproche de la première position, quoique les distances soient les mêmes, les traits deviennent de plus en plus faciles, parce que les secousses que les lèvres reçoivent des mouvements de la coulisse deviennent, par ce rapprochement, de moins en moins brutales.

DEUXIÈME EXEMPLE. (*Mét.* 112.)

Même cas. — Le trait ayant des notes de passage :

Que l'on vérifie les mouvements à la tablature, et en transposant ce trait en *mi b.* et en *mi nat.* majeurs, on verra qu'il est très-facile en *mi b.* et très-difficile en *mi nat.*

En *mi b.*, facile.

En *mi nat.*, très-difficile.

C'est qu'en *mi b.* on passe par l'accord de *si b.*, produit de la première position, tandis que le trombone n'ayant point de produit à vide, c'est-à-dire sur une seule position, de l'accord de *si nat.*, on est obligé de parcourir toute l'étendue de la coulisse pour cette modulation de la dominante de *mi nat.*

Les mouvements chromatiques par croches égales sont tous possibles dans toute l'étendue de l'instrument et même dans un mouvement un peu vif, soit en croches, soit en triolets, lorsqu'ils sont écrits au-dessus du *mi*, troisième interligne de la portée, clef *fa*, quatrième ligne.

Ces mouvements chromatiques en triolets sont aussi, quoique difficiles, toujours possibles : 1° quand le mouvement ne dépasse point celui du métronome 112; 2° quand, écrits dans l'étendue grave de l'instrument et dans un *tutti forte*, on sait éviter de répéter deux fois de suite le mouvement de la première ou de la deuxième position à la septième. (Voir l'exemple à la planche des modèles.) Mais il ne faut point que ces mouvements soient trop prolongés; c'est-à-dire qu'on peut les faire reposer de temps à autre sur une noire ou les arrêter sur un court silence.

Dans le mouvement du métronome déjà cité, et dans les mouvements plus vifs, les mouvements chromatiques en doubles croches carrées (quatre pour un) ne peuvent exister dans le grave que par fragments interrompus. Écrits dans ces deux derniers rhythmes, dans l'étendue grave jusqu'au *sol*, quatrième interligne, les mouvements chromatiques ou même les mouvements diatoniques sont tellement difficiles qu'il faut autant que possible les aplanir.

Or, en suivant bien ces principes, on pourra écrire tout ce que l'on voudra. Le tout est de raisonner juste.

Nous, instrumentistes, nous n'avons pas toujours l'instrument dans les mains et l'embouchure sur les lèvres; mais toutes les fois que notre imagination n'est point enchaînée par un travail quelconque, cette imagination travaille. Eh bien! comme il n'est pas, j'en suis convaincu, un compositeur qui ne connaisse au moins un instrument, quel qu'il soit, remarquez bien ceci, c'est que toutes les fois que notre imagination se reporte à notre instrument, soit que le mécanisme de cet instrument soit mis en mouvement par les doigts ou par le bras même, instinctivement, quelquefois même sans nous en douter, notre bras ou nos doigts suivent l'impulsion de notre imagination et exécutent des mouvements imperceptibles à tout œil étranger, et lorsqu'après ces réflexions presque mises en pratique par ce fait même, nous reprenons notre instrument, les difficultés que nous éprouvions sont déjà à moitié vaincues.

C'est donc en priant mes lecteurs d'user de ce conseil, que je suis certain d'atteindre le but que je me suis proposé en écrivant cet ouvrage.

Je ne puis donc trop appeler leur attention sur la tablature représentant tous les mouvements relatifs de la coulisse, attendu qu'avec son aide ils pourront mettre en pratique toutes les observations que je viens de faire sur le trombone.

Remarques concernant les notes frappées isolément soit dans l'aigu, soit dans le grave,
dans les parties de trombone; accords et traits.

NOTES ÉCRITES DANS L'AIGU.

On peut écrire isolément toutes les notes aiguës jusqu'à l'*ut* aigu; mais il y a une restriction à observer. En disant : *attaquer isolément*, je veux non-seulement parler des cas où il n'y a qu'une note à frapper, mais encore de ceux où la note aiguë, suivie d'une ou de plusieurs autres notes, n'est précédée d'aucune note qui puisse servir de préparation aux lèvres.

Si, comme on l'a vu précédemment, et comme on va le voir ci-après, les notes graves ont besoin d'avoir une certaine durée pour être entendues, les notes aiguës demandent aussi à être placées d'une certaine façon, non-seulement pour être entendues, mais encore pour être d'une exécution assurée. Par exemple, soit dans un chant, soit dans un simple trait de trois, quatre ou cinq notes, soit dans un effet de deux notes seulement, marqué *piano*, *m.-forte*, ou même *forte*, sans l'emploi de la batterie, on peut écrire des notes de la valeur d'une simple croche, à partir de l'*ut* aigu, quoiqu'il sera prudent de ne pas abuser des notes plus élevées que le *si bém.*

Mais, si dans un extrème *forte* d'orchestre on n'écrit qu'une seule note, il sera très-prudent de ne jamais dépasser le *sol*, si la note n'a pas au moins la valeur d'une *noire* bien soutenue; une croche, écrite en accord fort et sec, peut être perdue; l'émission, dans ce cas, est très-délicate.

Les notes aiguës n'ont véritablement d'importance qu'autant qu'elles sont ou soutenues, ou répétées successivement si elles sont brèves, car dans ces deux cas elles produisent un effet particulier; mais lorsqu'elles sont isolées et très-brèves elles perdent toute leur importance, et il est bien préférable d'écrire l'accord en donnant aux trombones les notes graves et celles du médium de ce même accord, et au cornet et à la trompette les notes aiguës; alors toutes les notes seront bien faites et auront véritablement de la portée. On devra donc se rappeler que les notes du médium et celles de l'aigu jusqu'au *sol* ont beaucoup plus de portée que les notes plus élevées, lorsqu'elles sont isolées et écrites en accord. (Cette observation peut s'appliquer à tous les instruments en cuivre.)

Or, quand les notes aiguës auront une courte durée, c'est-à-dire une durée égale à celle de la croche (mét. 112), on agira prudemment en ne les écrivant pas au-dessus du *sol* aigu, si chaque note est seule, isolée.

Si l'on a deux notes au moins à frapper sur le même degré et principalement dans les effets *piano*, soit deux croches successives, soit deux croches séparées par un demi-soupir (les notes n'ont, dans ce cas, aucune portée dans les *forte*), on pourra écrire jusqu'au *si b.* aigu; mais il sera prudent de ne pas abuser du *si nat.* et de l'*ut nat.*, si l'on ne donne pas à chacune de ces deux notes une valeur au moins égale à celle d'une noire, surtout si le dessin en est prolongé. On pourra donc les écrire toutes les fois qu'elles auront la durée d'une blanche ou d'une noire très-large.

Du reste, comme je l'ai déjà dit, le *si b.* aigu *devrait* être la dernière limite du trombone.

Notes frappées dans l'étendue grave du trombone; accords et traits (1).

Toutes les fois que l'on voudra frapper isolément une note, tout à la fois fort et sec, il ne faudra point que cette note soit écrite plus bas que

le *sol* grave

ou tout au plus, plus bas que le *fa d.*, parce que, à l'exécution, les notes trop graves n'ont point le temps d'être émises quand elles sont trop brèves et isolées.

Dans ce cas, le *mi* ne peut jamais être rendu. Le *fa nat.* est tellement difficile à émettre, qu'on le réussit quelquefois, mais qu'il est le plus souvent sans effet même pour des lèvres parfaitement exercées. Le *fa d.* est également difficile, mais il peut être rendu, voilà pourquoi on peut au besoin l'écrire; mais on pourra écrire isolément toutes ces notes graves dans un accord qui devra être exécuté *piano* et dans les différents cas indiqués dans les observations qui suivent.

Quand ces notes seront la terminaison d'un trait quelconque, ou que, frappées isolément, elles auront au moins la durée d'une noire à soutenir toute sa valeur dans un accord marqué *forte* (FF.), on pourra écrire jusqu'à la dernière note grave du trombone, parce qu'alors l'émission aura lieu.

Mais dans les traits écrits en croches égales (mét. 112) il faut absolument éviter de commencer par le *mi* grave, lequel serait un très-mauvais point de départ pour les lèvres.

De plus, toutes les fois que l'on ne descendra pas plus bas que le *fa nat.*, on pourra écrire, dans les traits semblables au suivant, écrit en croches, la dernière note par degré disjoint, parce que les lèvres étant déjà posées et mises en action elles seront préparées et l'émission aura lieu.

----

(1) Cette remarque est applicable au cor et à la trompette pour les notes graves et surtout dans les tons graves; du reste, le défaut d'émission qui résulte de ce fait est principalement particulier à tous les instruments en cuivre, leur embouchure se plaçant en dehors de la bouche.

J'ajouterai aussi que les traits écrits par croches dans l'extrémité grave du trombone, surtout dans un mouvement vif, tel que celui du galop et surtout dans un *forte* d'orchestre, ont beaucoup plus de force à l'octave, c'est-à-dire dans les notes écrites dans la portée, qu'à la base de l'instrument où les notes sont d'une émission difficile quand elles ne sont point bien posées et surtout quand le trait est continu; car au-dessous du *sol*, l'émission n'a pas lieu et les notes sont sourdes si le trait est trop long.

Il en sera de même toutes les fois que l'on écrira un rhythme régulier, soit en croches égales, soit en triolets, soit enfin dans un rhythme qui donnera une croche et deux doubles croches par temps; on pourra rester sur le même degré si on ne dépasse pas le *sol*. Si le rhythme est continu, prolongé, il ne faudra point écrire au-dessous du *sol* grave, si les notes sont toujours écrites au même degré, parce qu'alors il en résulterait une mauvaise émission; si le mouvement est encore plus vif que celui de 112 temps à la minute, cela deviendra tout à fait impossible.

NOTA. — On pourra écrire toutes les notes jusqu'au *mi nat.* inclus, quand elles ne frapperont qu'une note pour chaque temps, et, dans tous les rhythmes carrés, lorsque le mouvement sera plus lent que celui qui est indiqué.

Mais on pourra continuer le rhythme toutes les fois que, tous les deux temps au moins, il y aura soit un temps d'arrêt, si court qu'il soit, ou un changement de degrés dans les notes que l'on devra faire monter plus haut que le *sol* grave, en ayant soin de ne pas donner au *mi* une durée plus courte que celle d'une noire.

Dans ce genre de rhythme il faut éviter d'écrire le *mi*; il ne peut supporter que la croche et seulement deux croches successives contre une noire.

Il ne faut point écrire, au-dessous du *sol*, dans le rhythme semblable aux deux dernières mesures de cet exemple, c'est-à-dire qu'il faut qu'il y ait toujours tous les deux temps un temps composé de deux croches égales. Ces traits, quoique possibles dans le grave, sont d'une émission très-difficile, et ils ne donnent pas, quant à la précision et à la netteté de l'émission de chaque note, des résultats aussi satisfaisants que l'auteur l'aurait supposé. En général, dans tous les instruments, il faut que les notes graves soient bien posées, sur une noire au moins, si l'on veut obtenir un bon résultat.

J'ajouterai que lorsque l'on écrira, pour le trombone, des traits en forme de chant, dans ce même rhythme, il faudra, si les notes marchent sur des degrés différents, que sur deux temps, et dans le médium et dans l'aigu seulement, il y en ait toujours un qui soit composé de deux croches égales.

Si tous les temps de la mesure sont régulièrement composés d'une croche et de deux doubles croches, ce rhythme ne pourra exister que lorsque les notes de chaque temps seront écrites sur le même degré. On pourra donc, dans ce cas, changer le degré à chaque temps, mais il faudra éviter d'écrire avec des intervalles plus grands que la quinte ou que la sixte tout au plus. De plus on pourra au besoin, mais en évitant de prolonger la durée de ce rhythme au-delà de trois ou de quatre temps au plus, écrire en changeant de degré à chaque note lorsque le trait se trouvera écrit sur une seule position. Ces rhythmes qui conviennent aux instruments à mécanisme léger, n'étant pas possibles sur le trombone dont le mécanisme est relativement très-lourd, sont toujours mal rendus et quelquefois même ils sont impossibles s'ils sont mal écrits, car le mouvement trop répété et trop précipité de la coulisse paralyse la langue, anéantit l'attaque des notes, et le trait n'est qu'un barbouillage forcé. Il faudra, dans tous les cas, éviter deux choses : 1° la prolongation des traits ; 2° les grands écarts d'intonation.

EXEMPLES. (*Mét.* 112.)

Cependant il y a un cas où l'on peut écrire dans le rhythme du dernier exemple et sur différents degrés ; mais il faut bien choisir les notes et raisonner le trait que l'on va écrire, et c'est lorsque les notes écrites se trouvent sur des positions rapprochées.

EXEMPLE. (*Mét.* 112.)

Du reste, on pourra au besoin écrire ce rhythme régulièrement sur chaque temps, lorsque le trait sera écrit soit en montant, soit en descendant, par degrés conjoints, même lorsqu'il sera prolongé, mais seulement dans les tons qui permettront de rapprocher les positions et en évitant de le prolonger dans le grave ; de plus, après quelques temps écrits sur des notes conjointes, on pourra intercaler un écart d'un intervalle quelconque, même celui de l'octave, mais seulement après une croche pour changer la marche du trait et le reprendre en mouvement contraire au précédent.

EXEMPLE (1).

(1) Ce genre de dessin, de rhythme, est possible pour tous les instruments, lorsque les notes qui le composent sont écrites sur un même degré pour la durée d'un temps au moins.

Si les degrés varient, ce qui constitue alors un chant, il est possible dans tous les cas pour le cornet à pistons, en évitant de répéter les grands intervalles d'intonation dans le mouvement des doubles croches, à moins que le grand écart, quinte ou sixte, ne soit précédé de deux notes sur le même degré.

Pour le cor, il ne peut exister que pour un ou deux temps, par cas accidentels.

Pour l'ophicléide on doit éviter de le prolonger dans le grave et éviter aussi les grands écarts répétés.

Quant au trombone, les exemples précédents font voir quelles restrictions l'on doit observer.

Ce rhythme est facile pour les instruments à vent en bois et encore plus pour les instruments à cordes.

Mais comme il est très-fatigant pour les instruments à vent, l'on en rendra l'exécution beaucoup plus facile en intercalant un temps de simples croches dans le dessin, lorsque celui-ci sera prolongé.

Comme le fait voir cet exemple, il ne faut jamais prolonger ce rhythme au-delà de la durée de huit temps; de plus il faut éviter, dans les doubles croches, les intervalles disjoints, à moins que, comme le fait voir aussi le second temps de la troisième mesure de cet exemple, les positions ne soient très-rapprochées; en effet, au lieu du *si nat.*, on peut écrire le *sol,* quatrième position, pour arriver à l'*ut,* troisième position. Dans ce cas il faut éviter les grands intervalles, comme on va le voir par l'exemple suivant.

Il faut éviter d'écrire, en solo en dehors, des effets semblables à l'exemple ci-dessous : 1° quand aucune note précédente n'a préparé les lèvres; 2° quand il se trouve entre la dernière double-croche d'un temps et la note qui la suit, un intervalle plus grand que la quinte.

Exemple. (Mét. 112 et 120.)

Cet exemple, qui rentre dans le rhythme précédent, est écrit dans un ouvrage de musique moderne.

Le mouvement de ce passage est passablement vif; ce trait arrive sans préparation, et ce saut brusquement opéré de l'octave est tellement difficile, que je crois pouvoir dire qu'il n'a jamais été exécuté nettement et à coup sûr par personne.

Cette observation est du reste applicable à tous les instruments en cuivre.

On voit par l'exemple qui précède que la note placée à l'extrémité du temps qui fait intervalle d'octave avec le temps suivant est excessivement brève, et c'est ce qui crée l'impossibilité de l'exécution.

Mais lorsque les notes seront d'une durée, ou plutôt d'une exécution moins brève, comme cela existe dans le rhythme des triolets, mesure à $\frac{6}{8}$ et ses mesures dérivées, le mouvement de l'octave sera toujours possible, sinon très-facile :

1° Quand le mouvement, écrit par effet de deux notes isolées, mais ne montant pas au-dessus du *fa na'.* aigu, pourra s'exécuter sur une même position. Dans ce cas on pourra même, au besoin, répéter ce mouvement deux ou trois fois de suite et sans interruption, soit en montant, soit en descendant, dans le médium de l'instrument, mais seulement en descendant, dans le grave; dans ce dernier cas le mouvement doit s'opérer en faisant descendre la note brève sur la note frappée à temps.

Exemples.

Il faut éviter d'écrire par mouvement contraire le dernier exemple; de plus, il ne faudra pas abuser des mouvements ascendants, même dans l'aigu, lorsqu'ils seront répétés.

2° On pourra monter jusqu'au *la nat.* en employant aussi le *sol* aigu, lorsque chacune de ces notes, n'étant écrite qu'une fois, sera enchaînée avec d'autres notes placées à des intervalles plus rapprochés.

Exemple.

Mais il ne faudra jamais répéter deux fois de suite les mouvements qui, à l'intervalle, ajouteront la difficulté d'un mouvement de coulisse, n'eût-on qu'une seule position à franchir.

EXEMPLE.

Le *sol* aigu pris à la quatrième position est une très-mauvaise note.

Même observation pour les intervalles de septième.

Mais on pourra répéter le mouvement à partir de l'intervalle de sixte inclusivement.

Enharmoniques.

On commettrait une grande erreur si, en regardant la tablature du trombone, on allait croire que j'ai voulu apprendre aux harmonistes que toute note a son enharmonique; c'est toujours pour eux comme pour moi une question de mécanisme, et comme ces enharmoniques n'ont été écrites que dans le but de faire quelques remarques, j'ai jugé inutile de les écrire toutes.

Règle générale (1).

Lorsque l'on enchaîne l'une à l'autre deux notes à un demi-ton de distance l'une de l'autre, la coulisse doit suivre le même mouvement que les notes écrites, c'est-à-dire que, si la première note écrite descend sur la seconde, la coulisse doit descendre d'une position; si, au contraire, la première note monte sur la seconde, la coulisse doit monter.

D'abord, pour la justesse, l'oreille sent venir la note graduellement et la coulisse s'arrête quand l'oreille est satisfaite, ensuite le *portamento* du son se fait sans secousse.

Trois cas seulement, que l'on peut vérifier à la tablature, serviront d'exemple pour tous les autres.

Premier cas. — Le *ré nat.* est autant l'enharmonique de *ut* double dièze (vérifier à la tablature portée 5, colonnes 3 et 4),

que celle de *mi bb.* (portée 4, colonnes 1 et 2).

Dans le premier exemple, il est bien plus naturel que le *ré d.* (3me position) descende sur l'*ut* double dièze (4me position), que de venir chercher cet *ut* double dièze ou *ré nat.* et par mouvement rétrograde à la première position.

Dans le second exemple il est bien plus naturel de faire monter le *ré b.* (2me position) sur le *mi bb.* ou *ré nat.* (1re position), que d'aller le chercher à la quatrième position. (Vérifier à la tablature.)

Deuxième cas. — Il en est de même du mouvement de *sol b.* aigu (3me position) à *fa nat.* (4me position), ainsi que de leurs enharmoniques *fa d.* et *mi d.*

---

(1) Il y a à cette règle une exception, mais elle regarde spécialement les exécutants.

Positions. 3. 4. 3. 3. 4. 3.

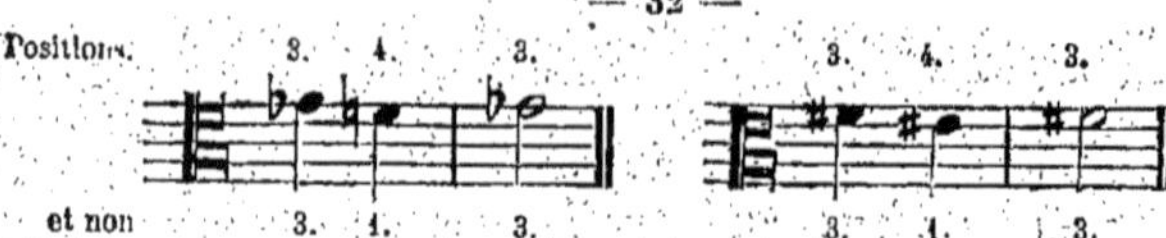

et non 3. 4. 3. 3. 4. 3.

Troisième cas. — Le *si nat.* du médium (4ᵐᵉ position), ainsi que son enharmonique *ut b.*, est bien plus près du *la d.* (3ᵐᵉ position) ou *si b.*, que de ces deux enharmoniques *la d.* ou *si b.*, prises à la première position. (Vérifier.)

Positions. 4. 5. 4. 4. 5. 4.

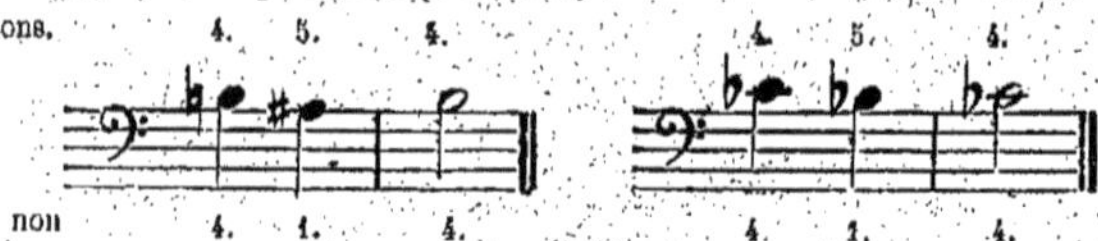

et non 4. 4. 4. 4. 4. 4.

L'exception qui regarde spécialement les instrumentistes consiste en ce que, pour apporter plus de facilité dans le mécanisme, ils sont quelquefois obligés d'aller contre le principe relatif du mouvement des notes.

EXEMPLE.

L'*ut dièze* de la cinquième position ne s'emploie que dans certains cas.

Cet exemple offre un contre-sens au principe.

Voici quelle en est la raison :

Après l'*ut d.* (2ᵐᵉ position), si l'on vient prendre le *ré* à la première position, il y aura ensuite deux positions à franchir pour aller trouver le *si nat.* à la quatrième position : ce mouvement brusque imprime aux lèvres une secousse qui peut faire manquer l'attaque de la note et en altérer la pureté; si, au contraire, on vient prendre ce même *ré* à la quatrième position, on n'aura qu'une position à franchir, de la deuxième position à la quatrième, et de plus, on aura à la quatrième position les trois dernières notes du trait. (Vérifier le trait et la tablature, accord de *sol*, 4ᵐᵉ position, 4ᵐᵉ colonne.)

Le *fa b.* grave et l'*ut b.*, enharmoniques des notes *mi nat.* et *si nat.* graves sont les seules notes enharmoniques employées à la septième position.

NOTA. — La première position du trombone donnant l'instrument fermé, les notes, sur cette position, n'ont plus d'extension ascendante.

Ainsi, généralement, dans les instruments en cuivre et dans les produits à vide, la tierce est basse, la quinte trop haute et la 7ᵐᵉ dominante beaucoup trop basse; mais, généralement aussi, dans les bons instruments, cette tierce et cette quinte sont supportables, tandis que la 7ᵐᵉ dominante est de beaucoup trop basse. Cette 7ᵐᵉ ne peut donc être employée par les instrumentistes (à la 1ʳᵉ position, trombone ténor, accord de *si b.*, 7ᵐᵉ dominante *la b.* aigu) que comme note de passage, conjointement avec le *sol*, et dans les mouvements qui ne donneront point à l'oreille le temps de s'apercevoir du défaut de justesse, ou comme emploi de 7ᵐᵉ dominante ou de 9ᵐᵉ mineure.

Ce *la b.* n'ayant point comme les 7ᵐᵉˢ des autres positions la ressource de monter la coulisse, on ne peut pas l'employer soit comme tonique, tierce, quarte, quinte ou sixte et encore moins comme note sensible (*sol d.* enharmonique).

Alors il offre un contre-sens forcé au principe quand, par exemple, on est dans le ton de *la b.*, dont la sensible est *sol nat.* (2ᵐᵉ position).

Ce *sol*, au lieu de monter (1) sur le *la b.* (1ʳᵉ position) est forcé de monter sur le *la b.*

(1) Quelle que soit la cause mathématique de l'altération de certaines notes dans les instruments en cuivre, voici à cet égard, ce que j'ai pu déduire de mes observations :

Comme je l'ai déjà dit, les instruments à tubes longs et gros peuvent plutôt produire, d'une façon nette et pure, des notes graves et des notes du médium que des notes aiguës.

Les instruments à tubes courts et étroits produisent, au contraire, plutôt des notes élevées que des notes graves.

Il y a entre ces deux extrémités une espèce de forme qui peut donner également des notes aiguës et des notes

(3me position) et par conséquent en descendant la coulisse (contre-sens au principe).

Le *la b.* aigu de la troisième position est la note la plus ingrate du trombone, et il faut que l'exécutant ait fait un travail bien consciencieux de l'embouchure pour l'attaquer en toute sûreté et isolément, et qu'il ait ensuite bien travaillé la coulisse pour exécuter ce mouvement d'une manière satisfaisante pour l'oreille.

EXEMPLES.

Emploi du trombone dans le simple accompagnement.

Le trombone, quant au timbre, est un instrument dont on peut tirer des sons depuis le plus extrême *piano* jusqu'au plus grand *forte*.

graves. Cette espèce de forme est celle du cor, instrument dont le tube est étroit. Le corps sonore de l'instrument, à partir de l'extrémité du pavillon, se rétrécit tout à coup et son tube devient alors beaucoup plus étroit que celui du trombone, bien que ces deux instruments soient d'une longueur à peu près égale, si l'on compare chaque position du trombone à chaque ton du cor qui a la même tonalité, c'est-à-dire les sept tons du cor, de *mi n.* à *si b.* haut, comparés aux sept positions du trombone. Or, le tube large, droit et cylindrique du trombone s'allongeant peu à peu, éloigne la première courbe sur laquelle doit frapper le son, du point de départ du son même, l'embouchure; et le tube est toujours large, et cette première courbe reçoit toujours le son de plus en plus loin.

Au contraire, le tube conique et circulaire du cor, toujours étroit, rétrécit également les sons qui n'ont plus le même volume que ceux du trombone, et alors la qualité du son prend plus d'extension, car cette qualité diminuant dans le volume, s'étend sur toutes les notes de l'étendue complète de l'instrument, et assure l'émission, la pureté et la netteté des notes aiguës. De plus, l'émission des notes est toujours plus facile dans les tubes coniques et circulaires que dans les tubes cylindriques et droits.

Voici pourquoi l'on doit comprendre que les notes qui font partie de la suite des secondes successives du produit des instruments en cuivre soient d'une émission plus aisée, plus positive, et donnent de meilleurs résultats dans tous les tons du cor, que les mêmes notes, dont le nombre est moins étendu au point de vue de l'emploi que l'on demande au trombone. D'où je conclus qu'à mesure que l'on allonge la coulisse du trombone, dont le tube ne se rétrécit pas comme le font les tons de rechange du cor, il y a des notes qui deviennent d'une émission difficile et donnent toujours de mauvais résultats.

Or, sur le trombone, toutes les notes de la première position sont bonnes et ont toute la pureté désirable; alors l'instrument est fermé. (Voir ci-après pour le *la b.* première position.) Les notes de la deuxième position sont également bonnes, parceque la coulisse, dans son éloignement, donne une faible différence de longueur. L'éloignement de la troisième position commence à rendre plus sensible l'altération des notes, et ces notes sont la quatorzième (ou septième mineure de la deuxième octave du produit) et la quinzième de chaque position.

A la quatrième position, l'altération est encore plus grande; mais cette altération pour la troisième et la quatrième position, ne frappe encore que la quinzième, car les quatre quatorzièmes (ou septième dominante ou mineure) des quatre premières positions sont bonnes, quant à la qualité du son, mais le *la b.* septième dominante de la première position, n'ayant point d'extension ascendante (l'instrument étant fermé), cette note est trop basse et ne peut se prendre à cette position que dans les cas cités au paragraphe qui a nécessité cette remarque.

Quant à la quinzième des trois dernières positions, il serait inutile de m'étendre sur leur mauvaise qualité, puisque rien n'oblige à se servir de ces trois positions pour exécuter les notes qu'elles produisent dans l'aigu et qu'on les possède bonnes dans les positions rapprochées, et c'est pour cette raison qu'on ne se plaint pas de la mauvaise qualité du *la b.* quinzième de la troisième position, note sur laquelle je vais revenir tout à l'heure.

Le *sol* aigu, quatrième position, est encore plus ingrat que le *la b.*; il est vrai que l'on a le secours de la deuxième position, où le *sol* est septième dominante du ton de *la n.*; mais comme il est quelquefois utile de se servir de la quatrième position pour produire le *sol* aigu, les instrumentistes ont grand tort de ne pas travailler cette note que l'on parvient à rendre bonne pour les cas nécessaires. Aussi, c'est lorsque cette note est écrite entre un *la b.* et un *fa n.*, quand l'une de ces deux notes est écrite avant et l'autre après, et que le mouvement des notes rendrait trop difficile l'emploi de la deuxième position pour le *sol*, que l'on se sert de la quatrième position.

Le *mi n.*, septième du ton de *fa diè.*, cinquième position, ne peut s'employer que conjointement avec le *ré*. Il est très rare que l'on se serve de la septième des deux dernières positions, dont l'emploi ne dépasse pas la douzième. Enfin le *la b.* aigu, quinzième de la troisième position, est une note ingrate, mais toujours possible, ainsi que son enharmonique *sol diè.*, note encore plus facile à émettre, en raison de ce que, hors le cas enharmonique même, on la prend sur l'échelle de la coulisse, un peu plus haut que le *la b.* On peut donc écrire ces deux notes en toute assurance, sans s'inquiéter des lamentations des instrumentistes qui n'ont pas le courage de les travailler.

Il faudra toutefois observer ce qui est dit dans le chapitre précédent à l'égard de l'écriture des notes aiguës. (Accord *s*. c.)

Dans les accords soutenus, l'harmonie des trois trombones est d'un effet admirable. Du reste, cet effet est parfaitement reconnu, et MM. les compositeurs n'ont point besoin qu'on le leur signale pour qu'ils emploient les trombones, toutes les fois qu'ils le jugeront convenable, dans les accords soutenus, soit *forte*, soit *piano* et en dehors de tout l'orchestre.

Remarque : Le trombone employé comme accompagnement dans un rhythme qui marque, soit à temps, soit à contre-temps, chaque temps de la mesure, doit avoir pour *basse*, pour point de départ, le temps frappé par un instrument du même timbre. C'est à tort que quelques compositeurs emploient l'ophicléide comme basse des trombones, à moins que ce ne soit pour compléter un accord *piano* et soutenu pour les quatre parties.

Le timbre du trombone a trop de mordant pour qu'on donne à cette partie une basse d'un timbre différent, plus faible, et par conséquent beaucoup trop faible pour les trois trombones réunis, puisque la basse doit toujours être et en tout relativement plus forte que les autres parties, sa condition étant de frapper généralement sur le temps fort. Bien entendu, je ne parle pas ici pour la musique sérieuse, quel que soit son genre, fût-elle même de la musique légère; car dans ce genre de musique, genre qui peut être traité parfois aussi sérieusement que la musique d'opéra, le rhythme est facultatif; c'est-à-dire que la musique ajoutant son caractère, soit au pas de la danse intercalée dans un opéra, soit à la pantomime d'un ballet, les effets de demandes ou de réponses, si je puis m'exprimer ainsi, peuvent être rendus indifféremment par tous les timbres. Mais, je le répète, pour la musique carrée, droite, dans laquelle les trombones n'ont d'autre rôle que celui d'ajouter plus d'intensité à la sonorité de l'orchestration, dans un rhythme qui marque à temps et à contre-temps chacun des temps de la mesure, il faut absolument que le troisième trombone frappe sur le temps, à moins que cet accompagnement ne doive être exécuté excessivement *piano*, parce qu'alors le timbre du trombone a perdu son caractère de dureté; mais hors ce seul cas, si un des trombones ne frappe pas sur le temps, il y aura un contraste trop frappant entre la trop grande mollesse comparée de la basse et le timbre strident des trois trombones, et ce contraste sera loin de produire un effet agréable; car, en toutes choses, l'effet est toujours sous la dépendance du point de départ; si le point de départ est mou, l'effet est mou; il semble être le résultat d'une certaine hésitation de la part des instrumentistes.

Si cet effet désagréable est amoindri dans un orchestre composé d'un grand nombre d'instrumentistes, où la grande masse est pour ainsi dire une contre-balance pour les trombones qui ne sont jamais que trois, quel que soit le nombre des autres instruments, il n'en est pas meilleur pour cela; mais où l'on peut principalement le remarquer, c'est lorsque la même musique est exécutée par un petit nombre de musiciens. Il y a même des orchestres, composés seulement de huit ou dix instrumentistes, où l'on n'emploie qu'un ou deux trombones et point d'ophicléide, le contraste est encore plus grand; les contretemps que fait entendre, au milieu de l'accompagnement des violons, le seul trombone présent, ressemblent plutôt aux cris d'un canard en colère, qu'à autre chose.

Exemple : Un orgue de Barbarie, surmonté d'un pavillon de trombone !...

Je ne pourrais donc pas trop engager MM. les jeunes compositeurs à se rendre compte de ce fait, et à ne pas imiter, dans leurs ouvrages, ceux qui commettent cet outrage au bon goût.

J'ajouterai que si l'auteur, ne considérant point comme basse l'emploi du troisième trombone, est libre de faire doubler ou non la basse par cet instrument, dans l'enchaînement successif des accords, il ne devra pas user de cette liberté lorsqu'il arrivera à la terminaison positive, définitive, d'un morceau de musique ; le timbre strident du trombone exige une terminaison franche et nette, puisqu'il est beaucoup plus sonore et plus dur que celui des autres instruments; et le trombone basse ne peut, dans ce cas, produire que la tonique ; la tierce n'est pas bonne et la quinte est affreuse; car, surtout dans un *forte*, les trombones couvrent pour ainsi dire tout l'orchestre, et alors on a pour basse fondamentale la quinte, quand toutefois l'effet est écrit dans un *forte* où la batterie n'est point employée, car celle-ci couvre tout et fait disparaître les effets mauvais.

Mais quand la batterie n'est pas employée, surtout si l'accord final est soutenu, la basse fondamentale, qui doit être plus forte que ce qu'elle supporte, se trouve plus faible, et cela n'est pas naturel : lorsque l'on bâtit une maison, l'on n'a pas l'habitude de la construire sur des fondations de paille. Il doit en être de même de l'orchestration, et si les trois trombones, donnant un accord *forte*, ont pour base la quinte au lieu de la fondamentale, il résulte que cette quinte domine la basse, la fondation, quand il faut l'effet contraire.

Parmi les observations qu'il me reste à faire sur le trombone, il en est une dont on n'apprécie pas toujours l'importance, et j'engage fortement MM. les jeunes compositeurs à vouloir bien en tenir compte. Cette observation concerne spécialement les notes enharmoniques écrites isolément dans les parties de trombone. Ce n'est pas seulement dans le mécanisme qu'il faut chercher à éviter les difficultés, c'est aussi dans l'exécution des notes isolées, qu'il faut éviter d'en créer par ce que l'on appelle, avec juste raison, des surprises.

Enharmoniques placées isolément dans les parties de trombone.

Les seuls instruments qui puissent avoir l'extension des notes dans tous leurs commas, et qui puissent en toute sûreté attaquer avec justesse une note, selon la place qu'elle occupe dans la gamme, sont les instruments à corde et le trombone.

Donc, pour les instruments à cordes et le trombone, le *sol b.* et le *fa d.*, par exemple, hors le cas enharmonique, ne sont point la même note.

Mais les instruments à cordes, lesquels ont toujours à faire, sont toujours, par ce fait, préparés à toute espèce d'accord impromptu.

Il n'en est point de même du trombone, lequel a souvent, dans un grand ouvrage, plusieurs mouvements sans avoir une seule note à faire. Il arrive souvent que, dans tout un mouvement ou passage, il n'y ait qu'une ou deux notes à faire pour les trois parties. Quand ces notes font, en écriture, partie du ton précis, tout va bien ; mais quand elles sont écrites en notes enharmoniques, il y a des cas où il survient des difficultés.

Ne peut-il point se présenter des cas où rien n'exige sérieusement d'écrire un accord complétement isolé en notes enharmoniques?

Je vais m'expliquer en donnant un exemple.

Supposons, par exemple, un passage d'opéra. Ce passage, écrit avec des bémols, et passant par beaucoup de modulations, est coupé de récits isolés ; à un moment donné, le récit s'arrête sur un *ré b.* ; alors, les trois trombones, complétement isolés aussi de tout l'orchestre, et après un long repos, enchaînent la suite de ce récit par une suite de trois notes faisant accord entre elles dans les trois parties ; le sommet de cette harmonie donne les notes suivantes :

Puis les trombones se taisent, et le récit reprend sa marche dans le ton primitif.

L'exécutant, n'étant point prévenu, attaque *fa d.*, *mi d.* et *fa d.*

L'oreille demande *sol b.*, *fa nat.* et *sol b.*

Il en est de même des autres parties, et l'oreille est fortement choquée de l'effet de cette variation dans la tonalité.

Certainement qu'en écriture cela est très-bon, mais l'exécution ne veut point de surprises, et, je le répète, la partie de trombone, à cause de ses longs repos, en est remplie.

On peut être convaincu de ceci, que le premier artiste venu, quelle que soit la finesse de son oreille, sera dupe de cette surprise ; et jusqu'à ce qu'il se soit rendu compte du fait, à moins d'en être prévenu, il exécutera ce passage de la même façon.

Il faut donc autant que possible, dans le cas d'un long repos précédent, et surtout dans des modulations impromptues, éviter d'écrire isolément aux trombones des enharmoniques lorsque rien n'y forcera positivement, à moins que le ton bien décidé ne soit bien indiqué par l'orchestre, qui, ayant une exécution continue, donnera une tonalité précise ; alors l'oreille percevra les sons à coup sûr, et la justesse dépendra de l'intelligence de l'exécutant. Dans ce cas, on pourra écrire un accord en notes enharmoniques, et isolément, ainsi que dans le cas d'un changement subit de ton.

EXEMPLE.

Un passage est écrit en *la b.*

Ton primitif.

Transition.

Enharmonique.

Autre observation :

Il existe dans l'écriture une autre espèce de surprise, laquelle nuit aussi beaucoup à l'exécution. Quoique cette faute soit bien involontaire, bien innocente, de la part de MM. les compositeurs, elle n'en est pas moins une très-sérieuse, car elle met les exécutants dans le doute. Voici en quoi consiste cette faute :

Un morceau de musique est écrit avec des dièzes ou avec des bémols à la clef; à un certain passage de ce morceau, et ce qui arrive souvent, chaque mesure module dans un ton exigeant l'emploi d'une espèce d'accident contraire tout à la fois aux accidents de la mesure précédente et à ceux de la mesure suivante.

Donc, dans ces transitions continues de tous les tons, ici avec des dièzes, là avec des bémols, il arrive que l'on perde la trace du ton primitif, qui, par supposition, peut être écrit avec des bémols; dans ces nombreuses transitions, il arrive ceci, qu'une mesure donnant, dans une partie de l'orchestration, le *si nat.*, dans l'autre le *sol d.*, soit suivie d'une autre mesure qui demande le *si b.*, cette note étant écrite justement à la partie qui vient de faire le *sol d.* Ce *si b.* exigé n'est point précédé du bémol, parce que le compositeur a dans la tête le ton primitif de son morceau. Je ne crois donc pas être dans le faux en affirmant que l'exécutant commettra une erreur involontaire et qu'il en résultera des fautes dans l'exécution.

C'est donc dans le but de faire éviter ces fautes par surprise, que j'engage vivement MM. les compositeurs à renouveler les accidents de l'armure devant chaque note qui devra reprendre cette tonalité, tant que les transitions ne seront point terminées, et, par conséquent, tant que l'on ne sera point revenu positivement au ton primitif.

Planche des exemples ou modèles.

(Voir ensuite le chapitre du rhythme).

Tous les mouvements suivants, lorsqu'ils sont répétés, continus, et relativement au nombre de positions à franchir pour aller d'une note à une autre, deviennent de plus en plus incommodes ou plus difficiles, à mesure que l'on approche de la septième position (1).

Sont faciles :

Tous les mouvements qui ne donnent pas à franchir plus d'une position (et *vice versâ*).

Incommodes, mais possibles toujours :

Ceux qui donnent deux positions à franchir

(1) C'est à MM. les compositeurs de bien voir si le mouvement qu'ils voudront donner à un morceau quelconque de musique, leur permettra d'écrire peu ou beaucoup de notes dans un trait quelconque, dans le cas où ce trait présenterait des difficultés de mécanisme, le mouvement étant trop précipité.

Sont possibles aussi, mais deviennent difficiles pour la netteté des sons, quand ils sont longuement répétés, ceux qui donnent à franchir trois positions.

Impossibles :
Ceux qui donnent quatre et cinq positions à franchir.

EXEMPLES.

Quatre positions à franchir.

REMARQUE. Ce que j'entends par mouvement répété, continu, est un trait prolongé, construit en arpèges donnant toujours, entre chaque position, des distances égales. Or, lorsque les distances répétées sont grandes, lorsqu'elles donnent, d'une position à l'autre, quatre positions à franchir, et c'est ce qui arrive lorsque le mouvement se fait de la première à la sixième position, et de la deuxième à la septième, l'exécution est impossible. Mais dans le courant d'un trait, on peut opérer deux fois, par le mouvement d'aller et revenir, ce saut de quatre positions; mais seulement dans le rhythme régulier des croches égales.

NOTA. — Le mouvement du si b. grave première position au fa grave sixième position, et celui du la nat. grave, deuxième position au mi nat. grave septième position, ne doivent pas être écrits; le fa et le mi graves sont trop graves pour avoir aucune portée, n'ayant que la valeur d'une croche; et leur manque d'émission joint au grand écart de la coulisse, neutraliserait l'émission et la portée des notes du retour si b. ou la nat.

EXEMPLE (Mét. 112).

Ce mouvement ne doit s'écrire qu'accidentellement, et il ne faut pas en user souvent dans le même trait. Il sera le même en la nat., mouvement opéré de la deuxième position à la septième.

Cinq positions à franchir.

Quant aux mouvements dont la distance donne cinq positions à franchir, le mouvement, dans un trait quelconque, ne peut s'opérer qu'une seule fois, et sans retour immédiat; le mouvement régulier et continu de la première position à la septième, ne fût-il opéré que deux fois de suite, est donc impossible.

EXEMPLE.

Possible, quoique difficile :

La troisième note de ce trait, ut, quoique très-éloignée de la première position, est une note conductrice qui aide aisément à revenir sans grand obstacle de la septième position à la première.

Mouvement régulier impossible :

On voit par ces exemples, et surtout par ces deux derniers, combien sont grandes les difficultés écrites dans l'octave basse du trombone, et l'on ne saurait trop chercher à le connaître afin de les éviter.

Dans les octaves supérieures, surtout dans celle du médium, et quoique les positions soient rapprochées, il se présente souvent des difficultés qu'il faut éviter.

Ces difficultés se présentent lorsque, dans des rhythmes en triolets et en doubles croches carrées, les notes sont écrites de manière à forcer continuellement la coulisse à marcher avec des écarts donnant régulièrement, et par mouvement contraire, une, deux positions, ou plus, à franchir.

Beaucoup d'exemples se présentent dans ce genre, et dans des tons différents, et sans qu'ils le paraissent, ils sont très-difficiles.

Triolets

Modèles

De mouvements difficiles que l'on pourra écrire au besoin, si toutefois on n'a pas pu les éviter, mais seulement dans les *tuttis*.

(*Mét.* 142.)

Le dernier de ces exemples, en *fa nat.*, est assez aisé s'il ne marche que sur deux temps ; s'il dépasse cette durée, l'air est épuisé, et le trait est achevé avant qu'on ait eu le temps de respirer.

Les mouvements en *ut*, en *ré* et en *si nat.* sont très-difficiles. (On peut en interrompre le mouvement temps par temps.)

Mouvements impossibles.

Dans les traits ou chants, on peut écrire les mouvements de doubles croches marchant sur deux notes à une distance de seconde mineure, quand ce rhythme n'excède point un temps; s'il a une durée de plus d'un temps, il y a confusion.

On peut écrire, et *vice versâ :*

et non :

Si la durée de ce rhythme est encore plus longue, la confusion en devient encore plus grande.

Si le rhythme des mouvements difficiles par croches égales est interrompu temps par temps, on pourra tout écrire; quoique difficile, tout est possible.

Sont possibles tous les mouvements en accord parfait se trouvant dans le produit de chaque position, même en le répétant.

Ces mouvements sont possibles, parce que, comme on le voit par les chiffres, le changement ne se fait qu'une fois.

Mais si, de deux en deux notes, on emploie la tierce, le mouvement, en descendant la coulisse après la quatrième position incluse, deviendra très-difficile à cause du changement continu ; il faut absolument l'éviter.

Ces exemples font, en effet, voir la difficulté des grands écarts de coulisse, puisque leur mouvement est régulier, quel que soit le ton ; mais on pourra les écrire s'ils s'arrêtent sur le troisième temps de la mesure.

Pour se rendre compte des difficultés, il faut comparer.

Comparons donc le premier mouvement en accord parfait, et le second où l'on emploie incessamment la tierce, avec ceux qui vont suivre, et l'on aura un résumé de mes observations sur les mouvements à grand écart, soit qu'ils soient faciles par eux-mêmes, soit qu'ils soient rendus faciles par l'intervention d'une note conductrice, soit, enfin, parce qu'ils seront arrêtés sur un repos, ou continués par un changement facile, les positions se trouvant tout à coup rapprochées.

Premier cas : Facile.

Deuxième cas : Rendu facile par l'intervention du *la* au lieu de l'*ut.*

Cet exemple fait voir que si le *la* était remplacé par un *ut*, la coulisse, excepté pour le *ré* et le *sol*, marcherait régulièrement de la première position à la sixième.

Le mouvement serait le même s'il était écrit en *si b.* mineur ; seulement, le *ré b.* se prendrait à la cinquième position.

Troisième cas : Mouvements arrêtés par un repos.

(Impossibles si l'on double le mouvement).

Quatrième cas : Mouvement difficile continué par un changement facile.

Remarques générales.

1re Remarque : Tous les traits en triolets et en doubles croches (*Mét.* 112) qu'il est permis d'écrire, quoiqu'ils soient difficiles, ne doivent être écrits que dans les *forte* d'ensemble, et jamais dans les solos *piano* en dehors.

2e Remarque : Par les exemples qui précèdent, on a vu que, toutes les fois que l'on rencontre les notes *si b*, ou *la d.* grave et l'*ut b.* ou *si nat.* grave, les deux premières notes, *si* ou *la*, formant avec les deux dernières, *ut* ou *si*, un écart direct de la première à la septième position, se trouvent enchaînées dans un trait quelconque ; mais il ne faudra jamais les écrire toutes les fois que l'une des deux notes, se trouvant à l'extrémité d'un temps, viendra rejoindre l'autre note frappée sur le temps suivant, ces deux notes étant isolées de toute autre note.

Ce fait peut se rencontrer dans toute espèce de mesure dont chaque temps est divisé en deux croches égales, et dans les mouvements de valse.

En un mot, sauf le cas d'un mouvement plus lent que le métronome 112, ce saut brusquement opéré de la première à la septième position ne peut exister que par degrés conjoints, et dans un trait qui, ayant un point de départ facile et bien posé, aura suffisamment préparé les lèvres, comme l'indique un des modèles précédents.

EXEMPLES. (*Mét.* 112.)

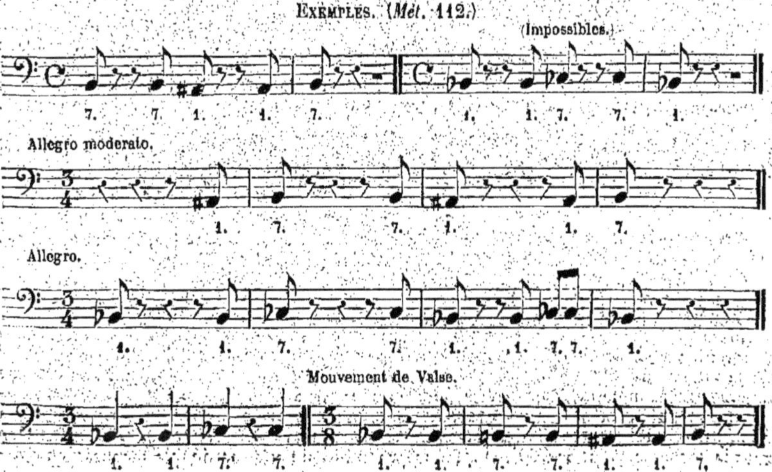

Ces exemples doivent suffire pour faire voir que ces rhythmes, appliqués aux notes allant d'une extrémité à l'autre de la coulisse, sont encore plus impossibles dans la mesure à $\frac{6}{8}$ et dans les mesures qui en dérivent, et en doubles croches égales. Il est bien entendu que la valeur et la vitesse des notes étant proportionnées au mouvement indiqué, la remarque précédente ne serait applicable que dans le cas où la valeur de la note écrite la première serait égale à une croche dans une mesure à deux temps ou à quatre temps (*Mét.* 112), ou à une noire égale à un temps dans un mouvement de valse.

Mais on pourra écrire ce mouvement de notes dans le cas où, comme le font voir les exemples suivants, les lèvres auront un mouvement ou, pour mieux dire, une action continue dans un trait chromatique, ou lorsque, dans un mouvement de valse ou une mesure à deux croches égales par temps, les notes seront frappées trois ou quatre fois sur le même degré; mais il ne faut point abuser de ces mouvements, c'est-à-dire ne point les répéter longuement.

Mais dans aucun cas, que les mouvements soient en croches, en triolets ou en temps de valse, noire ou croche, il ne faut jamais répéter deux fois de suite le mouvement de la première à la septième position.

Notes répétées au même degré (*Mét.* 112).

Les degrés d'unisson continus donnent aux lèvres plus d'aisance pour l'exécution.

Ces quatre derniers exemples peuvent donc suffire pour démontrer que l'on pourra, au besoin, et si l'on n'a pas pu l'éviter, écrire le même mouvement par degrés conjoints, dans un rhythme continu qui disposera bien les lèvres, ce rhythme étant écrit de manière à donner une croche pointée et une double croche par temps; mais il ne faudra point en abuser, et, de plus, comme on l'a déjà vu, ce mouvement brusque de la première position à la septième, enchaîné dans un trait, ne devra pas être répété deux fois de suite, car il est très-difficile. On peut même au besoin l'écrire en solo si le mouvement de la musique n'est pas trop vif.

Voici pourquoi ce mouvement brusque est possible, quoique très-difficile.

Non-seulement les lèvres sont préparées par le mouvement continu des notes, mais encore, après avoir bien posé la note qui frappe le temps, on peut l'abandonner au moins de la valeur du point, chose qui n'altère en rien l'effet du trait, après quoi l'on attaque légèrement la note de la première position pour aller rejoindre, en l'attaquant franchement, la note de la septième position. Pendant que l'on abandonne la note pointée, la coulisse a le temps de rejoindre la septième position sans imprimer aux lèvres une trop grande secousse. C'est donc parce qu'il se produirait un effet de double secousse en enlevant aux lèvres toute préparation, que l'on ne peut pas écrire ce changement de la première à la septième position, si ces deux notes sont deux doubles croches. Il faut aussi éviter d'écrire le mouvement inverse, c'est-à-dire la première note étant à la septième position et la deuxième note à la première position.

Il faudra appliquer le même raisonnement au même mouvement se faisant de la deuxième position à la septième.

Lorsque le mouvement se fera régulièrement par degrés disjoints, il faudra écrire les notes de la première et de la septième position à l'octave supérieure.

Mais, dans tous les cas, on pourra écrire les notes *si b.* ou *la d.* et *ut b.* ou *si nat.* toutes les fois qu'elles seront frappées sur le temps, dans les mesures à quatre ou à deux temps et dans la mesure à $\frac{6}{8}$ et ses mesures dérivées; on pourra le faire aussi dans la mesure à trois temps et ses mesures dérivées, mais alors il faudra que le mouvement soit modéré, attendu que le troisième temps, étant pour ainsi dire un contretemps, le mouvement permettra de faire le changement d'une extrémité à l'autre de la coulisse (1).

Cette remarque est applicable au changement des notes de l'accord de *si nat.*, le mouvement fût-il même un peu vif, mouvement de galop.

3e REMARQUE : *Notes frappées en accord à la fin d'un trait, soit solo, soit à l'unisson, exécuté par un ou trois trombones.*

Lorsque l'on écrit un trait en triolets ou en doubles croches, on a l'habitude d'écrire la première note de la mesure qui suit celle du trait, de manière à frapper immédiatement

______

(1) Il faut éviter de trop prolonger ce mouvement de la première à la septième position, parcequ'il est très-fatigant pour les lèvres, à cause des secousses qu'elles reçoivent continuellement de ce mouvement à grand écart subit.

l'harmonie des trois trombones; cela donne lieu à un grand écart d'intonation qui donne aux lèvres une grande difficulté d'exécution dans une des parties, et, de plus, l'effet n'en est pas très-bon pour l'oreille, quand le trait doit, dans la mesure qui le suit, faire sa résolution par degré conjoint avec la tonique.

EXEMPLES. (*Mét.* 112.)

Pour ces exemples, il est bien plus facile pour les lèvres et bien plus naturel pour l'oreille de faire la résolution du trait à l'unisson sur la tonique suivante pour les trois parties, et de compléter ensuite l'harmonie.

Mais on pourra attaquer immédiatement l'harmonie complète lorsque le trait fera sa résolution par degré disjoint avec la mesure suivante.

EXEMPLE.

Dans le premier cas, il y a un écart de septième, écart qui pourrait être de neuvième si le trait se faisait en descendant au lieu de se faire en montant; ce mouvement brusque est très-difficile pour les lèvres.

Dans le second, au contraire, cet écart n'est que d'une quinte, et les mouvements à la tierce, à la quarte et à la quinte peuvent très-bien se faire, et des lèvres exercées peuvent aisément donner l'octave basse de la tonique. Mais cet écart pourra s'écrire dans le rhythme des croches égales, lorsque la note formant l'écart, fût-il un écart de onzième (mais il ne faudra pas dépasser le *fa* aigu), sera représenté par une noire, si le mouvement se continue, et par une croche s'il s'arrête.

On écrit aussi (quel que soit le ton) (*Mél.* 112) :

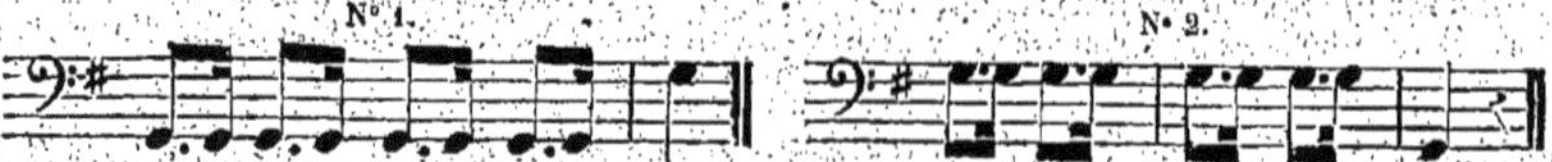

Puis on continue le même rhythme. Ce mouvement de lèvres est impossible à faire bien nettement; il est trop brusque; tandis qu'il est très-facile en croches égales et dans tous les cas.

Il faut donc terminer le rhythme sur la note posée, à l'unisson de la double croche précédente, et reprendre le mouvement à l'octave sur la double croche.

Voici la raison des observations relatives à ces quatre derniers exemples. Lorsque, dans un rhythme semblable à ce dernier, on enchaîne les notes par degrés disjoints, les lèvres ont plus de facilité à s'ouvrir brusquement pour descendre de même sur les notes graves, qu'à se resserrer pour monter sur les notes aiguës (1); c'est pourquoi le second exemple est impossible, surtout quand on écrit ce rhythme dans l'étendue grave non-seulement du trombone, mais encore de tous les instruments en cuivre, car pour l'embouchure, tous ces instruments éprouvent les mêmes difficultés. Certes, si on le veut, on le peut, mais l'effet de la note finale est nul.

Le mouvement écrit dans le premier exemple est de même impossible, parce que les lèvres sont maintenues dans un même degré de pression pendant un certain moment avant de descendre brusquement à l'octave; et des lèvres mêmes très-bien exercées ne peuvent réussir à exécuter ce mouvement que par hasard, mais jamais avec assurance.

Le quatrième exemple est possible, parce que d'abord les lèvres, bien posées dans le grave, ont une espèce de silence sur le point même qui prolonge la première note de chaque temps, repos qui leur donne le temps de préparer la note brève, et ensuite reviennent toujours au même degré. Mais alors il faut que les notes, ne dépassant jamais l'intervalle d'octave, soient toujours écrites sur la même position, ou qu'elles ne donnent pas à franchir plus d'une position, excepté toutefois pour la note qui termine le trait (vérifier aux deux derniers exemples).

Ces observations doivent suffire pour faire comprendre que le troisième exemple soit toujours facile.

Ces observations ne sont absolument applicables que dans le cas où l'on écrit ce genre de rhythme en prolongeant sa durée, dans le mouvement du métronome 112, et lorsque ce rhythme formant, comme il arrive souvent, ce que l'on appelle un accord plaqué *forte*, soit final d'un morceau, soit intercalé, n'est point placé pour produire un effet particulier dans une partie chantante. Mais si le mouvement est plus lent que celui du métronome déjà cité, ou, même dans ce mouvement, si l'on ne veut écrire que deux notes, l'une à l'extrémité d'un temps, allant rejoindre immédiatement le temps suivant, ces deux notes produisant un effet particulier dans le chant, on pourra les écrire toutes les fois qu'on le voudra, leur condition de notes isolées donnant le temps de les préparer l'une et l'autre. Seulement dans l'étendue grave, il faudra éviter de joindre à un grand écart d'intonation un grand écart de coulisse. Ainsi, on ne doit jamais écrire, soit dans un trait continu, soit isolément, les notes ci-dessous, donnant, quant au rhythme, un exemple de ce que l'on vient de lire, et rentrant dans la catégorie de la double difficulté de l'écart de l'intonation et du mouvement de la coulisse. De plus, la seconde de ces deux notes devra toujours avoir la valeur d'une noire au moins, ou, par nécessité extrême, celle d'une croche.

DOUBLE MODÈLE :
Mesure à $\frac{2}{4}$ et mesure à $\frac{6}{8}$ et vice versâ. (Impossibles).

(1) En effet, lorsqu'un rhythme semblable à celui-ci se maintient à un niveau régulier, c'est cette seule condition qui crée, c'est cette seule raison qui explique la facilité que peuvent avoir les lèvres à faire, par mouvement

Mais, dans les chants continus, où les notes écrites sur différents degrés, soit conjoints, soit disjoints, donneront toujours aux lèvres un mouvement continu lui-même, on pourra écrire dans ces deux rhythmes, tout ce que l'on voudra, mais pas au-dessous du du *sol* grave, et quel que soit l'écart d'intonation, jusqu'à celui d'intervalle de neuvième seulement, et sans avoir égard aux observations qui précèdent, mais en tenant absolument compte des deux qui vont suivre.

1° L'écart entre la double croche finale d'un temps et la note qui la suit ne doit jamais dépasser l'intervalle d'octave;

2° Tenir compte de l'observation relative à l'exemple précédent.

Exemples.

1° Intervalle de neuvième possible;
2° Écart possible après la double croche.

On voit que les notes composant le second exemple sont toutes, à l'exception de l'*ut* grave, sur la deuxième position. Mais il faudrait éviter d'écrire cet intervalle de neuvième, si la seconde note, formant le sommet de cet intervalle, dépassait le *sol* aigu, c'est-à-dire si elle devait atteindre les notes aiguës depuis le *la b.* jusqu'à l'*ut*. Dans ce cas, il faudrait changer la disposition du chant, et élever à l'octave supérieure, la première note formant la base de cet intervalle de neuvième, ce qui ne donnerait alors qu'un intervalle de seconde; et, sans que le chant soit en rien dénaturé, l'exécution serait facile.

Toutefois, si l'on désirait écrire cet intervalle de neuvième, dans le sens de l'observation marquée ci-dessus : N° 1, ce ne pourrait être, soit dans un solo, soit dans un *tutti*, que dans un mouvement large; encore ne faudrait-il point en abuser, et il faudrait éviter de joindre à l'écart d'intonation un grand écart de coulisse.

Remarque. Lorsque, dans le mouvement du mét. 112, on écrira de petits traits dans ce rhythme, qui est très-difficile pour le trombone, lorsqu'après la note brève qui termine chaque temps, l'on sera forcé de changer brusquement de position la coulisse, il faudra absolument éviter d'écrire des intervalles plus grands que la quinte ou la sixte, si ces traits sont écrits en *solo piano*; mais on pourra écrire jusqu'à l'intervalle d'octave, dans un *tutti forte*. Dans un effet *piano*, l'émission des notes, dans le passage d'une note brève à la note qui la suit, est très-délicate, et dans le cas où le dessin nécessiterait un grand écart d'intonation joint à un mouvement de coulisse, il faudrait se résoudre à n'écrire le trait que pour les instruments d'un doigté facile, tels sont le cornet à pistons et l'ophicléide; ou bien il faudrait couper, pour le trombone, la note brève qui gênerait l'exécution.

---

bref, le saut de l'octave, en descendant plutôt qu'en montant. Mais au contraire, dans les instruments en cuivre en général, et principalement dans le trombone, dont les mouvements de la coulisse créent une nouvelle difficulté, il arrive ceci, que, lorsque le dessin est construit en forme d'arpèges et par degrés disjoints, ce qui fait passer le trait écrit, par toutes les notes de l'accord parfait, soit du ton de la musique, soit de la position du doigté de l'instrument, il arrive, dis-je, que les lèvres tendent toujours à se resserrer plutôt qu'à s'ouvrir; dans ce cas, l'effet est plus facile en montant qu'en descendant, mais seulement, parcequ'il y a suite de notes écrites sur différents degrés, parcequ'il y a enchaînement, mouvement régulier, avec des intervalles moins grands que celui de l'octave; et parcequ'il n'y a pas de mouvement contrarié. (Voir plus loin au chapitre du rhythme, arpèges.)

CHAPITRE III

Cor et Trompette.

Observations.

Avant de m'étendre sur le cor et sur la trompette, je crois devoir placer ici une observation d'une grave importance concernant ces deux instruments.

C'est par une grande erreur que beaucoup de personnes croient que, parce que l'on a ajouté des pistons au cor et à la trompette, on puisse écrire pour ces instruments traits chromatiques et autres, et arpéges, qui, souvent, par leurs modulations variées, gênent l'attaque des notes et contribuent à altérer encore le timbre déjà dénaturé de l'instrument.

Ce n'est point sans des raisons bien fondées que les artistes vraiment expérimentés prétendent que la masse de métal formant les pistons dont les pompes détournent, par leurs contours, le courant d'air de sa véritable course, assourdisse le son de l'instrument, et donne à son timbre un caractère tout différent. De plus, l'emploi répété des pistons interrompt encore d'une manière continue ce courant d'air; si cet inconvénient arrive dans la trompette, cet instrument, dont le timbre est déjà altéré, n'est plus une trompette du tout, et les compositeurs ne savent pas ce qu'ils perdent en remplaçant les anciens et vrais instruments par leurs dérivés à pistons, dont la mécanique est la seule cause de leur dégénération.

Certes, je ne prétends pas nier la grande utilité de la trompette à pistons, employée à propos et écrite convenablement; mais elle ne doit point servir à anéantir un autre instrument, la trompette simple, que l'on ne remplacera jamais. J'admets encore que, dans certains cas, un auteur veuille écrire pour la trompette, en dehors des accords en *tutti*, et dans un solo obligé, des notes étrangères à la trompette simple, c'est-à-dire des notes intermédiaires de l'accord à vide. Il y a même des cas où, pour éviter tous les accidents qui peuvent arriver dans un solo délicat écrit pour la trompette simple, les instrumentistes se servent d'une trompette à pistons pour s'assurer l'émission des notes.

En effet, un solo écrit dans la deuxième octave de la trompette, parcourt une suite de secondes successives parmi lesquelles on pourrait quelquefois en accrocher, en rater une ou deux par accident, si le solo est difficile, délicat.

Au contraire, en prenant la trompette à pistons, on peut changer le ton de l'instrument, et en transposant la musique, au lieu d'avoir à parcourir des secondes successives, les lèvres donnent, à l'aide des pistons, des notes qui sont, sur chaque piston, à distance de tierce, de quarte ou de quinte; de sorte qu'il faut être bien maladroit pour donner, par le simple effet des lèvres, la note à côté. C'est pour cette même raison que le cornet à pistons, jouant dans sa première octave naturelle, et dans sa seconde octave, jusqu'au *sol* aigu, a beaucoup plus de facilité à donner toutes ses notes correspondant à celles de la trompette, qui est alors écrite dans sa deuxième et dans sa troisième octave. Le cornet, prenant un doigté quelconque, n'a au-dessus ou au-dessous de la note émise qu'une tierce, une quarte ou une quinte, tandis que la trompette, à partir du *si b.* écrit dans la portée, jusqu'au *sol* aigu, ne rencontre que des secondes.

Voici pourquoi l'on ne sera pas surpris que j'avance ici une chose qui doit servir de règle pour la trompette.

On a déjà vu que tous les instruments doivent avoir une limite dans leur étendue; mais dans les instruments qui changent de ton, tels sont le cor, le cornet et la trompette, dans les instruments en cuivre, cette limite est, comme on le verra bientôt, subordonnée au ton plus ou moins grave ou élevé que l'on adaptera à l'instrument.

Or, toutes les fois qu'un ton de la trompette permettra d'écrire le *sol* aigu, cette note, *sol*, ne devra jamais être écrite isolément, c'est-à-dire qu'elle ne pourra être écrite que lorsque les lèvres y seront préparées par une note précédente, laquelle ne pourra pas être plus grave que l'*ut*, troisième interligne, quinte inférieure de ce même *sol*.

Le *mi nat.* aigu est la dernière note aiguë que l'on puisse écrire isolément.

Si l'on n'agissait pas ainsi, on s'exposerait à faire rater le *sol*, à la place duquel les lèvres pourrait fort bien donner, soit le *la*, soit le *fa*, notes qui, outre qu'elles sont deux très-mauvaises notes, seraient étrangères à ce que l'on aurait écrit.

Du reste, et je ne saurais trop souvent le rappeler, toutes les notes qui, écrites pour la trompette, dépasseront le *mi*, et celles qui, pour le cor, dépasseront le *mi* pour les tons aigus jusqu'au ton de *la nat.* haut, le *sol* pour les tons graves et ceux du médium, ne devront jamais avoir une durée moindre que celle d'une blanche, pour les notes isolées, et une durée moindre que celle d'une noire large pour les notes enchaînées successivement, soit par degrés conjoints, soit par degrés disjoints. L'on devra toutefois en excepter les petits traits que l'on écrira dans les rhythmes des croches carrées ou des triolets, passant par la suite des notes successives, traits qui, selon que le ton permet de monter jusqu'au *sol* aigu, ne doivent jamais dépasser cette note, et les traits écrits, même en doubles croches, sur des notes placées sur un même degré.

J'ajouterai que les observations, les remarques que j'ai eu lieu de faire, m'ont convaincu de ceci : que, dans la masse des compositeurs, il y en a qui, pour la trompette et pour le cor, écrivent au-dessus de la portée lorsqu'ils désirent, et croient par conséquent, que pour l'oreille ces notes donnent les notes à une octave plus bas, c'est-à-dire les mêmes notes écrites dans la portée; d'autres, par effet contraire, pour obtenir les mêmes notes de la portée, écrivent l'octave au-dessous.

Les instrumentistes se voient souvent forcés de jouer dans une octave autre que celle qui est écrite. Cela vient de ce que les compositeurs qui commettent ces erreurs ne connaissent pas le rapport de tonalité qui existe entre les instruments en cuivre. (Voir le tableau général des instruments comparés au piano.)

Enfin, à l'égard de la trompette à pistons, je dirai que cet instrument, comme le cor à pistons, ne ressemblant nullement, par le timbre, à la trompette et au cor simples, on ne doit s'en servir que par utilité, par nécessité. Mais cette nécessité ne doit pas s'étendre jusqu'à obliger de prendre la trompette à pistons pour une *seule* note que l'on aura eu le caprice d'introduire dans un solo qui, à l'exception de cette note, pourrait très-bien se jouer avec la trompette simple.

Puisque l'on a adopté cet instrument, servons-nous en, mais avec toutes les restrictions possibles, et en évitant, comme on le fait pour le trombone et pour la trompette, d'écrire comme si l'on écrivait pour les instruments à vent en bois, dont le mécanisme, composé de trous et de clefs légères, rend tout possible pour tous.

Mais, surtout, employons les deux trompettes, car si l'une a un avantage dans son doigté l'autre a, dans son timbre, une qualité incomparable.

Quant au cor à pistons, il est considéré par la plus grande partie, et des cornistes mêmes et des vrais appréciateurs, comme s'il n'existait pas. Et c'est toujours cette qualité du timbre qui n'existe plus. Ceci n'empêche pourtant pas que l'on écrive pour cet instrument des solos qui, en raison de la trop grande quantité des notes qui seraient bouchées dans le cor simple, nécessitent l'emploi du cor à pistons. Mais avant l'invention de ce dernier, on écrivait pour le cor, et le tout était rendu, bien rendu, et d'un effet très-agréable; mais aussi on prenait le cor pour ce qu'il doit être, et non pour une flûte ou un violon.

Eh! mais ne pourrait-on point, en cas de caprice, car je ne vois pas en ce cas de nécessité, remplacer le cor à pistons par un autre instrument? Et à l'égard des solos que l'on écrit pour le cor à pistons, je ne crains pas de dire que le trombone est aujourd'hui assez perfectionné pour que l'on puisse l'employer avec avantage à la place du cor à pistons.

Du reste, un fait malheureux, c'est que le trombone n'a jamais été bien apprécié. Et cependant il possède des qualités brillantes dont l'on devrait tirer parti. Le trombone possède un timbre aussi élastique que son mécanisme, c'est-à-dire que depuis le son le plus faible jusqu'au son le plus fort, l'on peut obtenir tous les degrés possibles. Et malgré ses brillantes qualités, l'on semble redouter d'écrire des solos pour cet instrument. Outre son timbre éclatant, le son du trombone est rond, plein, et sera, dans les cas opportuns, beaucoup plus agréable, plus vrai, que le son maigre, exigu, des instruments aigus en cuivre.

Écrire pour le trombone des chants larges, composés généralement de notes soutenues ou bien posées, entrecoupées de notes brèves, mais brèves relativement au notes longues, et non relativement à des notes que le mouvement lui-même rend déjà brèves.

Écrire principalement dans le médium, en donnant de l'extension au chant, par l'emploi bien préparé, bien amené (au point de vue de la mélodie), des notes graves et des notes aiguës, et dans des mouvements larges ou modérés.

Lorsqu'il y a raison d'être, un chant bien large, bien soutenu, écrit dans toute l'étendue grave et dans le médium, est très-beau. Si l'auteur désire plus de douceur dans l'exécution, il écrira au contraire dans le médium et dans l'aigu.

Point de difficultés dans la musique sérieuse. Elle ne doit exister que lorsque l'on voudra écrire un effet de trombone dans un *tutti forte*, pour faire du tapage; encore cela ne doit-il exister que par petits fragments.

Voilà ce que l'on doit faire du trombone, au lieu de le rebuter et de ne l'employer que lorsque l'on ne peut pas faire autrement.

Quant à l'employer pour remplacer le cor à pistons, je sais que l'on m'objectera qu'avec le trombone, même en adoucissant le son, on n'aura plus le timbre du cor. Cela est très-vrai; mais ne l'a-t-on pas déjà condamné, le cor? On n'aura, comme on va le voir, qu'à bien employer le cor simple; à bien écrire pour cet instrument; alors, toutes les discussions, toutes les objections tomberont d'elles-mêmes; et, dans l'autre cas, les sons doux et clairs du trombone, écrit dans le médium et dans l'aigu seulement, seront aussi agréables que les sons douteux du cor à pistons.

Je poursuis.

A l'altération que la mécanique a pu apporter dans le timbre de l'ancien cor et dans celui de l'ancienne trompette, vient se joindre un autre inconvénient, le manque de justesse, dont je vais en quelques mots expliquer les causes.

Le cor, la trompette et le cornet à pistons ont des corps de rechange que l'on emploie, non-seulement pour monter ou baisser le diapason de l'instrument, mais encore pour enlever à ces différents instruments la trop grande quantité des dièzes ou des bémols, de laquelle naissent les difficultés du mécanisme.

Ces corps de rechange exigent, pour chaque piston de l'instrument, une pompe-rallonge qui sert à accorder, avec les notes de l'accord à vide, les notes faites à l'aide de chaque piston.

A mesure que l'on baisse le ton de l'instrument au moyen d'un corps de rechange, les pompes des pistons doivent être allongées en proportion.

Ces pompes étant assez courtes pour accorder les pistons dans les tons aigus, ne sont plus assez longues pour les accorder dans les tons graves, et *vice versâ*.

Il faut que ces pompes soient, par leur longueur, proportionnées de manière à pouvoir accorder les pistons avec l'instrument, soit du grave au médium, soit du médium à l'aigu.

L'accord régulier du grave à l'aigu est impossible.

Quoique les proportions ne soient pas absolument les mêmes dans le cor, la trompette et le cornet à pistons, le résultat en est le même.

Voilà pourquoi, dans un orchestre symphonique, c'est-à-dire où il y a des instruments à cordes, la trompette, dont le corps principal est en *sol* (*sol* aigu), le plus court de ses tons, ne peut plus être trompette chromatique au-dessous du ton de *mi nat.*; et tout au plus, par grande nécessité, on peut écrire pour le ton de *mi b.*, mais ce n'est déjà plus bon. Dans la musique d'harmonie militaire, la nécessité fait quelquefois écrire pour le ton ne *ré b.* dans des fanfares de chasse, mais c'est l'extrémité absolue, et il faut employer alors les pistons le moins possible.

Pour les musiques militaires, le ton le plus élevé de la trompette est le ton de fa, le corps principal est en la; et c'est ce qui permet d'écrire jusqu'au ton de ré b., pour les fanfares de chasse en grand *forte*; mais c'est le ton extrême.

Pour le cor, il faut observer dans les deux cas, les mêmes limites; ce dernier a bien la ressource de la main; mais si ce n'est la justesse, c'est la qualité du son qui en souffre.

Voilà pourquoi l'on a retranché au cornet à pistons la moitié de ses tons. (Voir le chapitre du cornet).

Celui-ci n'ayant aujourd'hui que ses tons aigus, les pompes d'accord étant alors mieux proportionnées, la justesse de ses notes peut être satisfaisante, autant que peut l'être toutefois, un instrument à *doigté fixe*.

Si les pistons, par leur mouvement successif et continu, et surtout par leur mouvement simultané, font dégénérer le timbre d'un instrument quelconque, ces observations doivent, je crois, suffira pour faire comprendre combien cette dégénération, cette altération sera grande dans la trompette qui doit avoir un timbre franc et clair.

Dans le cor, le défaut de sonorité provenant, comme dans les autres instruments, des détours qu'offrent les courbes des pistons, est en effet moins sensible que dans la trompette, à cause de son timbre qui, comparé à celui de cette dernière, est fortement voilé; mais on se contentera d'un son voilé du cor, qu'on ne sera point satisfait d'un son étranglé de la trompette.

Dans la trompette surtout, dont l'emploi exige un timbre clair, strident, l'emploi successif et le mouvement brusquement opéré des pistons, dans les solos en dehors, rendent l'attaque des sons chancelante, chevrotante, par cet effet que la marche de l'air est à chaque instant interrompue, et que les notes passant par les tubes des pistons, surtout dans les tons graves, ne sont pas de la plus grande justesse, puisque la trompette a ses corps de rechange graves et aigus.

Tous ces instruments, quels qu'ils soient, sont bons tant qu'on ne les emploie que pour ce qu'ils sont; mais si l'on commet l'erreur de remplacer les anciens instruments par les instruments à pistons, leurs dérivés, qui ne sont, au font, que l'image dérisoire des premiers, on sera grandement trompé, attendu que le timbre des premiers n'existe plus dans les derniers.

Dans le cor et dans la trompette, les pistons servent souvent à la transposition, quand leur emploi peut remplacer un corps de rechange qu'un silence trop court ne permettrait point de changer.

Dans le cor, les pistons servent aussi :

1° Dans un chant spécialement écrit pour le cor à pistons; (on a déjà vu ce qui est écrit à cet égard.)

2° Pour le cas où l'on aurait écrit les notes doublement bouchées, le *ré b.* ou *ut dièze*, le *ré nat.* au-dessous de la portée, le *fa nat.* et le *la b.* dans les lignes; (voir le cor simple.)

3° Pour exécuter les notes absentes de la première octave du cor, laquelle n'a que le *sol* entre les deux *ut* graves, lorsque ces notes intermédiaires sont écrites. Mais les compositeurs qui écrivent ces notes, en se disant tout simplement : « j'écris pour le cor à pistons », ne savent pas, ou du moins, ne réfléchissent pas que ces notes qu'ils écrivent, et toujours dans le simple accompagnement, comme on le fait pour le quatuor des instruments à cordes, sont sans portée aucune, sont nulles, parce qu'elles sont écrites pour un instrument dont les notes graves doivent toujours être à découvert; parce qu'elles sont écrites dans une étendue qui se trouve à l'unisson d'autres instruments dont le timbre sonore les couvre et les anéantit, si elles sont écrites dans un *forte*; enfin, les notes graves, surtout dans un instrument dont le timbre, comme celui du cor simple, déjà voilé dans celui-ci, l'est encore plus par l'addition des pistons, les notes graves, dis-je, devant avoir plus de durée que les notes aiguës, les accompagnements en arpèges ne peuvent avoir aucune portée, ne peuvent être d'aucun effet. Je dirai plus, dans un orchestre où l'on rencontre, pour les cors, une écriture de ce genre, les musiciens entre eux, d'un côté les cornistes, de l'autre les musiciens qui sont placés derrière ces premiers, rient ensemble de l'effet que cela produit; les notes brèves ou les arpèges, écrits dans cette étendue grave, et que l'on prétend faire exécuter, ne s'entendent pas à deux pas; il est vrai que cela est écrit sur le papier, et l'auteur croit qu'il l'entend. C'est la foi qui sauve !

Mais continuons.

On verra : 1° dans le chapitre suivant, pourquoi l'on devra éviter d'écrire les notes bouchées et déjà citées, *ré b.*, *ré nat.*, *fa nat.* et *la b.* ou *sol dièze*; 2° à la fin de ce même chapitre, dans quels cas on pourra les écrire, à l'exception toutefois, du *ré b.* ou *ut dièze* grave.

Ainsi qu'on l'a déjà vu, dans la trompette, les pistons servent aussi à donnner, quand il y nécessité, les notes intermédiaires de l'accord à vide.

Mais, pour la justesse autant que pour la pureté des sons, point de mouvements chromatiques; et lorsque l'on écrira des traits, en triolets ou en doubles croches, on devra les écrires sur des notes au même degré; ou, il faudra que ces notes passent dans l'accord à vide de l'instrument, ou du produit direct des pistons.

Si les notes sont écrites sur des degrés différents, mais conjoints entre eux, les doubles croches ne devront exister que par hasard entre des noires et des croches, et ceci ne pourra se faire que pour un chant écrit spécialement pour la trompette à pistons.

Il faut éviter l'emploi et les mouvements continus de plusieurs pistons ensemble

Or, en écrivant toujours, sauf quelques cas exceptionnels, pour la trompette et pour le cor comme on le faisait quand ils n'avaient point de pistons, on sera certain d'un bon résultat.

Pour le cor surtout, il faut suivre ce principe, car il y a beaucoup d'orchestres où l'on n'a point de cors à pistons; et si on ne calculait point les notes que l'on écrit, ce qui aurait été fait pour le cor à pistons pourrait souvent être nul, ou tout au moins, mauvais pour le cor simple; tandis que ce qui aura été écrit pour le cor simple, n'en sera que plus commode pour le cor à pistons.

Quand on n'avait que des trompettes et des cors simples, est-ce que la musique en vallait moins? Non! L'addition des pistons a donné un peu plus de latitude, et pour le cor, elle a rendu certaines choses plus commodes, pour écrire un chant spécialement pour cet instrument; mais on a condamné le timbre véritable.

Donc, je ne puis trop le répéter, l'écriture des cors et des trompettes, sauf les cas cités, doit rester la même; et, loin d'en souffrir, le résultat n'en sera que meilleur, et les effets seront rendus comme on les aura compris; j'ajouterai même, qu'en suivant bien les principes contenus dans cet ouvrage, on écrira bien pour les quatre instruments qui en font le principal sujet, et alors on n'accusera plus d'incapacité, les artistes chargés de l'exécution de la musique qui leur sera confiée; car cela est malheureusement trop vrai, que lorsque la musique est mal écrite, on rejette avec dédain sur les instrumentistes, la faute de la mauvaise exécution.

En tout, il faut écrire des choses au moins possibles, sinon faciles.

CHAPITRE IV

Cor (simple).

Lorsque l'on écrit des solos spécialement pour le cor, tout est possible depuis l'*ut* première octave du produit, pour les tons graves, jusqu'au *sol* aigu, pour les tons du médium, et jusqu'à l'*ut* aigu

EXEMPLE :

On écrit même, dans ce cas, par mouvement chromatique; mais ce n'est que dans les solos en dehors de toute autre musique, c'est-à-dire des morceaux dits de concerts, écrits pour des *virtuoses*, et ces morceaux sont toujours écrits par des artistes qui connaissent parfaitement et professent même l'instrument. Il en est de même à cet égard, pour les autres instruments.

On verra plus loin :

1° Pourquoi on ne doit point écrire la note *ut dièze*, qui se trouve immédiatement au-dessous de la portée.

2° Jusqu'à quelle note on peut monter, selon que le corps de rechange ou ton rendra l'instrument plus grave ou plus aigu.

3° Pourquoi on ne doit écrire que les deux notes graves, *fa dièze* et *si nat.*, dans les notes intermédiaires qui se trouvent entre l'*ut* grave, base tonique de l'accord à vide, le *sol* sa première quinte, et l'*ut* octave de cette même base.

NOTA. — Excepté les quatre derniers tons aigus, on verra que, relativement au trombone et à la trompette, et aux différentes clefs sur lesquelles on écrit ces instruments, et aussi à mesure que l'on descendra dans les tons graves du cor, ce dernier rend, pour l'oreille, les notes à une octave plus bas qu'elles ne sont écrites. (Voir le tableau comparatif, cor en *ut*, et le tableau général.)

Cor employé dans l'accompagnement.

Lorsqu'on écrit pour quatre voix, on ne connaît point de solistes :

Donc, en écrivant pour les quatre cors, je dirai, en présentant de nouveau le produit, déjà exposé, d'un instrument en cuivre,

que, pour l'harmonie des cors, on ne doit point connaître de solistes (1).

Le produit des cors doit s'arrêter au sol, quinte des secondes successives.

Seulement, et dans le cas de nécessité extrême, on écrit quelquefois, mais bien rarement, l'ut aigu dans les tons du cor se trouvant dans l'étendue comprise entre le cor en *la b.* bas et le ton de *mi nat.*; et tout au plus le ton de *fa*. Mais il ne faut point abuser de cette note, qui, du reste, ne doit jamais être écrite isolément; elle doit toujours, et dans tous les cas possibles, être précédée du *sol* aigu; le *la nat.* aigu doit être traité de la même manière. Les seules notes que l'on puisse écrire entre le *sol* et l'*ut* aigus sont le *la nat.* et le *si b.*; mais cette dernière note ne doit l'être que rarement, et l'on verra plus loin dans quels cas on pourra l'écrire.

Remarque. Quelques compositeurs voulant faire exécuter des solos au premier cor alto, plutôt qu'au premier cor basse (rappelons-nous ici que le numéro de la place occupée dans les parties n'indique point une différence de capacité, ou du moins il ne doit point en être ainsi), il arrive quelquefois que les cors alto, par leur tonalité réelle, sont dans un ton plus grave que les cors basse; alors, les cors alto deviennent cors basse, et les cors basse deviennent cors alto. Ceci est à la volonté des compositeurs.

Seulement, en rappelant l'observation relative aux notes graves écrites dans les parties aiguës, et aux notes aiguës écrites dans les parties graves (chapitre du trombone), je dirai toujours qu'il est préférable, pour la facilité de l'exécution, d'écrire pour les tons aigus aux parties aiguës, et pour les tons graves aux parties graves.

C'est pour le cas cité au commencement de cette remarque, que les compositeurs écrivent les cors alto dans le ton (ton du cor) de la musique même; de sorte que si la musique est écrite en *ut*, et que les modulations fassent passer le morceau du ton d'*ut* au ton de *fa* ou de *sol*, les cors alto seront écrits en *ut*, s'il y a un solo dans le ton d'*ut*, et les cors basse seront en *fa* ou en *sol*. Donc, les cors basse seront plus aigus que les cors alto (cors alto premier et deuxième cors, cors basse troisième et quatrième).

---

(1) On ne doit point considérer comme solos, les petits traits qu'un usage artistique a qualifiés du titre de rentrées.

Effet relatif des notes bouchées du cor.

Toutes les notes étrangères au produit énoncé plus haut sont bouchées. Mais ces notes sont bouchées à des degrés différents ; cela dépend de l'intervalle qui se trouve entre deux notes à vide successives.

Ce fait de boucher avec la main le pavillon du cor produit sur la note à vide que l'on aura prise pour point de départ, l'effet que produiront ensemble deux positions successives du trombone, quand la première de ces deux positions sera, sur l'échelle de la coulisse, plus élevée que l'autre. Sans aucun mouvement de lèvres, en descendant la coulisse du trombone, le son baisse graduellement, et cela sans qu'on y mette la moindre intention.

De même, en avançant peu à peu la main dans le pavillon du cor, l'effet se produit en descendant et non en montant.

Si, au contraire, on voulait faire monter, au-dessus d'une note à vide, une note qu'il faudrait boucher, il y aurait une légère secousse dans le mouvement des deux notes. Seulement, cette secousse, dont l'effet serait semblable à celui que l'on éprouverait sur le trombone en faisant marcher la coulisse contre le principe (chapitre du trombone), est imperceptible sur le cor, toujours à cause de son timbre voilé, et parce qu'ensuite la main, bouchant l'instrument, annule la secousse en étouffant le son.

Donc, ces observations doivent rester gravées dans la mémoire pour bien comprendre, par le résultat que l'on obtient en bouchant de plus en plus l'instrument, pourquoi certaines notes ne doivent point être écrites dans le cas de simple accompagnement.

Toute note bouchée à un demi-ton immédiatement au-dessous d'une note à vide est, quoique bouchée, une bonne note, quel que soit le ton adapté à l'instrument.

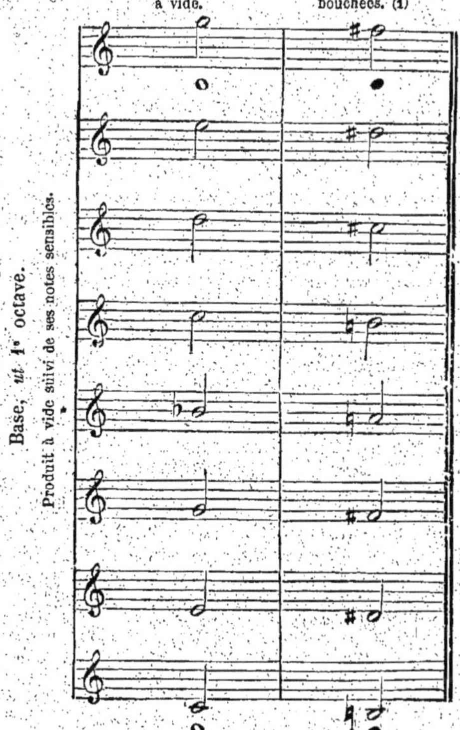

Les notes extrêmement graves, *si nat.* et *fa dièze* graves, notes bouchées à un demi-ton au-dessous de l'*ut* grave (octave de la base du cor) et au-dessous du *sol* grave, sont trop sourdes par cela même qu'elles sont et bouchées et trop graves;

et l'on peut parfaitement éviter de les écrire dans l'accompagnement, où elles seraient nulles quant à l'effet. Mais comme il y a certains cas où on peut écrire ces deux notes, elles seront plus loin le sujet d'une observation particulière.

Les notes bouchées du premier exemple, à l'exception du *ré dièze* et du *si nat.* graves, sont donc de bonnes notes que l'on peut écrire isolément. Mais il sera prudent, toutes les fois que cela sera possible, d'écrire, conjointement avec le *mi* ou le *sol*, les deux notes *fa dièze*, de la base et du sommet de la portée.

Ou

Quant au *ré dièze* grave, il ne doit pas être écrit isolément.

Cependant, ce *ré dièze* employé dans son enharmonique *mi b.*, dans l'accord d'*ut* mineur, peut être écrit selon la nécessité du cas.

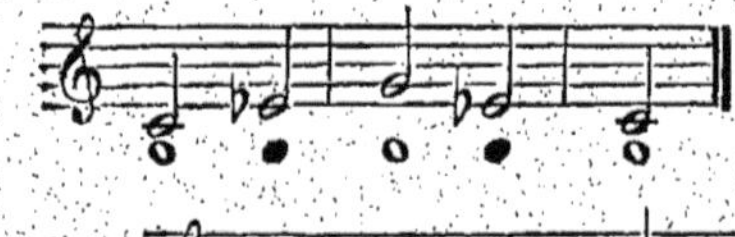

Quoique ces notes bouchées puissent être attaquées isolément, on pourra toujours obtenir un meilleur résultat quand il sera possible de les employer par degrés conjoints avec des notes à vide, parce qu'alors les lèvres étant préparées, l'émission sera plus facile et le son des notes bouchées sera plus clair.

De plus (1), comme on a toujours quatre cors dans un orchestre et que ces quatre cors sont divisés en deux parties ou deux tons différents, il faudra, même en croisant s'il le faut les notes des deux parties, toutes les fois que le mouvement des accords n'en souffrira point, il faudra, dis-je, écrire dans toutes les parties autant de notes à vide qu'il sera possible de le faire, et l'on verra la différence de sonorité qui en résultera; cela sera d'autant plus facile, que les cors, étant des parties intermédiaires de la basse au chant, n'exigent pas

produit manque dans les secondes successives; c'est que cette quarte du produit étant trop haute pour faire à vide un *fa nat.*, et trop basse pour faire un *fa d.*, elle doit être considérée comme une note bouchée, car effectivement elle doit l'être.

(1). Je ne parle ici que de la musique pour orchestre complet, la musique sérieuse, et non pour la musique facultative (musique de danse ou autre), où souvent l'on n'emploie pas de cors, ou du moins, où l'on en emploie peu.

toujours dans leur marche, un enchaînement de notes essentiellement régulier. (Voir p. 63, l'observation concernant l'écriture du cor).

Mais lorsque les cors seront écrits dans un rhythme demandant des notes détachées l'une de l'autre, c'est-à-dire, lorsqu'ils sont écrits soit à temps, soit à contre-temps, et quel que soit le genre de mesure, en noires ou en croches, comme il n'y aura plus de degré conjoint puisque le son sera interrompu par des silences, on pourra écrire isolément toutes les notes sensibles de chaque note à vide. (Note sensible, c'est-à-dire, note bouchée à un demi-ton au-dessous de toute note à vide).

Lorsque l'on sera bien fixé, lorsque l'on aura bien dans la mémoire les notes à vide et les notes bouchées que l'on peut écrire isolément, et celles qui ne peuvent s'écrire que conjointement avec des notes à vide, on verra que l'écriture des cors ne sera plus aussi difficile qu'elle pourrait le paraître, et qu'elle le serait en effet, si l'on n'avait pas un moyen de se rendre compte de ce que l'on fait.

On a vu jusqu'ici que toute note à un demi-ton au-dessous d'une note à vide, est bouchée à un certain degré; on a vu aussi que, si cette note bouchée se trouve entre deux notes à vide à un intervalle de seconde l'une de l'autre, elle n'a plus à sa suite d'autre note bouchée.

Mais si deux notes à vide présentent entre elles un intervalle de tierce, d'abord mineure, comme de *mi nat.* à *sol* et de *sol nat.* à *si b.*, il y aura une seconde note bouchée au-dessous de la première déjà énoncée, et par conséquent cette seconde note se trouvera à un ton au-dessous de la note à vide la plus aiguë. Cette note devra donc être beaucoup plus bouchée que la première.

EXEMPLE.

Intervalle de tierce mineure.

•Première note bouchée,

Deuxième note bouchée.

Qu'on se rappelle bien que l'effet se produit en descendant,

Si chaque note sensible de toute note à vide est bonne, elle n'est cependant pas aussi sonore que la note à vide, puisque la main arrête le son; elle a donc atteint le degré extrême pour être bonne, quoique bouchée; mais que sera la seconde note bouchée, puisqu'on est obligé d'enfoncer la main beaucoup plus profondément dans l'instrument?

Cette note sera sourde au point d'être nulle; sont dans ce cas les notes suivantes :

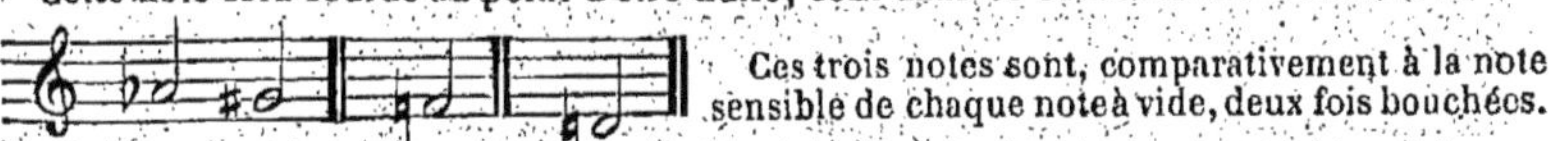

Ces trois notes sont, comparativement à la note sensible de chaque note à vide, deux fois bouchées.

Leur effet, qu'on ne s'y trompe pas, est complétement nul. Quand ces trois notes sont attaquées dans un *piano* (j'excepte toujours les solos et les rentrées en dehors, où les notes passent vite et par degrés conjoints), elles rendent un petit bruit sourd qui meurt à la sortie de l'instrument; mais positivement ce bruit ne pourra jamais être appelé un son.

Dans les *forte*, c'est bien pis; la masse de l'orchestre les couvre tellement que l'on n'entend même plus un bruit, quel qu'il soit.

Il est donc inutile de les écrire.

Quand les deux notes à vide sont à un intervalle de tierce majeure, ce qui existe de *ut* à *mi nat.*, il y a donc une troisième note bouchée; cette note est le *ré b.* ou *ut dièze.* Quelques auteurs écrivent cette note, qui est d'autant plus nulle, qu'elle est beaucoup plus bouchée que les deux autres, et qu'étant plus grave elle est plus sourde, car plus les notes descendent et plus le ton du cor est grave, plus ces notes bouchées sont sourdes.

Intervalle de tierce majeure.

Il est donc aisé de comprendre  il ne peut pas y avoir de notes bouchées, qu'au-dessous du *si nat.* grave, et les seules notes qu'on puisse écrire

sont le *sol* et l'*ut* graves, sauf les cas où, dans un solo, on peut écrire le *si nat.* et le *fa dièze.*

Ces notes peuvent s'écrire dans tous les tons du cor.

L'*ut* grave donne pour l'oreille, et dans le cor en *ut* bas, l'unisson du contre-*ut* grave du trombone basse.

(Voir le tableau comparatif A et D.)

Donc, le cor en *si b.* bas est une octave au-dessous de l'accord de *si b.*, première position du trombone ténor, et le cor en *si b.* haut est à l'unisson de ce même accord.

Il reste donc deux notes bouchées à citer. Ces notes sont le *fa nat.* aigu, quarte des secondes successives, et le *la nat.* aigu, sixte des mêmes secondes.

Le *fa nat.* aigu, quoique note bouchée, est une note assez bonne, quoiqu'elle se trouve placée à la distance d'un ton du *sol*, parceque cette note, existant déjà et à vide, dans les secondes successives, n'a besoin que d'être rectifiée; mais, prise dans le sens d'accompagnement, cette note gagnera beaucoup lorsqu'on aura pu la préparer par une note à vide rapprochée.

EXEMPLE.

Mais l'enchaînement par degré conjoint n'est pas obligatoire (toujours dans le sens d'accompagnement); il est facultatif. Ainsi, lorsque le *sol* ou le *mi* auront été émis, le *fa* ayant par ce fait été préparé, gagnera beaucoup dans sa sonorité.

Il est vrai que lorsque l'on écrit pour le cor un chant quelconque, la construction de ce chant ne permet pas toujours d'amener le *fa* par degré conjoint; mais rappelons-nous seulement que toutes les fois qu'on pourra le préparer, il sera d'une émission beaucoup plus facile et sera par conséquent plus sonore, et écrivons-le, soit par degré disjoint, soit isolément, dans un chant ou dans une rentrée, quand il n'y aura point de raison pour qu'une note préparatoire existe. Seulement, il ne faudra jamais écrire les effets ci-dessous ayant pour point de départ le *fa*, lorsque l'on écrira pour les tons du cor dépassant le ton de *mi nat.*, et par nécessité, mais tout au plus, le ton de *fa*, car on exposerait l'exécutant à rater cette note, et quelquefois même toutes les notes, plus souvent qu'il ne les exécuterait nettement.

Il faut aussi que cette note soit bien posée; on peut donc écrire dans les mouvements suivants, et seulement comme ils sont indiqués sur chaque exemple, les traits ci-après :

On voit, par le troisième de ces exemples, que si la première note est brève, elle doit être répétée, sinon il ne faut pas l'écrire; elle n'aurait aucune portée.

En appliquant à tous les instruments compris dans cet ouvrage, ce principe : *Qui peut plus peut moins*, tous les exemples difficiles, mais possibles, écrits pour modèles à l'égard de chacun d'eux, doivent suffire pour faire voir ce que l'on peut écrire.

Donc, le second de ces quatre derniers exemples, écrit en mesure à $\frac{6}{8}$, serait très-possible si l'on écrivait chacune de ses notes, une pour chaque temps, dans un mouvement de valse; mais aucun des trois derniers ne serait possible dans le mouvement du métronome, 112 temps à la minute.

Le *la nat.* aigu ne doit être employé que par nécessité et par degré conjoint avec *la sol*, et dans les tons du cor ne dépassant pas le ton de *mi nat.* et tout au plus le ton de *fa* (cor en *fa*). Jamais, dans aucun cas, il ne doit être écrit isolément.

Je répèterai ici que les quatre cors, divisés dans les orchestres en deux parties ou deux tons, étant des parties intermédiaires de la basse au chant, et ayant dans chacune des deux parties, du *mi*, première ligne de la portée, au *sol* aigu pour les tons graves, et de l'*ut* au-dessous de la portée à l'*ut* son octave supérieure, et quelquefois même au *mi* quatrième interligne pour les tons aigus, au moins une octave à parcourir, il sera très-facile, en renversant les accords, d'éviter d'écrire les notes *sol dièze*, *la b.* et *fa nat.* du medium, le *ré nat.* et l'*ut dièze* au-dessous de la portée, puisqu'on peut facilement les remplacer par de bonnes notes

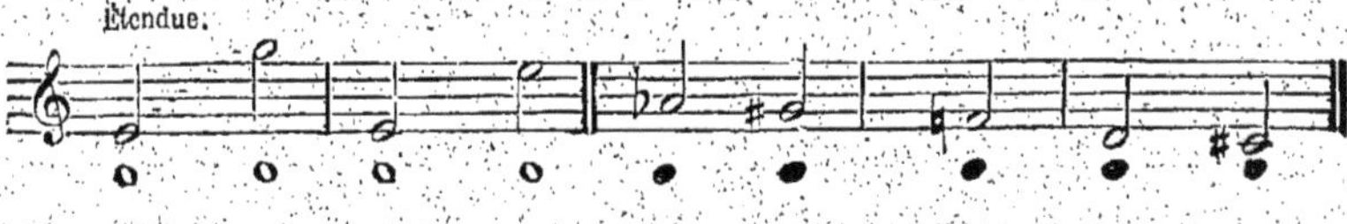

Corps de rechange ou tons du cor.

Le cor a seize corps de rechange ou tons, dont plusieurs se forment au moyen de rallonges adaptées aux autres tons principaux. (Voir le tableau général de comparaison avec le piano.)

Ces seize tons sont :

1° Le ton d'*ut* aigu. (Ce ton ne s'emploie que dans les sextuors, et jamais dans l'orchestration ordinaire.)

2° — *si b.* haut.
3° — *la nat.* haut.
4° — *la b.* haut.
5° — *sol.*
6° — *fa dièze.* (Ce ton de *fa dièze* est le plus mauvais de tous les tons. On ne devrait pas l'employer; cependant, en cas de nécessité absolue, on peut l'employer, en le ménageant beaucoup, dans son ton enharmonique de *sol b.* On pourra le traiter comme le ton de *sol nat.*)

7° — *fa nat.*
8° — *mi nat.*
9° — *mi b.*
10° — *ré nat.*
11° — *ré b.*
12° — *ut* bas.
13° — *si nat.* bas.
14° — *si b.* bas.
15° — *a nat.* bas. } appelés { *la nat.* grave.
16° — *la b.* bas. } { *la b.* grave.

On pourrait même, au moyen des rallonges, former le cor en *sol* grave, mais cela ne se .ait pas.

———

Base de chaque ton du cor, dont la seconde note est la quinte du produit.

Il est bien entendu que, pour le cor, quelque élevé ou quelque grave que soit le ton indiqué, sa base sera toujours, pour l'écriture, l'*ut* indiqué du produit de l'instrument.

Les trois premiers tons de la série sont appelés *la b.* grave, *la nat.* grave et *si b.* grave, nommés aussi : *la b., la nat.* et *si b.* bas.

Seulement, je ferai remarquer que ces trois tons, *la b., la nat.* et *si b.* graves, sont tellement bas, que leur première octave basse, laquelle se trouve à une octave au-dessous de la base de la première, de la deuxième et de la troisième position du tromboue ténor, et leur deuxième octave, laquelle se trouve à l'unisson de la première octave des mêmes positions de ce dernier, donnent, en raison de la gravité des notes placées dans l'intervalle de leur

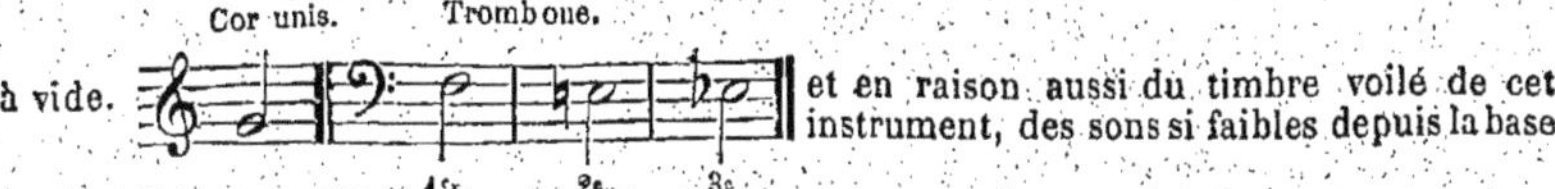

et en raison aussi du timbre voilé de cet instrument, des sons si faibles depuis la base

jusqu'à cette quinte *sol*, même dans un *piano*, et que toutes ces notes sont d'un effet presque nul, complétement nul dans un *forte*, si ces mêmes notes n'ont pas une durée de deux temps au moins ; mais, si l'exécutant ayant à donner des notes brèves, soit isolées, soit dans un rhythme continu, et dans cette étendue grave de l'instrument, veut forcer le son, il ne produit qu'un bruit tout à la fois étranglé et éraillé, qui est d'un très-mauvais effet.

On doit donc éviter le plus possible d'écrire les notes de l'octave basse de ces tons, *si b.*, *la nat.* et *la b.* bas, à moins qu'elles ne soient soutenues ; sans cela l'émission n'a pas lieu. (On doit même s'abstenir d'écrire au-dessous du *sol* grave.)

C'est pourquoi je recommanderai à MM. les compositeurs deux choses importantes ; la première est de bien indiquer, pour les trois tons *si b.*, *la nat.* et *la b.*, s'ils veulent que la musique écrite soit exécutée avec l'un de ces trois tons, bas ou haut ; la deuxième, si l'on a désigné le ton haut, est de ne point dépasser la limite ci-après indiquée pour les tons de *la b.*, *la nat.* et *si b.* hauts, parceque dans ce cas, si la musique est écrite trop haut, MM. les artistes, qui sont bons juges de leur instrument, changent le ton haut en ton bas, et cela sans faire aucune observation, comme sans demander conseil ; or, quelquefois, l'effet est presque nul, ou du moins, on ne rend point ce que l'auteur a désiré. Il faut, du reste, appliquer l'observation ci-dessus pour les notes graves des tons qui se rapprochent de ces trois premiers.

Limites à observer dans l'écriture du cor, quant à l'étendue, selon que le ton est plus ou moins grave ou aigu.

Depuis le ton de *la b.* grave jusqu'au ton de *mi nat.*, et même jusqu'au ton de *fa nat.* inclus, on peut monter jusqu'au *sol* aigu, et au besoin jusqu'au *la nat.*, en suivant pour cette dernière note le principe cité plus haut ; par nécessité, on peut même écrire avec le cor en

fa l'ut aigu ; qu'elle soit mais il ne faut jamais écrire cette note isolément ; il faut préparée, c'est-à-dire précédée du *sol* aigu qui, émis d'abord,

assurera aux lèvres l'attaque de cette note, sinon, non !

Nota. Quelquefois il arrive que, dans un chant obligé, écrit pour le cor, on ait besoin de monter jusqu'au contre *si b.* aigu.

On pourra donc écrire jusqu'à cette note *si b.*, les tons qui ne dépasseront pas le ton de *mi nat.*, mais seulement pour et encore il faudra que

cette note *si b.* soit précédée du *sol*, qui la préparera. Du reste, ce cas arrive si rarement, que je n'ai pas cru utile de placer cette note dans le tableau général de tonalité, et comme on peut s'en rendre compte, sa place est vide dans ce tableau.

Avec le cor en *sol*, on peut écrire au besoin jusqu'au *sol* aigu ; pour ce ton comme pour les tons plus aigus, il faut éviter de se mais, fixer

constamment sur les notes aiguës, à partir de l'*ut* troisième interligne de la portée.

Le cor en *sol* est, par expérience, reconnu par les artistes qui jouent du cor, pour le ton le plus ingrat de tous. Lorsque l'on écrira pour le cor en *sol* des effets chantants passant

par l'étendue des notes aiguës que le cor produit à vide par secondes successives depuis
l'*ut* troisième interligne jusqu'au *sol* aigu,  il faudra asseoir
le point de départ du trait sur la tonique, la tierce ou la
quinte de l'instrument, si le mouvement est semblable à celui du métronome 112, et les
notes ayant une durée d'un temps au moins.

Si le mouvement est plus large, on pourra prendre pour point de départ la note que l'on
voudra, pourvu qu'elle ne soit pas plus élevée que le *mi* quatrième interligne. Mais si le
mouvement est vif, et que les notes soient écrites en croches égales d'un $\frac{2}{4}$, ou en triolets,
c'est là qu'il faudra bien asseoir le point de départ, et de plus, j'engage MM. les compositeurs à ne jamais dépasser le *mi* des secondes successives, et aller tout au plus au *fa nat.*,
mais seulement par degré conjoint avec le *mi*, et le mouvement donnant à chaque note peu
de durée, l'altération du *fa*, qui n'est pas une très-bonne note, sera imperceptible à l'oreille ;
si l'on n'agissait pas ainsi, on pourrait s'exposer à voir l'effet souvent manqué.

On ne saurait croire, lorsqu'on ne connaît pas soi-même un instrument en cuivre, quel
qu'il soit, combien le point de départ, assis sur une bonne note, donne de facilité pour
l'exécution de ce qui suit.

Pour le ton de *la b* et de *la nat.* aigus, on ne doit point dépasser le *fa nat.*, limite extrême,
écrit par degré conjoint avec le *mi* (1).

De plus, il ne faut point que les notes aient une durée de moins d'une noire, ou par
nécessité la durée d'une croche, le *fa* étant note de passage.

Pour le cor en *si b.* haut et le cor en *ut* haut, il faut écrire dans le médium de l'instrument ; il ne faut point dépasser l'*ut* troisième interligne de la portée, cet *ut* devenant l'*ut*
aigu, unisson du contr'*ut* aigu du cor, en *si b.* et en *ut* bas.

Par nécessité, on peut au besoin écrire jusqu'au *ré nat.*, mais par degré conjoint avec l'*ut*
émis d'abord.

On doit aussi éviter de prolonger la durée de ces notes extrêmement aiguës, et surtout
de les écrire trop souvent, car les lèvres de l'instrument seraient bientôt paralysées par la
fatigue. Si, après un morceau de musique où l'on emploie les cors dans ces tons élevés,
la b., *la nat.*, *si b.* et *ut* hauts, et trop chargé de ces notes aiguës, on force les lèvres de
l'instrumentiste à redescendre dans des tons graves, il ne sortira plus de ses lèvres que de
l'air et non du son. (Voir le tableau général.)

Règles générales (sans exception), concernant l'écriture des notes aiguës

dans le cor.

1° Les quatre derniers tons ci-dessus, ayant leur doublure dans les quatre tons graves
qui ont la même tonalité, ne doivent être employés que pour rendre des effets obligés, mais
jamais dans l'accompagnement ordinaire.

2° On a vu qu'à chaque ton du cor, la limite à observer, quant à l'étendue des notes

(1) Cependant, on peut remarquer que, dans certaines œuvres musicales, les auteurs ont quelquefois écrit le
cor, pris dans ces deux tons, jusqu'au *sol* aigu. J'observerai que cette note est très-délicate ; qu'elle ne doit
jamais être écrite sans être préparée, et de plus, soutenue ; et j'ajouterai que, même lorsqu'elle est préparée, les
auteurs s'exposent beaucoup en l'écrivant.

aiguës, est toujours prolongée d'une note dite *par nécessité*. Cette note extrême ne doit jamais être écrite isolément; elle doit être précédée d'une note à distance de seconde, ou tout au plus à distance de tierce.

3°. En partant du ton le plus grave jusqu'au ton le plus aigu, le sommet de l'écriture doit descendre d'autant de degrés que le ton du cor a pu élever chaque ton au-dessus de la base de ces mêmes tons. On comprendra donc facilement qu'il y ait des tons sur lesquels on puisse faire monter les lèvres de l'exécutant jusqu'au contr'*ut* aigu, l'*ut* au-dessus de la portée clef *sol*. Donc, avec les tons qui ne dépasseront pas le ton de *mi nat.* (voir la note au ton de *fa*), on pourra par nécessité écrire jusqu'à ce même *ut*; mais il faut d'abord que le *sol* soit émis pour préparer les lèvres; ensuite il ne faut écrire, entre le *sol* et l'*ut*, que le *la nat.* et le *si b.*; si cette dernière note, *si b.*, peut être écrite dans l'accord, il faudra l'écrire de préférence à l'*ut* : elle est plus facile à émettre. De plus, il ne faudra point abuser de ces deux notes, *si b.* et *ut*, lesquelles ne doivent être écrites que pour rendre des effets, et non pour l'accompagnement simple.

Il faut bien se rappeler ces observations, afin de ne pas commettre d'erreur en voyant d'un seul coup d'œil, et sans y trouver aucune indication à leur égard, les notes extrêmement aiguës écrites au tableau général de la tonalité des instruments en cuivre comparés au piano.

4°. Pour les notes graves des tons excessivement graves, de *la b.* bas à *ut* bas, il ne faudra les écrire, et jusqu'au *sol* deuxième ligne de la portée, que lorsque la durée de ces notes sera égale à celle d'une blanche au moins (mét. 112).

5°. Les observations concernant les notes extrêmement aiguës doivent s'appliquer à tous les instruments en cuivre.

Observation concernant les notes que l'on écrit en solo à chaque partie du cor.

Il faut écrire les notes graves aux parties basses, et les notes aiguës aux parties hautes; seulement, le quatuor des cors étant divisé en deux parties ou deux tons, on est obligé d'écrire une note grave à la partie du cor relativement plus élevé, ou une note aiguë à la partie relativement plus grave, et cela à cause du ton de chacune des deux parties. Dans ce cas, il faudra écrire la note grave au *deuxième* cor de la partie aiguë, et la note aiguë au premier cor de la partie grave.

Exemple. (Les parties de cor étant déplacées.)

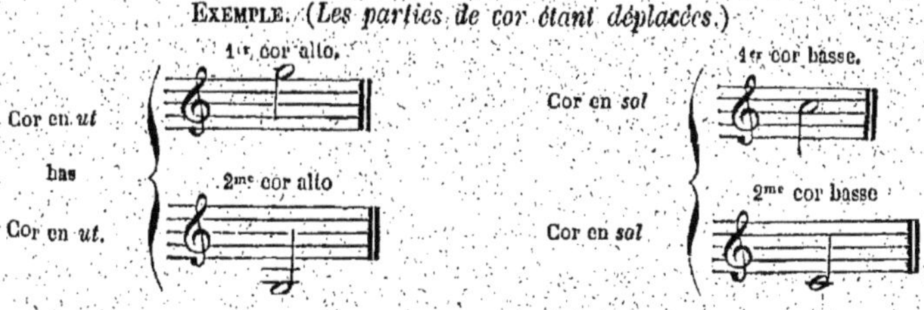

Observations particulières.

C'est avec le désir que mes lecteurs y apportent une attention toute particulière, que j'ai placé à la fin du chapitre du cor, et indépendantes de toutes les autres, quelques observations relatives aux notes comprises dans l'étendue grave du cor, depuis sa base *ut* grave jusqu'au *sol* deuxième ligne de la portée, et aux notes trop bouchées employées dans les accords solo; il y a deux cas où l'on pourra écrire la note *ré nat.* au-dessous de la portée, les notes *fa nat.* et *la b.* première et deuxième interligne, et le *si nat.* au-dessous de la portée.

Premier cas : Si ces notes *ré nat.*, *fa nat.*, et *la b.* ou *sol dièze*, employées dans un chant solo, passent vite, elles exigent le degré conjoint avec des notes à vide et une force de son modérée dans l'accompagnement; sans le degré conjoint, ces notes sont mal attaquées et trop faibles; de plus, si l'accompagnement est trop fort, le solo est trop couvert, et par conséquent nul: si, au contraire, elles sont bien posées et un peu larges, on peut au besoin les écrire par degré disjoint.

Deuxième cas : (Dans ce cas, ces notes devront être attaquées très-fort.)

Ces quatre notes pourront être écrites, même isolément, quand l'intention de l'auteur aura été de produire un effet dramatique, ténébreux ou fantastique; mais, dans ce cas encore, il ne faudra point couvrir les cors, soit par la force de tout l'orchestre, soit par des instruments dont le timbre peut avoir une forte vibration, car on pourrait alors craindre une nullité complète dans l'effet désiré.

C'est dans ce cas que l'auteur choisira le ton propre à lui donner des notes bouchées.

J'ai déjà dit plus haut que, dans le cor, plus les notes bouchées sont graves, plus elles sont sourdes; mais elles le sont plus ou moins, relativement au ton plus ou moins grave ou aigu dans lequel on prendra l'instrument.

Prenons par exemple le *fa dièze* premier interligne et le *si nat.* au-dessous de la portée, et comparons ces deux notes prises dans quelques-uns des différents tons du cor, avec les notes relatives du trombone.

Divisons cet exemple en trois colonnes. La première colonne de gauche représente le cor pris dans différents tons; la colonne du milieu représente le cor en *ut* bas, et reproduit dans toute l'échelle les notes que donnent à l'oreille, et dans les différentes octaves du cor, les notes déjà énoncées dans la première colonne. Enfin, la troisième colonne, c'est-à-dire celle de droite, représente ces mêmes notes reproduites à l'unisson sur le trombone.

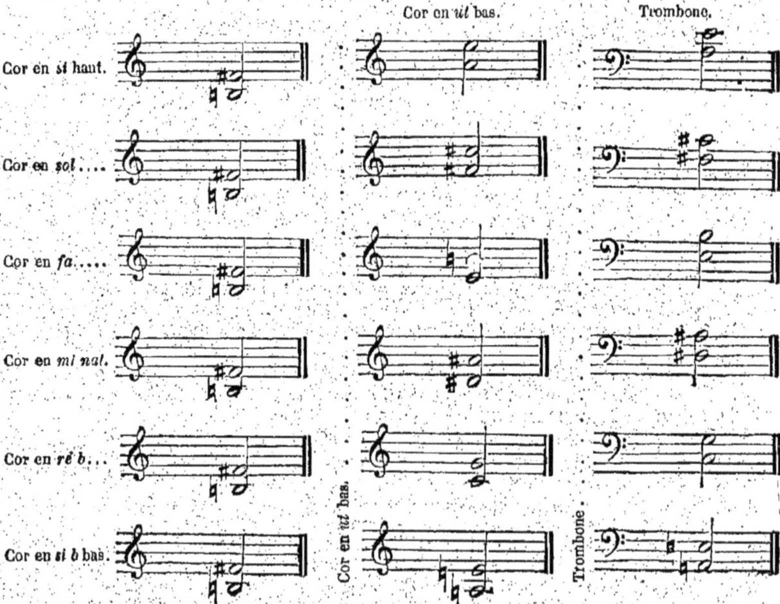

Le *fa dièze* est une note qui n'est pas assez grave pour ne pas être entendue, mais elle aura toujours plus de sonorité dans les tons aigus. Dans les tons plus bas que le ton de *mi b.*, on fera bien de ne point écrire cette note isolément toutes les fois qu'on ne lui donnera point une valeur d'au moins un temps et demi, c'est-à-dire quand on l'aura écrite dans un accord sec, car son effet pourrait être nul.

Quant au *si nat.* grave, on pourra l'écrire dans les solos en dehors et faiblement accompagnés, mais seulement par degré conjoint avec l'*ut* émis d'abord, et quand cette note aura au moins la valeur d'une noire, si elle est écrite comme note réelle, et au moins la valeur d'une croche si, dans les mouvements plus lents que le ménotrome 112, elle est employée comme note de passage, et seulement dans les tons de *mi nat.* (c'est le ton le plus bas) à *si* ou *ut* haut; dans les tons plus grave que le ton de *mi nat.*, cette note grave, *si nat.*, étant une note bouchée, serait trop faible et par conséquent nulle.

De même, dans un solo bien à découvert, et avec les tons aigus à partir du ton de *fa,* on pourra au besoin employer le *fa dièze* grave, mais largement écrit, et par degré conjoint avec le *sol* grave.

Les exemples ci-dessus prouvent assez la justesse de mes observations.

En effet, il est facile de comprendre que le *si nat.* et le *fa dièze* du cor en *si b.* haut, donnant à l'oreille le *la* et le *mi* écrits dans la portée, ont plus de sonorité et sont plus faciles à émettre que le *si* et le *fa* du cor en *si b.* bas, lesquels donnent à l'oreille les mêmes notes que le cor en *si b.* haut, à une octave plus bas.

Pour cette même raison de faiblesse de sonorité des notes graves dans les tons graves, il ne faut point écrire, dans les rhythmes suivants, plus bas que le *mi*, pour les tons de *mi b.* à *la b.* bas, et plus bas que l'*ut* pour les tons de *mi b.* à *si b.* haut, parce que l'émission du son n'a point lieu, et il y a confusion.

(Mét. 112.)

Il est évident que l'on doit encore moins écrire, dans ces différents rhythmes et dans cette étendue grave, des notes bouchées; l'effet n'en serait que plus nul.

Désignation des tons dans lesquels on doit écrire les cors, afin d'éviter facilement les notes doublement bouchées. (1)

ACCOMPAGNEMENT.

Lorsque l'on écrira pour le cor, il faudra d'abord chercher le ton du cor, lequel ton permettra d'écrire en *ut*, en *ré* et en *sol*, parce que ces trois tons, et surtout le ton de *sol* et le ton de *ré*, peuvent donner soit plus de notes à vide, soit plus de notes sensibles des notes à vide (notes bouchées à un demi-ton au-dessous des notes à vide) que les autres tons.

Lorsque l'on voudra changer de ton dans des modulations prolongées, et que l'on donnera aux instrumentistes le temps de faire le changement dans l'instrument, on pourra toujours reprendre un ton qui permettra d'écrire dans les trois tons ci-dessus désignés.

Mais si l'on change subitement sans donner aux cors le temps de changer de ton, si le ton primitif a été écrit sans que l'on ait rien prévu, il pourra en résulter une grande difficulté; et hors le cas où un solo forcerait d'écrire en *ut*, il faudrait plutôt écrire d'abord en *sol* ou en *ré*, selon le ton que produirait la transition.

Par exemple, si la modulation pour le cor écrit en *ut* faisait passer ce dernier d'*ut* en *fa*, on rencontrerait dans les différentes modulations du ton de *fa* beaucoup de notes quelquefois trop bouchées; mais, dans ce cas, il ne faudrait point écrire le *fa nat.* premier interligne et le *la b.* deuxième interligne; enfin, il ne faudrait écrire aucune note doublement bouchée au-dessous du *sol* deuxième ligne de la portée; et alors on reporterait aux autres cors, pris dans un ton différent, les notes qui, étant trop bouchées dans l'une des deux parties, se trouveraient bien placées dans l'autre. (Les quatre cors sont toujours divisés en deux tons.)

(1) Dans les solos prolongés, les tons les plus convenables sont le ton d'*ut* et le ton de *sol* (ton écrit et non ton de l'instrument.)

Si, au contraire, ayant prévu les transitions, on écrit dans les tons de *sol* et de *ré*, on trouvera toujours à écrire, soit des notes à vide, soit leurs notes sensibles; de là plus de difficulté pour écrire.

En résumé :

On peut écrire en toute assurance dans les tons *d'ut*, de *sol* et de *ré nat.* et dans leur mineur relatif; puis dans les tons de *mi b.*, *fa nat.* et *si b.*, mais par nécessité, et plutôt dans leur mineur relatif, en ayant soin de suivre le principe écrit plus haut pour les notes qui seraient trop bouchées, c'est-à-dire de les écrire dans la partie qui pourrait produire les mêmes notes correspondantes, soit à vide, soit par la note sensible d'une note à vide.

Observation.

Avant de terminer mes observations sur le cor, je ne crois pas inutile d'en placer ici une assez importante, laissant à MM. les compositeurs la faculté d'agir à cet égard selon leur volonté.

Par tradition, on dit : Les corps jouent toujours en *ut*.

C'est une grande erreur.

Tous les instruments, excepté le hautbois et le basson, composent différentes familles. (Le trombone, joué en France, est seul, mais il appartient à la famille des trompettes.)

Or, je demanderai ceci :

Les clarinettes (famille de cinq tons), le cornet à pistons (cinq tons), les flûtes (grande et petite flûte en *ut*, dites en *ré*, flûte tierce en *mi b.* (inusitée), petite flûte en *ré b.*), tous ces instruments, dis-je, jouent-ils toujours en *ut*?

Non, ils jouent dans tous les tons.

Les cors aussi jouent dans tous les tons ; seulement, on leur écrit les dièzes, bémols ou bécarres dans le courant de la musique, au lieu de les écrire à l'armure; et cependant aucun instrument n'éprouve autant que le cor le besoin d'être bien renseigné sur la tonalité, et cela pour trois raisons :

La première, c'est parceque les cors changent souvent de ton ;

La seconde, c'est que, comme les trombones, ils ont souvent des repos quelquefois prolongés ;

Enfin, la troisième et la plus importante, c'est que, sauf quelques notes que l'on écrit dans le grave de l'instrument, ils jouent souvent dans leur deuxième et leur troisième octave; cette dernière leur donne à parcourir une gamme complète de secondes successives. La partie des corps est donc d'une exécution très-difficile et très-minutieuse.

Pourquoi donc n'indiquerait-on pas la tonalité dans le cor comme on le fait pour les autres instruments, en indiquant cette tonalité à la clef même ? Les instrumentistes sentiraient bien mieux les modulations, et ils attaqueraient avec beaucoup plus d'assurance les accords impromptus.

J'engage MM. les compositeurs, sinon à le faire sur ma propre observation, du moins à y réfléchir; l'exécution y gagnera. (Même observation pour la trompette.)

Avertissement important concernant le cor.

Plusieurs fois j'ai entendu entre des artistes, j'ai eu moi-même avec eux, des discussions à propos de notes prétendues mauvaises dans le cor.

Or, voici quel était le sujet de la discussion :

Ce qu'il y a de difficile dans le cor pour les compositeurs, c'est que lorsque l'on change le ton de cet instrument, et il a seize corps de rechange, les écrivains ou compositeurs ne connaissent point les différentes notes qui sont mauvaises dans tel ou tel ton.

Tous commettent une grave erreur, en ce que la seule différence qui existe entre les quatre instruments en cuivre réunis dans cet ouvrage, est seulement et exclusivement dans le timbre.

Or, ces quatre instruments n'en font qu'un, quant au produit naturel de chacun d'eux. Il faut en excepter les différents tons que peuvent produire les pistons employés soit séparément, soit simultanément, pour éviter une complication inutile et, de plus, étrangère, pour ainsi dire, aux produits naturels.

Le cor, avec les tons que l'on peut produire au moyen des rallonges, a seize tons; le cornet à pistons en a cinq, la trompette douze, et le trombone sept, représentés par ses sept positions.

Cette totalité de quarante tons dans les quatre instruments donne, dans un diapason plus ou moins grave ou aigu, le même produit dans chacun de ces différents tons.

Chacun de ces tons a ses notes plus ou moins mauvaises, et ces notes tiennent, dans chaque ton, la même place.

Voici le résumé du tout :

La tierce est basse, la quinte est haute et la septième dominante très-basse.

Mais dans un instrument bien fabriqué, ces notes sont supportables, et s'il y a d'autres notes qui soient mauvaises, c'est que l'instrument est mal fait.

Les instrumentistes doivent être, avant tout, capables de choisir leur instrument.

Qui donc pourrait prouver que tel instrument doit avoir plus de notes défectueuses que tel autre?

Pourquoi voudrait-on que le trombone n'eût pas, comme le cor, ses mauvaises notes?

Alors, pourquoi les artistes qui jouent du trombone ne diraient-ils pas aux compositeurs :

N'écrivez pas le *la b.* aigu; c'est une note ingrate!

Est-ce que cela doit regarder les compositeurs ?

Non !... mille fois non !

L'instrumentiste doit connaître son instrument !

S'il y a des notes ingrates, il doit les travailler; il doit les faire, quand un auteur les a écrites !

Or, pour répondre à ces discussions, je dirai ceci :

Toutes les notes à vide du cor sont bonnes, dans quelque ton que ce soit.

Ecrivez-les !

Toutes les notes, bouchées à une distance d'un demi-ton au-dessous d'une note à vide, sont bonnes!

Ecrivez-les !

Toutes les notes, bouchées à une distance de plus d'un demi-ton au-dessous d'une note à vide, sont mauvaises !

Ne les écrivez pas !

Suivez toutefois les observations qui leur sont relatives.

Gardez-vous donc bien de vous laisser induire en erreur et de vous laisser entraîner par ces faux raisonnements ; car cela vous mettrait dans un embarras et dans un doute qui ne vous laisseraient plus rien à écrire ; et, une fois pour toutes, je vous engage à suivre sans nulle crainte les principes écrits dans ce chapitre, et vous écrirez alors tout ce que vous voudrez, sans vous préoccuper de ces prétendues mauvaises notes qui ne doivent point exister pour vous.

CHAPITRE V

Trompette (simple).

Dans les observations qui précèdent le chapitre du cor simple, on a vu pourquoi il ne peut plus y avoir de trompette chromatique au-dessous du ton de *mi b.* ou de *ré b.*; il serait donc inutile d'y revenir.

La trompette a douze corps de rechange.

Ces douze corps de rechange ou tons sont :

1° Le ton de *Sol.*
2° — *Fa.*
3° — *Mi nat.*
4° — *Mi b.*
5° — *Ré nat.*
6° — *Ré b.*
7° — *Ut.*
8° — *Si nat.*
9° — *Si b.*
10° — *La nat.*
11° — *La b.*
12° (inusité). *Sol* grave. (Aujourd'hui, ce ton de *sol* ne s'emploie plus. Il n'est donc placé ici que pour donner au complet ce qui a longtemps existé dans la trompette. Du reste, ce ton de *sol* grave mettait la trompette à l'unisson de la quatrième position du trombone.)

Base de chaque ton de la trompette, dont la seconde note est la quinte.

Nota. Les notes écrites au-dessous de la portée doivent être lues en clef de *sol*. Les notes écrites dans la portée, doivent être lues en clef de *fa*; elles indiquent que, relativement au trombone, chaque base écrite ci-dessous en clef de *sol* est à l'unisson de la note supérieure en clef de *fa*.

Il est bien entendu que, pour le cor, la trompette et le cornet à pistons, quelle que soit la dénomination d'instrument en *ut, sol, fa, mi* ou tout autre note, l'*ut* du doigté de l'instrument est toujours un *ut* pour l'écriture.

La trompette fournit le même produit que le cor ; mais ce produit s'arrêtera, pour la trompette, à la quinte des secondes successives.  (Cet *ut* grave ne doit jamais être écrit.)

Lorsque l'on écrit pour la trompette prise dans les tons de *la b.* et de *la nat.*, on ne doit point écrire de notes au-dessous de l'*ut* placé immédiatement au-dessous de la portée, dans les solos placés en dehors ; mais on pourra, au besoin, écrire le *sol* grave dans les *forte*, quand toutefois cette note aura une valeur qui en facilitera l'émission, et quand il n'y aura pas lieu d'employer les trombones.

Pour la trompette prise dans les tons de *si b.* à *sol* aigu inclus, on ne doit écrire aucune note au-dessous du *sol* grave,  afin d'éviter aux exécutants qui, généralement, jouent dans la deuxième octave de la trompette et au-dessus, la difficulté de l'émission des notes trop graves. Où en serait, du reste, l'utilité dans les *tuttis* d'orchestre, *tuttis* dans lesquels on emploie toujours les trombones, puisque la trompette est, avec ses tons graves, à quelques notes près, à l'unisson de la première octave du trombone, et dans ses tons du médium, à l'unisson de la deuxième octave de cet instrument.

Je dirai, de plus, que généralement les petites embouchures rendent mieux les notes aiguës et les notes du médium que les notes graves ; de même que les grandes embouchures rendent plus aisément les notes graves que les notes trop aiguës.

Depuis le ton de *la b.* jusqu'au ton de *mi b.* inclus, dans les effets de fanfares ou chasses, on peut écrire dans l'étendue des secondes successives de *ut* aigu à *sol*. 

Le *fa nat.*, quarte des secondes successives, ne doit jamais être écrit que dans le cas précédent, c'est-à-dire par degrés conjoints, et quand les notes passent vite.

(*Mét.* 112.)

Pour la trompette prise dans les tons de *la b.* à *ut*, dans les solos, on peut écrire jusqu'au *sol* aigu.  (Voir l'observation faite au chapitre qui précède le chapitre du cor simple.)

Mais il ne faut écrire isolément aucune note plus élevée que le *mi*.

De plus, on ne doit écrire isolément le *mi nat.* aigu que jusqu'au ton de *mi b.*, et tout au plus jusqu'au ton de *mi nat.* inclusivement.

Pour le ton de *fa*, on ne doit point écrire au-dessus du *mi* quatrième interligne ; encore faut-il que le *ré* et le *mi* soient bien posés, c'est-à-dire qu'ils aient au moins la valeur d'une blanche, ou qu'ils soient frappés sur le temps même, et, s'il est possible, préparés par une note précédente, s'ils sont écrits en croches ou doubles croches ; de plus, il ne faudra point abuser de ces deux notes.

Pour le ton de *sol* (*sol* aigu), il ne faut point dépasser l'*ut* troisième interligne de la portée, devenu alors l'*ut* aigu, et on ne pourra écrire le *ré* et le *mi* qu'au besoin, et par degré conjoint avec l'*ut* émis d'abord ; mais ces deux dernières ne doivent jamais être écrites isolément, et il faudra aussi éviter de fixer constamment les lèvres de l'instrumentiste sur ces deux notes aiguës de ces deux derniers tons.

Observation concernant la trompette employée comme accompagnement dans les forte.

Comme on l'a déjà vu dans le chapitre du trombone, quand on voudra écrire aux trompettes des notes d'accompagnement dans un *forte* où le cornet à pistons chantera, il faudra bien faire attention à ne point faire tourner les notes de passage du chant au tour des notes d'accompagnement de la trompette.

Dans ce cas, voici ce que l'on devra faire :

Il faudra écrire au-dessous du chant, une seule partie pour les deux trompettes; cette partie doublera, soit à l'unisson, soit à l'octave, une des notes des trois tromboues, ou complétera un accord comme s'il y avait un quatrième trombone.

Si l'auteur veut mettre deux parties aux trompettes, il écrira la première au-dessus du chant et la seconde au-dessous; et si le mouvement de l'harmonie exige des notes qui n'existent point dans la trompette (trompette simple), on doublera la première partie par la seconde, afin d'éviter à cette dernière des écarts qui non-seulement seraient ridicules, mais encore ne seraient d'aucune utilité, les trois trombones étant là pour compléter l'accord.

EXEMPLE.

Terminaison d'un chant.

Observation spécialement relative à la trompette à pistons.

La trompette à pistons pouvant fournir, de sa base à son sommet, et par mouvement chromatique, toutes les notes intermédiaires de l'accord à vide, on pourra écrire, si tel est le désir de l'auteur, quelques chants pour cet instrument. Mais comme cela ne devrait pas se faire, comme on a le cornet à pistons qui suffit à l'orchestration pour les chants que l'on veut écrire pour un instrument en cuivre, je ne dis ceci que pour les personnes qui ont la manie de vouloir employer la trompette à pistons comme instrument chantant.

Or, en suivant le plus possible les observations qui précèdent le chapitre du cor simple, on pourra écrire, pour la trompette à pistons prise seulement dans les tons de *mi nat.*, *fa nat.* et *sol*, quelques chants généralement composés de blanches, de noires, de quelques croches, et au besoin d'une ou deux doubles croches; mais les notes brèves, depuis la croche, si elles ne passent pas, comme on l'a déjà vu, par le produit à vide de l'instrument, ou par le produit direct des pistons, devront être écrites par degré conjoint, en évitant toujours le mouvement continu et simultané des pistons; car on devra bien se rappeler que, dans ce cas, le timbre déjà dégénéré de la trompette n'existera plus.

Il ne faudra donc jamais écrire pour la trompette, de la musique dans des tons qui donnent à la clef plus d'un dièze ou plus de deux bémols; c'est-à-dire que les seuls tons dans lesquels on puisse écrire sont les tons d'*ut, fa, sol* et *si b.*

Dans la trompette à pistons, le ton de *fa* est, tant sous le rapport de la justesse que sous celui de la sonorité, le meilleur de tous les tons.

Tablature de la Trompette à pistons.

Le système de mécanisme ou doigté de la trompette à pistons est semblable à celui du cornet à pistons. Seulement, comme on le verra en comparant la tablature de ces deux instruments, la trompette, prise dans un ton relatif, étant à une octave au-dessous du cornet,

tant pour la tonalité que pour le mécanisme, on ne doit écrire, pour la trompette, aucune note au-dessous de *sol* grave. 

De même, cette tablature fera voir qu'ainsi que chaque ton ou position des autres instruments en cuivre, la base de chaque position de la trompette ou du cornet porte sa quinte comme seconde note du produit.

J'ai dit que le doigté de la trompette est à une octave au-dessous du cornet.

En effet, que l'on vérifie en comparant les deux tablatures, et l'on verra que le *ré* placé au-dessous de la portée se fera sur le cornet à pistons à l'aide de la fourche du premier et du troisième piston, tandis que sur la trompette cette même note se fera avec le premier piston seulement. Ce *ré* est le deuxième de la trompette, tandis qu'il est le premier *ré* du cornet. Donc, le *ré* que l'on prendra sur la trompette avec la fourche du premier et du troisième piston, sera pour l'oreille à une octave au-dessous du *ré* pris avec la même fourche sur le cornet à pistons.

Observation.

La première octave de la trompette à pistons, prise dans les tons graves, étant à l'unisson de la première octave du trombone, il devient inutile, en dehors des solos, c'est-à-dire dans les *forte* où l'on emploie les trombonnes, d'écrire des notes au-dessous de l'*ut* première octave de la trompette. Du reste, comme on l'a déjà vu, le *sol* grave est sa dernière limite.

Tablature.

NOTA. Les chiffres placés au-dessus de la portée indiquent les pistons que l'on doit employer pour produire chaque accord des différentes positions.

Les pistons ont la propriété, comme la coulisse du trombone, de baisser les notes à différents intervalles; et, quelle que soit la note du point de départ, la distance d'intervalle provenant de l'emploi d'un ou de plusieurs pistons est toujours la même, relativement à cette note, émise avant un changement quelconque dans le doigté.

Prenons pour point de départ l'*ut* de l'instrument, sans avoir égard au ton que peut donner à l'oreille l'instrument lui-même, puisqu'il est question ici du ton de l'instrument, et non du ton relatif.

Les différentes positions de la trompette et du cornet à pistons donnent les intervalles suivants :

POINT DE DÉPART.
UT.

1re Position. Produit à vide : *Ut*.

2me → Emploi du deuxième piston. Le deuxième piston a la propriété de baisser d'un demi-ton.

3me — Emploi du premier piston. Le premier piston baisse d'un ton.

4me et 5me — Emploi du premier et du deuxième piston ou du troisième piston isolé. Le premier et le deuxième piston pris simultanément (ou le troisième piston pris isolément), ont la propriété de baisser d'un ton et demi.

6me — Emploi du deuxième et du troisième piston. Le deuxième et le troisième piston employés ensemble baissent d'une tierce majeure, c'est-à-dire de deux tons pleins, comme de *ut nat.* à *la* ♭.

7me — Emploi simultané du premier et du troisième piston. Le premier et le troisième piston baissent d'une quarte, comme de *ut nat.* à *sol nat.*

8me — Emploi simultané des trois pistons : l'emploi simultané des trois pistons, baisse d'une quinte diminuée, comme de *ut* à *fa dièze.*

CHAPITRE VI

Cornet à pistons.

Observations.

Le cornet à pistons, connu sous le rapport de son emploi d'instrument chantant, présente souvent aux exécutants de grandes difficultés, tant pour le mécanisme que pour l'émission du son dans certains rhythmes et dans certaines articulations, lorsque ces choses sont écrites par des personnes qui, ne connaissant elles-mêmes aucun instrument en cuivre, ne peuvent croire combien est ingrate l'embouchure de ce genre d'instrument, quant à l'émission du son, et combien par conséquent, les difficultés en sont graves et nombreuses.

Quoique je n'aie placé le cornet à pistons dans cet ouvrage que pour le comparer aux autres instruments sous le rapport relatif de tonalité, j'ai cru, sans m'étendre sur des observations qui n'auraient aucune importance pour les compositeurs, devoir en signaler les choses les plus importantes, afin que l'on évite d'écrire des choses trop difficiles et trop ingrates dont le résultat serait loin d'être satisfaisant.

Ecrire des choses faciles, coulantes !

La difficulté ne vient pas toujours de la grande quantité de notes ; elle vient souvent de la manière dont ses notes sont enchaînées.

Si, par exemple, on écrit des chants dans un rhythme, soit en triolets, soit en doubles croches égales (mét. 112), et si les notes composant ces chants offrent continuellement de grands écarts d'intonation, si ce n'est pas le mécanisme qui en souffre, c'est l'embouchure ; si les difficultés du doigté viennent s'y joindre, le tout devient impossible, ou tout au moins, mauvais.

On va voir plus loin dans quels tons on doit écrire pour rendre le doigté facile, ou, parfaitement possible.

ARTICULATIONS COULÉES OU LIAISONS

(Voir le chapitre du rhythme).

Quelques exemples seulement.

Si les liaisons sont d'une exécution facile pour les instruments à cordes et pour les instruments à vent, en bois, il n'en est pas de même pour les instruments en cuivre, en raison et du genre d'embouchure, et du manque de légèreté dans le mécanisme.

Comme on le verra écrit plus loin, les instrumentistes changent, et avec raison, les articulations qui ne conviennent pas à leur instrument; mais le cornet à pistons étant un instrument par lequel on fait exécuter, de concert avec les instruments en bois, des chants que lui permet la légèreté relative de son mécanisme, il arrive souvent que, en raison de la difficulté de l'embouchure, et alors du défaut de légèreté comparée du mécanisme, les articulations coulées deviennent ou d'une exécution trop difficile, ou d'un effet peu agréable ; et c'est ce qu'il faut prévoir en écrivant, car il y a des cas où l'instrumentiste, en raison du dessin, du rhythme, ne croit pas devoir rien changer au texte du compositeur.

Or, j'ai pensé que quelques exemples suffiront pour aider l'intelligence qui, en cela, doit être pour une grande part dans le résultat.

Quand les notes sont coulées par secondes successives, il n'y a point de difficultés graves, mais un chant écrit, soit en triolets, soit en doubles croches égales, si ce rhythme est continu, sera bien plus convenable dans certains cas, si, dans les triolets, on lie les deux premières notes, et si on détache très-légèrement la troisième, et dans les doubles croches, si on lie les deux premières notes et si on détache les deux dernières.

EXEMPLES.

Changement.

Ce changement d'articulation rend les deux traits non-seulement plus faciles, mais encore beaucoup plus agréables à l'oreille, parce qu'on n'entend point les notes traîner les unes après les autres; le coup de langue doit être adouci par l'instrumentiste, et l'effet est presque le même.

Les difficultés provenant des articulations coulées se présentent dans tous les cas où les notes s'enchaînent par degrés disjoints, c'est-à-dire, lorsque les lèvres, devant lier deux notes entre elles, ont à franchir un intervalle d'un ou de plusieurs degrés.

Ce genre d'articulation se présente sous deux formes dont l'une est facile et l'autre très-difficile.

PREMIER CAS.

L'articulation est facile toutes les fois que la première note écrite est coulée avec une note plus grave qu'elle-même.

EXEMPLE.

Mais, pour que cette articulation soit toujours facile, il ne faut point que l'on ait à franchir régulièrement, entre chacune des deux notes liées entre elles, un intervalle dépassant l'intervalle de tierce.

EXEMPLE.

Dans ce cas, l'articulation serait trop difficile ; elle serait même impossible dans le mouvement du métronome indiqué dans cet ouvrage. (Mét. 112.)

Donc, pour être facile, il faut que ce mouvement soit coupé çà et là par des mouvements à intervalles de tierce et de seconde.

EXEMPLE.

Du reste, ces traits ne sont écrits ici, que pour donner un exemple de ce que l'on peut écrire par fragments dans un chant quelconque.

DEUXIÈME CAS.

L'articulation coulée est, au contraire, très-difficile, lorsque la première des deux notes écrites est plus grave que la deuxième, si l'on a à franchir un intervalle plus grand que l'intervalle de tierce et que l'intervalle de quarte, quand toutefois le mouvement est continu et régulier.

Pour rendre cette articulation facile, il faut :

1° Que l'on rencontre après un mouvement à intervalle de quarte, un intervalle de seconde ou de tierce, ces deux derniers étant faciles ;

2° Que le mouvement soit coupé par des articulations en mouvement contraire (note coulée de haut en bas) ou des notes détachées et répétées de deux en deux, entre les grands écarts ; alors l'articulation sera possible, si elle est continue, et très-facile, si elle ne se présente qu'isolément dans un chant donné.

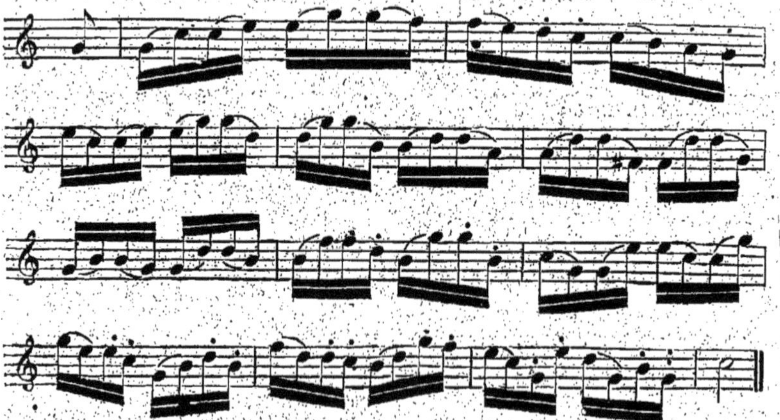

Ces articulations seront assez faciles, dans les rhythmes où elles sont écrites, si, comme je l'ai déjà dit plus haut, on ne les emploie que par fragment ; mais il y a des rhythmes où elles sont toujours difficiles, quand la première des deux notes liées est plus grave que la deuxième, si l'on a à franchir un intervalle autre que celui de seconde.

De même que chaque mesure a son temps fort et son temps faible, chaque temps a sa note forte et sa note faible.

Toutes les fois que l'articulation sera basée sur la note forte ou première note du temps, cette articulation sera facile ; mais si, dépassant l'intervalle de seconde, elle est basée sur la note faible, ou deuxième note du temps, elle sera toujours difficile.

Dans ce cas, l'articulation se présente encore sous deux formes.

Première forme.

Dans le rhythme carré de la division d'un temps en doubles croches :

Intervalle de seconde, articulation facile.

Intervalle de tierce, articulation difficile.

Quoique ces articulations semblent à la vue être faciles, vu le peu de notes dont elles sont composées, elles offrent plus de difficultés qu'on ne le pense, et surtout lorsqu'elles sont semblables au second exemple, c'est-à-dire quand elles sont placées à l'extrémité du temps.

DEUXIÈME FORME.

Lorsque l'articulation se présentera dans un rhythme en triolets représentant la valeur d'un demi-temps, qu'elle soit sur la note forte ou sur la note faible du temps, elle sera, dans tous les cas tellement difficile, qu'il faut éviter de l'écrire, ou l'écrire rarement, quand les notes coulées dépasseront un intervalle de seconde.

Articulation très-facile.

Articulation à intervalle de tierce, très-difficile.

Rien n'est plus difficile que de lier ensemble trois notes écrites en triolet formant une valeur d'un demi-temps dans un mouvement vif, quand l'intervalle entre la première note et la seconde note du triolet dépasse celui de seconde. S'il y a un intervalle plus grand que la tierce, cela devient tout-à-fait impossible. On pourra au besoin écrire ce triolet à intervalle de tierce, et même avec un intervalle de quarte, quand la seconde note de ce triolet sera plus grave que la première et la troisième, mais jamais quand elle sera plus élevée. De plus, il faudra que la première note du triolet soit toujours écrite au même degré que la croche précédente.

EXEMPLE.

Ce mouvement brusque des lèvres est très-difficile ; mais on pourra l'écrire au besoin, sans trop le répéter, en ayant soin de toujours lier les deux premières notes du triolet, et de détacher la troisième, alors ce mouvement des lèvres sera possible, sinon facile ; mais, dans tous les cas, toutes les fois que l'intervalle des notes composant le triolet dépassera celui de seconde, il faudra éviter de joindre à la difficulté du mouvement des lèvres, celle du mouvement des doigts, c'est-à-dire que les lèvres ayant un changement difficile, les doigts devront rester en repos, ou il faudra que le mouvement ne s'opère qu'avec un *seul* doigt ; mais il ne faudra jamais que le changement soit *successivement* produit par le double mouvement *alternatif* de deux pistons.

EXEMPLES.

Mouvements à la seconde. — Changement de doigts.

Mouvements à la tierce et à la quarte, travail des lèvres, doigté fixe ou mouvement simplifié (1).

Travail des lèvres et mouvement compliqué dans le doigté.

Impossible  et vice versâ.

On devra suivre le même principe toutes les fois que l'on écrira dans le rhythme des subdivisions des doubles croches en doubles croches pointées et triples croches.

De deux notes coulées, la première devra descendre sur la seconde, toutes les fois que l'intervalle dépassera celui de seconde, afin d'éloigner la difficulté de l'embouchure, et quand l'articulation sera basée sur la note faible.

EXEMPLE.

et jamais.

Mais, toutes les fois que l'articulation sera basée sur la note forte, on pourra écrire, sans toutefois en abuser, et en changeant le mouvement de l'articulation, toutes les articulations que l'on voudra ; mais, par fragments interrompus, et en évitant de faire suivre les mouvements à grand intervalle sans les couper.

(1) On doit considérer comme doigté simple, l'emploi simultané du premier et du second piston, ou du deuxième et du troisième.

EXEMPLE.

Observation concernant l'attaque des notes successives écrites entre elles avec de grands écarts d'intonation, et dans un mouvement précipité.

Il existe dans les instruments en cuivre une grande difficulté, provenant de l'embouchure particulière à ces instruments ; mais ce genre de difficulté est généralement écrite par les compositeurs, plus spécialement pour le cornet à pistons, en raison de son emploi comme instrument chantant, que pour les autres instruments. Comme je l'ai déjà dit, le moyen d'émission, l'embouchure de cuivre se plaçant sur les lèvres en dehors de la bouche, donne naissance à de très-grandes difficultés, et l'on écrit quelquefois des choses impossibles lorsque le mouvement des notes est précipité. Ces difficultés, je dirai plus, ces impossibilités existent toutes les fois que l'on écrit dans un rhythme de croches égales, et c'est le mouvement le moins brusque après la noire (*Mét.* 112), trois notes se succédant, à intervalle d'octave pour la seconde note, et de quinzième pour la troisième ; de sorte qu'après avoir écrit ce mouvement, on écrit immédiatement le mouvement contraire ; ce fait est d'une exécution impossible dans tous les cas.

Voici ce que cela fait :

Les deux premières notes à intervalle d'octave, quelle que soit leur position sur la portée, sont possibles ; mais, après la première, que l'on monte ou que l'on descende, il faut qu'elles soient suivies par des notes rapprochées, soit la seconde, soit la tierce, après quoi l'on peut reprendre le mouvement d'octave si le chant est construit de cette façon, et dans un rhythme qui, de temps à autre, présenterait des notes d'une durée plus longue que la croche. Le seul grand écart possible, en cas de nécessité, serait dans le cas où, pour produire un effet, l'auteur écrirait la troisième note à la quinte au-dessus de l'octave de la première ; mais, dans ce cas, il faudrait : 1° que le mouvement fût un peu modéré ; 2° que la troisième note, la quinte, fût une noire, à moins qu'elle ne fût suivie d'autres notes écrites en croches égales et par degré conjoint avec elle ; alors cette quinte pourrait être une simple croche ; ces différentes causes donneront à l'exécutant la possibilité de l'émission ; mais il ne faut dans aucun cas écrire successivement, et par croches égales, le mouvement ascendant et le mouvement descendant.

EXEMPLES des intervalles difficiles, mais possibles, dont il ne faut cependant pas abuser ; car les abus et les exagérations sont toujours nuisibles, attendu qu'une chose même facile, devient une difficulté lorsqu'elle est trop longuement répétée. On pourrait, par exemple, considérer la note grave comme étant la terminaison d'une phrase précédente. Mais si au contraire elle sert de point de départ, elle doit être accentuée.

C'est en appliquant à cet instrument le raisonnement que j'ai tenu plus haut, pour le cor et pour la trompette, à l'égard des pompes d'accord des pistons, et vu le défaut de justesse des tons graves du cornet à pistons, qu'on a totalement anéanti ces derniers, ne laissant que les tons de *la b.* et de *la nat.* que l'on adaptait à l'instrument dont le corps principal était fait pour ne point dépasser le ton de *si b.*

Plus tard, on a créé le cornet à pistons en *ut*, dont le corps principal peut recevoir les tons de *si nat.*, *si b.*, *la nat.* et *la b.*

Donc, le cornet à pistons à cinq corps de rechange ou tons. Premier intervalle du produit, quinte :

(Voir le tableau général).

Ces cinq tons, n'offrant pas entre eux un grand intervalle, ont permis d'accorder les pompes des pistons, de manière à pouvoir s'en servir sans craindre de rencontrer dans le mécanisme le défaut de justesse qui résultait, avant cette suppression, de la trop grande distance du ton grave au ton aigu, et, par conséquent, de l'impossibilité où l'on était d'accorder les pompes des pistons avec tous les tons de l'instrument.

L'étendue du cornet à pistons va, à l'aide de ses pistons, du *sol* grave au contre *ut* aigu. On peut même produire le *fa dièze* grave ; mais on ne doit l'écrire qu'en cas de nécessité, dans un solo large et bien à découvert.

Seulement, le cornet à pistons en *ut* étant à une octave au-dessus de la trompette en *ut*, ne peut point produire, comme cette dernière, la suite des secondes successives, ou du moins, les lèvres ne peuvent plus les donner, car elles existent.

(Voir le tableau comparatif).

La trompette jouant, avec un ton relatif à celui du cornet à pistons, dans sa deuxième octave, depuis l'*ut* du médium jusqu'à l'*ut* troisième interligne,

le cornet à pistons donnera, à l'aide de ses pistons, et jouant dans sa première octave, les mêmes notes à l'unisson. (Je dis première octave d'*ut* à *ut*, parce que les notes qui se trouvent au-dessous de sa base *ut*, ne sont plus dans le produit à vide.)

Le cornet à pistons a, comme le trombone, ses positions; mais le trombone n'en a que sept, tandis que le cornet en a huit. La base de chacune de ces positions produit une suite de notes semblable au produit des différentes positions du trombone; et, comme pour ce dernier, la suite de secondes successives se diminuant peu à peu, et à mesure que chaque position devient plus aiguë, s'arrête au contre *ut* aigu déjà écrit, attendu que cette note donne la tonique aiguë de la position la plus aiguë du cornet à pistons. (Accord à vide, première position.)

Tablature du cornet à pistons.

(Voir la trompette à pistons.)

Base (1) de chaque position dont la seconde note est la quinte. — Numéros des pistons à employer pour chaque accord.

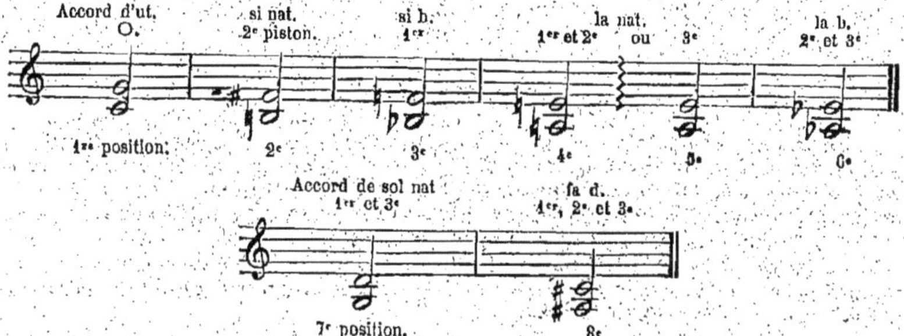

Lorsqu'on aura bien étudié cette tablature, chose du reste très-facile, on pourra se rendre compte, par le mouvement des doigts, des difficultés que présente le mécanisme du cornet à pistons, et par conséquent les éviter.

Par cette même tablature, on peut voir aussi que, comme dans les autres instruments en cuivre, la première tierce manque à chaque position; c'est précisément comme dans le trombone, de l'absence de cette tierce que viennent les difficultés de l'instrument dans l'étendue grave.

La première tierce, *ré nat.*, manquant dans l'accord de *si b.* (premier piston, troisième position), cette note ne peut se faire qu'en employant le premier et le troisième piston, quinte de l'accord de *sol* (septième position).

Généralement, le quatrième doigt (doigt annulaire) est très-paresseux, très-raide.

Quand on écrit dans le ton de *ré nat. majeur*, si l'on a à faire, par exemple, les notes *ré nat.* et *fa dièze*. (*fa dièze*, deuxième piston, quinte du ton de *si nat.*, deuxième position), ce mouvement contrarié de la fourche du premier et du troisième piston, et du deuxième piston, est très-difficile. (Le *fa dièze* fait avec les trois pistons à l'octave de la huitième position, n'est pas très-bon et pas très-commode.)

Donc, si l'on écrit un mouvement continu au-dessous du *fa dièze* première interligne, et que ce mouvement nécessite l'emploi renouvelé souvent du *ré nat.*, ce doigté offrira de grandes difficultés (quand toutefois le mouvement des notes sera précipité).

---

(1) Le mécanisme ci-dessus indiqué est celui du cornet à pistons employé en France. Mais, en Allemagne, outre l'instrument semblable au nôtre, on emploie un autre cornet dont le premier et le second piston sont renversés. Or, ce renversement doit donner lieu à certaines difficultés, car le premier piston du cornet français étant employé seul plus souvent que les autres pistons, il est plus facile à prendre avec l'index qu'avec le médius, ce dernier doigt étant plus paresseux que le premier. De plus, ce renversement doit souvent occasionner la nécessité d'employer la fourche pour toutes les notes qui, sur notre cornet, se font avec le deuxième et le troisième piston, puisque sur l'autre, le deuxième piston est devenu premier.

Cela arrive toutes les fois que l'on écrit avec plus d'un dièze à la clef.

Les meilleurs tons, en écriture, pour le cornet à pistons, sont : les tons d'*ut*, *fa*, *si b.*, *mi b. et sol*. Si l'on veut écrire le cornet à pistons pour qu'il soit en *ut* pour l'oreille, il vaut mieux écrire en *mi b.* pour l'instrument pris dans le ton de *la nat.*, que d'écrire en *ré* pour l'instrument pris dans le ton de *si b.*

Cependant on pourra écrire en *ré nat.* pour le cornet en *la nat.*, quand il n'y aura point de grandes difficultés provenant de la trop grande quantité de notes, dans le cas où l'on voudra produire à l'oreille le ton de *si nat.*, ou même le ton d'*ut*, avec l'instrument en *si b.*, et surtout dans un mouvement large. Il y a pour cela deux raisons.

La première, et la plus importante, est que dans le ton écrit en *ré*, on emploie souvent le deuxième piston seul (deuxième position du doigté). Ce deuxième piston a la propriété de baisser l'instrument d'un demi-ton.

Donc, toutes les notes qu'il produit sont les notes sensibles de toutes les notes à vide de l'instrument. Voilà déjà une raison de justesse; ensuite, le courant d'air passe par un moins grand nombre de pompes, ce qui altère moins la qualité du son.

De plus, il est bien plus juste d'abord, pour l'oreille, et bien plus facile pour l'instrumentiste d'attaquer, en *la mineur* (ton de *la mineur* pour l'oreille) les notes *sol nat.* aigu et *fa dièze* dans le ton de *si mineur* (ton du cornet en *si b.*), que d'attaquer le *la b.* aigu et le *sol* avec l'instrument en *la nat.* (*ut mineur*).

EXEMPLE.

La même chose existerait en majeur :

Ton pour l'oreille, *ut* majeur.

La seconde raison est que, les tubes du corps principal du cornet à pistons en *ut* étant plus étroits que ceux du cornet dont le corps principal est en *si b.*, les sons du premier sont plus maigres que ceux du dernier.

Le cornet à pistons en *ut* est très-peu usité, et l'on ne doit s'en servir que dans le cas où la musique écrite présenterait trop de difficultés pour les tons du cornet en *si b.* ou en *la nat.*, et cela seulement dans le cas de nécessité extrême.

Quant aux solos isolés pour le cornet à pistons, solos où l'on écrit des rhythmes qui ne conviennent qu'à cet instrument, des triolets sur une valeur d'une simple croche, on pourra les écrire dans les tons de *si b*, *mi b*, *fa* et *sol*, quand chaque triolet présentera trois notes au même degré; parce qu'alors le mouvement des doigts ne s'opérera que de croche en croche (double coup de langue, six doubles croches pour la valeur d'une noire); mais si les degrés changent à chaque note, il ne faudra écrire que dans les tons d'*ut*, de *fa*, de *si b.*, et au besoin dans le ton de *sol* (quel que soit le ton pour l'oreille), et en ayant soin de toujours rapprocher le plus possible les degrés, c'est-à-dire éviter les grands intervalles d'intonation.

Mais il arrive quelquefois que, dans ces solos, le dessin est construit de manière à donner pour chaque temps, quel que soit le signe représentatif de chaque note, et dans le mouvement du *Mét.* 112, six notes brèves, toutes écrites sur des degrés différents.

Ces solos sont généralement écrits sur les notes de l'accord parfait, et entre deux notes au même degré, on place leur seconde inférieure ou supérieure; cela ne pourra se faire que dans les notes de la portée, du *sol* deuxième ligne au *sol* aigu, et seulement dans les tons d'*ut*, *sol*, *fa* et *si b*., parce que ces tons sont les seuls qui permettent cette exécution par le mouvement simple d'un piston, et même au besoin de deux pistons, mais sans renversement immédiat du doigté.

EXEMPLES. (Mél. 112.)

Toutes les fois que rien n'obligera à écrire pour le cornet en *ut*, il sera préférable d'écrire pour les tons qui peuvent s'adapter au corps du cornet en *si b*.; la qualité des sons y gagnera, et l'on ne saurait trop s'attacher à écrire pour des tons qui ne nécessiteraient point l'emploi continu de plusieurs pistons ensemble.

En effet, que l'on ne s'y trompe point; lorsqu'on a créé le cornet à pistons, on a doté les orchestres d'un instrument très-utile et très-agréable, puisque ce nouveau mécanisme a permis d'écrire pour cet instrument, comme pour les instruments en bois, des chants que l'on ne pouvait pas exécuter sur le petit cornet qui n'avait que son produit à vide, et par là, on a ajouté dans l'orchestration, aux instruments *chantants*, un timbre très-agréable qu'elle ne possédait pas, et qui fait une diversion de plus parmi les autres timbres; mais il n'en est pas moins vrai qu'il est le bâtard du petit cornet, son précédent, et qu'il n'a pas la même sonorité que ce dernier; et puisque, sauf la trompette, les anciens instruments naturels, primitifs, le cor simple et le trombone à coulisse ont chacun un mécanisme au moyen duquel on peut faire toutes les notes, c'est les dénaturer que de les remplacer par les instruments à pistons, instruments dégénérés qui n'ont aucune qualité, si ce n'est celle de pouvoir produire beaucoup de mauvaises notes.

Il ne faut donc point dépasser le nombre de trois bémols ou de deux dièzes, dans l'écriture du cornet à pistons, pour les chants ordinaires, c'est-à-dire ceux que l'on écrit indistinctement pour tous les instruments, ceux enfin qui ne rentrent point dans la spécialité du cornet à pistons employé au lieu de trompette, comme ceux qui sont écrits dans les rhythmes signalés plus haut.

Mais, dans ces chants dits ordinaires, soit pour des modulations passagères, soit pour des chants dont la tonalité sera bien décidée, on pourra écrire dans les tons de *la b*. et de *la nat*., quand il n'y aura point de grandes difficultés provenant d'une trop grande quantité de notes (*Mél.* 112), et surtout quand pour le ton de *la nat*. (quatrième position), le chant ou trait écrit passera souvent par les notes d'accord parfait de ce ton, attendu que ces notes se trouveront dans le produit direct de cette position de l'instrument.

(Voir la tablature).

Mais si le mouvement des notes est précipité, il faudra éviter l'emploi trop fréquent des deux notes *ré nat*. sous la portée, et *sol dièze* deuxième ligne; ces deux notes nécessitant l'emploi du troisième piston; car ce doigté est excessivement difficile. Au contraire, ce qui rend possible et assez aisé l'emploi du troisième doigt dans le ton de *la b*., c'est que le troisième piston marche toujours, et par mouvement conjoint avec le second, tandis qu'en *la nat*. le mouvement se fait du troisième piston au premier.

De plus, on pourra écrire avec autant de dièzes et de bémols, soit accidentels, soit écrits à la clef, qu'on le désirera, quand :

1° Le cornet à pistons n'étant point employé comme partie principale, n'aura que des notes posées, ou des rentrées en triolets ou en doubles croches écrites sur des notes au même degré, ou passant par l'accord direct des positions indiquées à la tablature (emploi de trompette).

2° Quand on écrira pour cet instrument, même en solo, traits ou chants dans un mouvement large, attendu que la lenteur du mouvement enlèvera les difficultés du doigté.

Étendue de l'écriture du cornet à pistons, selon que le ton de l'instrument est plus ou moins aigu.

Pour écrire dans les notes les plus sonores du cornet à pistons, et selon le ton écrit, l'étendue de cet instrument parcourt celle qui est comprise entre l'*ut* grave, note placée immédiatement au-dessous de la portée, et le *si b.* aigu, note placée au-dessus de la portée, clef *sol*, clef sur laquelle on écrit cet instrument.

Selon le ton plus ou moins aigu de l'instrument, on peut écrire par effet dans des solos jusqu'au contre *ut* aigu, mais il ne faut point en abuser. Lorsqu'on écrira les notes aiguës *la b* et *la nat.*, pour le cornet en *ut*, il faudra les préparer par des notes précédentes et rapprochées le plus possible, c'est-à-dire que les lèvres devront être mises en action. Il faudra en agir de même pour le cornet pris dans les tons de *si nat.* et de *si b.*, et même pour les tons plus graves ; seulement, l'intervalle entre ces notes et la note préparatoire, pourra être plus grand que pour les tons aigus, même en coupant le trait par un silence d'un temps au plus, avant d'attaquer le *la*, quand cette note aura au moins la valeur d'un temps plein, mouvement modéré, ou celle d'une blanche, mouvement *allegro*. Dans un chant où les lèvres auront un travail continu, on pourra au besoin écrire le *la nat.* dans un *allegretto*, par degré disjoint, à intervalle de septième et même d'octave, cette note se trouvant enchaînée dans un rhythme qui donne à chaque note la valeur d'une croche, équivalant à une double croche modérée (mouvement de schottisch).

Lorsque l'on écrira les notes extrêmement aiguës, *si nat.* et *ut*, selon que le ton de l'instrument permettra de les écrire, l'intervalle entre ces notes et la note précédente préparatoire, ne devra pas dépasser celui de la quarte, et par extrême nécessité celui de quinte juste ; mais dans ces deux cas, il ne faudra point que chacune des notes ait une durée de moins d'un demi-temps (*Mét.* 112), afin que l'exécutant puisse préparer ses lèvres pour bien poser les notes ; ce fait peut exister de *fa nat.* à *ut*, de *mi nat.* à *si nat.*, et de *mi b.* à *si b.* L'intervalle de triton de *fa nat.* à *si nat.* est excessivement difficile à exécuter ; il faut, autant que possible, éviter de l'écrire. Au besoin, on peut écrire, en donnant aux lèvres le temps de se préparer, le mouvement d'octave de l'*ut* du médium à l'*ut* aigu ; on peut le faire par rhythme de syncope dans le mouvement déjà indiqué (*Mét.* 112), la première note étant une croche, et la seconde note une noire.

Dans les autres cas, c'est-à-dire ceux qui ne dépasseront pas l'intervalle de quarte, on pourra écrire ces notes en faisant suivre le mouvement par croches égales ; et on pourra écrire le rhythme de triolets ou de doubles croches, lorsque le trait marchera par degrés conjoints.

Avec le cornet pris dans les tons d'*ut* et de *si nat.*, il ne faut jamais dépasser le *si b.* aigu, et encore, il ne faut point qu'il se produise trop souvent ; il ne faut point non plus écrire isolément les notes extrêmement aiguës, *la b.*, *la nat.* et *si b.*, de même qu'il ne faut jamais fixer longtemps sur ces mêmes notes, les lèvres de l'instrumentiste.

Il faudra en agir ainsi à l'égard des mêmes notes et de l'*ut* aigu, pour le cornet pris dans les tons de *la b.*, *la nat.* et *si b.* ; seuls tons qui permettent d'écrire l'*ut* aigu.

Dans tous les tons du cornet, on peut descendre jusqu'au *la nat.* grave ; on peut même écrire jusqu'au *sol* grave, dans des solos larges, mais isolés de toute autre musique, et légèrement accompagnés. Je dis isolés, c'est-à-dire, les solos spécialement écrits pour un instrumentiste qui veut jouer dans toute l'étendue de l'instrument ; car si les notes graves du cornet sortent bien lorsqu'elles sont bien posées, elles sont maigres et d'un effet peu agréable à l'oreille ; les notes graves appartiennent aux instruments graves, attendu que les sons de ces derniers ont une rondeur que n'ont pas les sons graves du cornet à pistons ; et comme on l'a déjà vu, les notes les meilleures de cet instrument sont celles de la portée, étendue que l'on peut étendre un peu au-dessus, un peu au-dessous de cette même portée.

Je ne puis trop le répéter, il faut éviter de rester constamment sur les notes aiguës, quel que soit le ton de l'instrument.

Dans les tons qui, en écriture, n'excèdent pas un dièze ou deux bémols, les mouvements chromatiques sont assez commodes, même quand le mouvement des notes est précipité.

Remarque concernant l'attaque des notes brèves et successives, écrites entre elles avec de grands intervalles d'intonation, et dans un mouvement précipité, le cornet étant employé comme trompette.

Dans tous les cas, il faudra éviter de répéter les arpéges en triolets et en doubles croches carrées, dans un mouvement précipité, quand ces arpéges, étant continus, ne se trouveront point placés dans l'accord *produit* d'un doigté quelconque.

Cependant, on pourra les écrire dans le ton de *fa*, quoique ce ton ne se trouve pas dans un produit direct de l'instrument, et cela parce que le ton de *fa* est d'un doigté facile.

Mais il faudra éviter d'écrire des notes qui donneraient continuellement entre elles de grands écarts d'intonation par mouvements contraires.

Cette remarque est relative au cas où l'on emploierait le cornet à pistons comme trompette. (*Mét.* 112.)

EXEMPLE.

Les traits de ce genre ne sont jamais nettement exécutés; il y a toujours quelque chose de bredouillé, de confus. (Voir le chapitre du rhythme.)

CHAPITRE VII

Tableau comparatif de tonalité.

(N° 2 du plan).

Comme on sait maintenant que le seul trombone employé en France est le trombone ténor, sauf le cas où l'on voudra employer, par exception, le trombone basse, je dois dire que ce dernier et le trombone alto, écrits au tableau comparatif, n'y sont placés que pour servir de terme de comparaison.

Or, pour bien comprendre les rapports de tonalité, on reviendra toujours pour la comparaison au trombone basse et au cor, lesquels sont à l'unisson l'un de l'autre.

L'*ut* grave sera le point de départ de la base au sommet; seulement, le trombone ténor n'ayant point d'accord d'*ut* fixe à une seule position, on trouvera, divisée en deux parties, et pour continuer l'échelle comparée à la trompette et au cornet à pistons, la colonne B, qui représente le trombone ténor.

Dans la partie gauche, est l'accord d'*ut* (le trombone usant de ses différentes positions), lequel s'arrête au *sol* aigu, septième dominante, deuxième position, et quinzième de sa quatrième position, ou quinte dans la suite des secondes successives du trombone basse pris à la sixième position.

Dans la partie droite, le trombone ténor attaquant, à sa première octave de la première position, le *si b.* à l'unisson de la septième dominante de l'accord d'*ut*, sixième position du trombone basse, continuera l'échelle jusqu'à son extrémité, quinte de la suite des secondes successives, pour établir la comparaison avec la trompette et le cornet à pistons. Donc en ne formant, dans l'imagination, qu'un seul instrument, avec le trombone basse, le trombone ténor, le cor et la trompette, on verra qu'en enchaînant l'un à l'autre, le produit de chacun, depuis le contr'*ut* grave qui leur sert de base, on trouvera presqu'en entier le produit énoncé au chapitre des produits. De plus, après avoir produit, avec le trombone ténor pris à sa septième position et à l'aide de sa propre embouchure, le produit complet de sa base à l'octave des notes par secondes successives, si on adaptait au trombone une véritable embouchure de trompette, on pourrait produire la suite des secondes par mouvement chromatique.

———————

CHAPITRE VIII

Ophicléide.

L'ophicléide n'ayant, par le timbre, aucun rapport avec les autres instruments en cuivre, et son mécanisme offrant beaucoup plus de facilité dans l'exécution que ceux-ci, j'ai regardé comme superflus, des détails trop longs. Le plus important à connaître est d'abord son étendue, puis son emploi quant au timbre, ensuite les rhythmes qu'on peut lui appliquer. Dans l'accompagnement, on lui fait doubler la contre-basse, soit comme simple basse, soit pour exécuter des arpèges qui, s'ils sont prolongés, doivent être écrits en croches, dans le mouvement du métronome 112, et des traits soit en triolet, soit en doubles croches, ces derniers rhythmes étant écrits par fragments interrompus.

Dans la musique légère, on peut écrire pour cet instrument les chants simples, et dans les rhythmes permis, que l'on écrit pour le violoncelle.

L'ophicléide, employé dans un orchestre où il y a des instruments à cordes, est en *ut*, Celui que l'on emploie dans la musique militaire est en *si b.*, son *ut* donne pour l'oreille le *si b.*

Son étendue est de trois octaves, depuis le contr'*ut* grave (voir le tableau général) jusqu'au contr'*ut* aigu. Mais, en dehors des solos écrits spécialement pour cet instrument, c'est-à-dire dans l'orchestration, soit dans le simple accompagnement, soit dans un trait en tutti, on ne doit point dépasser le *sol* aigu.

L'ophicléide peut aussi produire le contre *si nat.* grave; mais cette note ne s'écrit pas, et, dans le cas où on voudrait l'écrire, elle ne devra jamais l'être que dans un effet piano de l'orchestre, conjointement avec l'*ut* émis d'abord et écrit largement. Jamais on ne doit l'écrire isolément.

Observations particulières.

Le mécanisme de l'ophicléide offre tant de ressources, que je n'ai pas cru devoir donner à cet égard des détails qui auraient nécessité la présence d'une figure précise de l'instrument; et son emploi dans l'orchestration doit être assez restreint pour que l'on n'ait point à se préoccuper des petits traits que l'on écrit tout spécialement pour lui, en raison de son timbre. On trouvera plus loin : 1° dans le chapitre des effets imitatifs, 2° dans le chapitre du rhythme, comment on doit le traiter.

Je ferai seulement deux observations :

1° Dans l'orchestration, on peut écrire dans tous les tons possibles, quand il n'y a que des croches égales ou seulement quelques temps en triolets. Mais si l'on écrit des traits en doubles croches, ou même des traits prolongés en triolets, il ne faut point écrire dans les tons dans lesquels il entrera plus de quatre dièzes ou cinq bémols; encore ces traits devront-ils, dans les tons qui dépasseront un dièze ou trois bémols, être restreints quant à leur durée, et écrits par degrés conjoints.

Le ton de *sol* et le ton de *ré* offrent, dans le médium de l'instrument, de grandes difficultés, si l'on se tient toujours sur les notes comprises entre le *mi*, octave du premier *mi* grave, et le *si* du médium.

2° Si l'on écrit des solos exceptionnels et si le dessin de ces solos est composé de beaucoup de notes brèves et successives, on ne devra écrire que dans les tons de : *ut, fa, si b.*, et tout au plus *mi b.*, si ce solo fait partie d'un morceau de musique dont la composition porte ordinairement le nom de fantaisie, et que l'on aurait écrit dans ce ton même, dans la fraction où l'on aurait intercalé le solo d'ophicléide.

Etendue de l'Ophicléide.

On trouvera, quant au rhythme, les observations nécessaires dans le chapitre suivant, et son emploi, quant au timbre, dans les effets imitatifs.

Remarque. — Beaucoup de compositeurs, qui ne connaissent pas parfaitement le rapport de tonalité qui existe entre certains instruments en cuivre, commettent trop souvent, à l'égard des pédales écrites à l'ophicléide, une grande erreur qu'il est utile de signaler, afin qu'on évite d'y tomber. La pédale est une basse extrême ; elle ne peut donc pas avoir au-dessous d'elle, des notes qui lui sont étrangères. L'ophicléide est à l'unisson du trombone.

Donc, on ne doit pas écrire à l'ophicléide une pédale au-dessous de laquelle le troisième trombone frappe une basse régulière.

EXEMPLE (pris dans un morceau de musique moderne) :

Il faut, dans ce cas, descendre l'ophicléide d'une octave.

Autre erreur provenant de la même raison d'unisson.

Si l'ophicléide et le trombone n'ont pas le même timbre, le premier n'en est pas moins un instrument en cuivre. Or, la sixte augmentée donnant, par son renversement, une tierce diminuée, ne peut pas avoir de renversement dans des parties qui ont le même rapport. Dans ce cas, le trombone et l'ophicléide doivent être écrits à l'unisson.

EXEMPLE (pris également dans un ouvrage assez sérieux) :

Le chant écrit par mouvement contraire.

CHAPITRE IX

Du Rhythme.

Observations générales.

Outre tous les exemples que j'ai donnés à l'égard des instrumens qui viennent d'être traités ci-devant, j'ai cru indispensable d'ajouter, réunies dans un même chapitre, des observations qui, non-seulement peuvent rappeler à la mémoire celles qui précèdent, mais encore doivent servir pour ainsi dire de règle pour ce que l'on voudra écrire pour chaque instrument.

Comme on l'a déjà vu dans mes observations concernant l'émission du son dans les instruments en cuivre, instruments à embouchure en entonnoir, on doit comprendre que, si ces instruments ne doivent pas comporter tous les rhythmes que l'on peut écrire pour les instruments à cordes et les instruments à vent en bois, ils ne peuvent pas non plus, soit à cause du mécanisme plus ou moins léger, plus ou moins difficile, soit à cause de la différence dans la grandeur de l'embouchure de chacun d'eux, comporter entre eux les mêmes rhythmes, c'est-à-dire, qu'à partir de l'instrument dont le doigté est facile et léger et dont l'embouchure est petite, et qui, par conséquent, peut exécuter beaucoup de notes brèves et successives, on devra, quant au rhythme et à la quantité relative des notes, aller de restriction en restriction jusqu'à l'instrument dont le doigté est lourd et difficile et dont l'embouchure est grande et large à l'orifice. J'ai déjà dit, dans le commencement de cet ouvrage, que plus l'embouchure est large, plus la langue devient lourde, et que plus le doigté est difficile, et que si ce doigté, comme celui du trombone par exemple, imprime aux lèvres un mouvement dont les secousses rejaillissent assurément sur les poumons qui sont le réservoir de l'air, non-seulement, l'épuisement de cet air même se fait plus vite, ce qui enlève aux lèvres leur force, leur résistance, et à la langue sa légèreté, mais encore, de ces secousses continuellement imprimées aux lèvres, il résulte une fatigue, et par suite une contraction qui les paralyse, si le trait est prolongé.

D'un autre côté, le timbre lui-même rendant un instrument quelconque propre à exécuter des effets particuliers, en quoi serait-il utile de créer à cet instrument des difficultés dont on abuse trop souvent?

Par exemple, on écrit quelquefois pour le cor (je ne veux point parler ici des morceaux que l'on écrit spécialement pour un soliste qui veut se faire entendre dans un concert, mais bien de ce que l'on doit écrire dans la musique sérieuse); on écrit, dis-je, pour le cor, des rhythmes qui appartiennent de droit à la trompette et au cornet à piston pris dans ce sens. Ces rhythmes, quelquefois obligés pour rendre un effet particulier, sont déjà bien assez difficiles pour ces deux derniers, qui ont la charge absolue de cet emploi spécial, pour qu'on en charge un instrument qui, comme le cor, est fait pour faire des rondes, des blanches, des noires, des croches et des solos largement écrits, et pour lequel la double croche (*Mét.* 112) ne doit être écrite que pour des notes placées sur les mêmes degrés, si le rhythme est prolongé, ou tout au plus par deux, par trois, ou pour le temps de faire une gamme servant d'enchaînement, si ces doubles croches sont écrites sur des degrés différents. Dans ces différents cas, le tout se trouve bien fait et a de la portée; tandis que, s'il y a abus, tout manque de netteté, et l'effet est toujours perdu.

Le rhythme le plus difficile, dans les instruments en cuivre, est celui qui, dans le mouvement que j'ai désigné et toujours conservé dans cet ouvrage pour donner des exemples (*Mét.* 112), donne pour chaque temps deux doubles croches pointées suivies, chacune, d'une triple croche.

Exemple. (Mét. 112.)

Tous les instruments en cuivre peuvent comporter ce rhythme, savoir :

Le cor, le trombone et l'ophicléïde, dans le médium et dans l'aigu ; le cornet à pistons, dans toute son étendue à partir du *si b.* grave ; et la trompette, à partir du *sol* grave pour les tons aigus, et à partir du deuxième *ut* (première octave), pour les tons graves.

Alors, ce rhythme devra être écrit sur des notes au même degré, et pourra se prolonger au besoin pendant une durée de trois ou quatre temps pour la trompette et le cornet à pistons, mais ne devra pas excéder la durée de deux temps pour le cor, le trombone et l'ophicléïde. J'ajouterai que, si ce genre de rhythme ne peut pas exister dans les notes extrêmement graves, notes qui ont besoin d'être posées convenablement et exigent une certaine durée, il ne peut pas non plus exister sur les notes extrêmement aiguës.

Si les degrés varient, on pourra prolonger ce rhythme pour le cornet à pistons seul, mais en lui donnant de temps à autre un repos sur une noire ou sur une croche au moins, et en écrivant le plus possible par degrés conjoints ou à de courts intervalles.

Pour les autres instruments ci-dessus nommés, excepté pour le cor, que l'on doit laisser tranquille de ce côté, ce rhythme, écrit sur différents degrés, ne devra pas excéder le nombre de quatre notes écrites par degrés conjoints, et celui de trois notes écrites par degrés disjoints, pour faire ce que l'on appelle des réponses, en ayant soin surtout de rapprocher les degrés.

Si le mouvement est plus lent que celui qui est déjà indiqué, on pourra écrire ce rhythme à tous les instruments, en ayant soin : 1° d'éviter pour le trombone les grands écarts de la coulisse, à moins que le mouvement ne soit très-large ; 2° de ne mettre au cor que des notes en accord parfait du ton de l'instrument, ou des notes conjointes.

Un autre rhythme :

Ce dernier rhythme, composé, comme on le voit, d'une double croche et de deux triples croches pour la valeur d'une simple croche, est impossible. Et cependant, non-seulement on a l'habitude de l'écrire, mais encore on en abuse en en prolongeant le dessin ; et l'instrumentiste, qui se croit obligé de l'exécuter, veut y parvenir et ne réussit qu'à faire du tout un barbouillage continuel. Quelquefois, le rhythme écrit s'entend de temps à autre ; mais il est mélangé avec des fragments du rhythme de l'exemple précédent. Si ce dessin est exécuté par plusieurs instrumentistes ensemble, les fragments des deux rhythmes, sortant çà et là, au hasard et irrégulièrement, augmentent encore le barbouillage. Les hommes de bon sens le changent toujours par le rhythme semblable au premier exemple ; et c'est ce que les compositeurs doivent faire en écrivant. C'est tout au plus si ce dernier rhythme doit exister par fragments de la valeur d'une croche seulement, et seulement pour le cornet et pour la trompette, dont la petite embouchure leur permet l'emploi du double coup de langue de trompette, coup de langue qui est impossible dans les instruments à grande embouchure, lorsque le rhythme est continu, puis dans celle du cor, dont le tube long et circulaire provoque un certain retard dans la production du son.

Cependant il y a un cas où le double coup de langue de trompette est possible pour le cor et pour le trombone, ou, du moins, il y a des cas dans lesquels le rhythme écrit oblige à s'en servir, ce qui revient au même ; car le simple coup de langue, dans le cas où le rhythme serait prolongé, deviendrait trop lourd, surtout dans un *forte*, et, partant, impossible à rendre.

Ce cas est celui où le rhythme donne, pour chaque temps, une note égale à la valeur de la croche et trois notes en triolet pour l'autre moitié du temps, le triolet étant placé sur la première ou sur la seconde moitié du temps ; mais si le point de départ est marqué par la croche, c'est-à-dire la première partie du temps, la prolongation est plus possible, parce que l'exécution est plus facile, la langue est plus légère, que si le temps commence par le triolet.

Or, on ne pourra écrire ce rhythme, pour le cor et pour le trombone, que dans les cas suivants :

1° Pour le cor, dans les notes de la portée, du *sol*, deuxième ligne, au *mi* aigu de la portée;

2° Pour le trombone seulement, du *sol* du médium au *sol* aigu, mais généralement dans les notes intermédiaires;

3° Pour ces deux instruments :

Intercaler, tous les deux ou trois temps, un temps de simple croche, une ou deux;

4° Si l'on change les degrés après le triolet même, éviter les écarts plus grands que celui de la tierce;

5° Pour le trombone, on pourra écrire jusqu'à un intervalle de quarte, lorsque le changement de degré ne fera pas changer la position.

Si la position change, il faudra, dans tous les cas, que le mouvement se fasse directement sur deux positions successives.

EXEMPLE. (Mél. 112.)

(1) Tous les instruments peuvent comporter tous les genres de rhythmes, mais chacun de ces genres doit être plus ou moins simplifié selon la facilité d'émission que donne au son l'espèce de moyen d'émission dont chaque instrumentiste doit faire usage pour la nature de son instrument, selon la légèreté plus ou moins grande du mécanisme de ce même instrument, et selon la quantité plus ou moins grande d'air à dépenser.

Les instruments à cordes, en faisant glisser l'archet sans abandonner la corde, peuvent exécuter toutes les liaisons possibles, dans tous les rhythmes, lorsque les notes sont écrites sur des degrés différents, parce qu'alors c'est l'action du doigt qui exécute le rhythme. Si les notes sont détachées, le coup d'archet vient se joindre à l'effet du doigt qui frappe la corde, lorsque les notes sont écrites sur différents degrés; mais si elles sont écrites sur un même degré, c'est l'archet seul qui peut donner le rhythme.

Par conséquent, les instruments à doigté relativement léger peuvent supporter dans le rhythme, dans la prolongation du dessin, une plus grande quantité de notes que les instruments au doigté relativement plus lourd. Tels sont, relativement les uns aux autres, les instruments à cordes depuis le violon jusqu'à la contrebasse. Il serait donc hors de toute espèce de bon sens d'écrire, pour cette dernière, des dessins que l'on peut écrire également pour le violon et pour l'alto. Le violoncelle tient alors le juste milieu.

De tous les instruments, les instruments à cordes d'un diapason élevé sont donc, en tout, ceux que l'on doit considérer comme pouvant recevoir le plus de notes.

Après les instruments à cordes, viennent les instruments à vent en bois, instruments à l'égard desquels on peut établir, mais déjà en diminutif, et depuis la flûte jusqu'au basson, un rapport semblable à celui qui existe entre les instruments à cordes, depuis le violon jusqu'au violoncelle, car le basson est en tout plus léger que la contrebasse.

Tous les instruments à vent en bois, en raison de leur mécanisme composé de trous et de clefs légères, peuvent recevoir des dessins beaucoup plus compliqués que les instruments en cuivre, mais aussi, moins compliqués que chacun des instruments à cordes que l'on pourrait comparer à chacun des instruments à vent, et cela à cause de la quantité d'air à dépenser, ce qui n'existe pas sur les instruments à cordes; car, à cet égard, l'archet est inépuisable. La flûte est le plus léger.

Le hautbois vient après; mais le détaché est plus difficile sur cet instrument que sur la clarinette.

En troisième ordre, vient la clarinette. C'est le plus grand volume d'air que dépense la

<hr>

(1) En lisant ce chapitre concernant le rhythme, on trouvera sans doute que je me suis souvent répété; mais comme je l'ai fait avec intention, en raison de l'importance du sujet, on me pardonnera mes répétitions dont le seul but est de fixer l'attention et d'assurer les résultats en exerçant la mémoire.

clarinette, relativement au hautbois, qui donne moins de légèreté d'exécution à la première qu'au second. Après cette dernière, vient le basson, instrument assez léger en tout, malgré sa grandeur et son degré de gravité relative.

Pour la clarinette comme pour ce dernier, et toujours en diminutif, il faut éviter d'écrire, dans l'étendue grave, des dessins trop compliqués.

La flûte peut supporter tous les rhythmes possibles; mais les trois derniers instruments ne peuvent pas comporter les rhythmes qui, comme dans les instruments aigus, en cuivre, demandent un coup de langue artificiel. Pour ces trois différents instruments en bois, les rhythmes doivent être parfaitement carrés.

Liaisons.

Les liaisons servent selon la situation et le rhythme; elles ajoutent à la scène un certain caractère. Quelquefois ce caractère est doux, en raison de la scène même.

Au contraire, les notes détachées, et selon l'intensité que l'auteur désire donner à l'attaque des notes, donnent toujours à la scène un certain caractère de dureté.

Tous les instruments à cordes et les instruments à vent, en bois, peuvent supporter toutes les liaisons possibles.

Et, que l'on s'en souvienne, ce qui rend l'exécution toujours difficile, ce sont les grands écarts continus que l'on met dans les intervalles successifs des notes.

Quant aux instruments en cuivre, MM. les compositeurs ne doivent pas se préoccuper de ce genre d'articulation, chose sur laquelle il y aurait à faire, à l'égard de ces derniers instruments, et à chaque instant, une foule d'observations.

Qu'il leur suffise de savoir que les instrumentistes changent d'eux-mêmes, les articulations qui ne conviennent pas à leur propre instrument.

Je dirai seulement, et à titre d'exemple, que sur le trombone et sur le cor, les liaisons continues, prolongées, ne sont possibles que lorsqu'elles doivent enchaîner, dans un mouvement modéré (le mouvement 112 du métronome est le plus vif que l'on puisse employer dans ce cas), des rondes, des blanches, et tout au plus, mais accidentellement, quelques noires peu nombreuses dans leur succession.

Pour le rhythme écrit en croches égales, on ne doit pas lier entre elles plus de trois notes, lorsque ces notes, écrites sur différents degrés, le seront par degrés conjoints.

Mais, généralement, on n'écrit pour le cor que de petits traits servant d'enchaînement, et peu de traits continus. Or, pour écrire dans ce sens, on devra toujours se rappeler les modifications que pourrait apporter l'instrumentiste, et comme je l'ai dit, ne point se préoccuper de l'écriture; car dans tous les cas, soit dans des solos, soit dans des traits isolés et quel que soit l'instrument, ce qui pourra être fait, le sera.

C'est donc principalement à l'égard du trombone que je fais ces quelques observations.

Le mécanisme de ce dernier tendant toujours par lui-même à traîner, il faudrait écrire des liaisons avec beaucoup de discernement, dans le cas où ces liaisons, donnant un caractère particulier à l'effet, seraient obligatoires.

Par exemple, si dans une scène quelconque, on voulait employer un ou plusieurs instruments en cuivre pour exécuter des traits coulés, prolongés, et composés d'une succession de notes brèves, non-seulement, le trombone et le cor ne sauraient en rien rendre cet effet; mais encore, le cornet, s'il exécutait les notes, celles-ci, à cause du parcours des pistons et du timbre strident de cet instrument, dans un *forte*, traîneraient les unes après les autres, et ne rendraient pas l'effet voulu.

L'ophicléide seul peut rendre ces effets. Ainsi, pour l'ophicléide, et seulement dans les tons qui ne dépasseront pas trois dièzes ou quatre bémols, on peut écrire en doubles croches liées, des traits soit diatoniques, soit chromatiques, dans une étendue d'une dixième, dans le grave, et dans le médium, même en répétant le trait sur quatre, et au besoin sur cinq ou six temps, et dans un mouvement même un peu plus vif que celui du métronome marqué 112.

On peut donc écrire dans les solos ou chants, toutes les articulations que l'on voudra, puisqu'elles subiront toutes, au besoin, les modifications jugées nécessaires par l'instrumentiste.

Et comme le trombone est l'instrument qui présente le plus de difficultés, ce qui sera possible pour lui sera facile pour les autres instruments en cuivre.

Or, dans le cas où l'on voudrait écrire pour cet instrument, des articulations caractéristiques, et partant, obligées, il faudra les écrire ainsi qu'il suit :

1° Croches égales, degrés conjoints : sur quatre, en lier deux et en détacher deux. Si le dessin, si l'intention du sujet l'exige absolument, on pourra les lier de deux en deux. (*Mét.* 112.)

2° Si le mouvement est plus lent que le mouvement 112, on pourra enchaîner les notes, accidentellement, par trois.

Degrés disjoints.

3° Si les degrés sont disjoints, on pourra les lier par quatre (*mét.* 112), et même au besoin par huit.

Triolets, trois croches égales. (*Mét.* 112.)

4° Si les temps sont divisés par trois, c'est-à-dire, trois croches pour un temps, les notes écrites par degrés conjoints ne pourront recevoir la liaison que de deux sur trois.

5° Si les degrés sont disjoints, on pourra au besoin les lier trois par trois. Mais, si le mouvement est plus lent que celui du *mét.* 112, on pourra même les enchaîner six par six, mais seulement aussi, dans les positions rapprochées.

6° DOUBLES CROCHES CARRÉES.

Division des temps par quatre.

Si les degrés sont conjoints, sur quatre doubles croches, les deux premières, seulement, pourront être liées, et les deux dernières détachées. Il en sera de même si les notes se succèdent par le mélange des degrés conjoints et des degrés disjoints.

7° Mais, si les degrés sont continuellement disjoints, c'est-à-dire qu'entre chaque note successive, il n'y ait que des intervalles de tierce, de quarte, de quinte, de sixte, et même d'octave, intervalles qu'il faut absolument mélanger, en ayant soin de ne jamais dépasser l'intervalle de l'octave, et qu'il n'y ait point de degrés conjoints, on pourra, dans le médium et dans l'aigu, et au besoin, mais accidentellement, dans les notes élevées de la première octave, en rapprochant toujours le plus possible les positions, on pourra, dis-je, enchaîner les notes par une liaison, et régulièrement, de deux en deux. (*Mét.* 112.)

8° Si ces mêmes doubles croches se trouvent écrites dans les temps écrits en triolets, c'est-à-dire, six pour un temps, il faudra comme dans le sixième paragraphe, pour les notes écrites par degrés conjoints, lier les deux premières et détacher les quatre suivantes.

9° Si tous les degrés sont disjoints, comme il est indiqué au septième paragraphe, on pourra de même lier les notes de deux en deux; mais dans ce rhythme et dans ce genre de mesure, cela ne pourra exister que dans un mouvement un peu lent, et par petits fragments.

Observations particulières concernant l'application des rhythmes dans les instruments en cuivre.

Si tous les instruments ne peuvent pas supporter les mêmes rhythmes, les instruments en en cuivre, non-seulement, en raison de leur mécanisme généralement lourd et difficultueux, mais encore, en raison de la difficulté d'émission que présente leur embouchure, et du retard que leur forme particulière apporte dans la production des sons, les instruments en cuivre sont, entre tous, ceux qui offrent le plus de difficultés et, par conséquent, ceux à l'égard desquels on doit le plus se restreindre, soit en raison de la rapidité du mouvement des notes, soit dans la prolongation d'un rhythme quelconque, soit à cause de la construction du dessin offrant des intervalles plus ou moins distants les uns des autres.

Or, pour la famille des instruments en cuivre, depuis les instruments en bois jusqu'à ceux-ci, il en est de même que pour les autres familles, et toujours de diminutif en diminutif, depuis la famille des instruments à cordes jusqu'à celle des instruments à vent, en bois.

Enfin, depuis le cornet jusqu'au trombone, le plus lourd quant au mécanisme, et en tout le plus difficile de tous, ce diminutif s'étend toujours de plus en plus, de degré en degré, sur tous ces instruments.

Le seul rhythme qui puisse être appliqué indistinctement à tous les instruments, est le rhythme construit en croches égales de deux pour un temps (*Mét.* 112); encore faut-il consulter le genre d'instrument, puisque la trompette simple n'a pas de mécanisme; puisque les traits prolongés sur des degrés différents, mais conjoints, de la portée, sont interdits à la trompette chromatique; puisque, enfin, on ne doit les appliquer au cor que par fragments accidentels; mais enfin, en observant toujours les restrictions que chaque genre d'instrument force à apporter dans le dessin, le rhythme en croches égales est possible pour tous les instruments en cuivre.

Il est bien entendu que si l'on double la vitesse du mouvement, cette croche devient une double croche, la noire devient une croche, et par conséquent, la rapidité même des notes les fait rentrer sous la dépendance de la règle qui se rapporte, non pas à l'espèce de signe, mais bien, à la valeur qu'il représente.

La seule chose à observer dans le rhythme régulier dont il est question ici, et dans le mouvement du *Mét.* 112, c'est qu'il faut éviter de prolonger l'enchaînement des grands intervalles sans les lier entre eux, par des intervalles rapprochés.

Le plus grand intervalle possible quand ce rhythme est continu et écrit par degrés disjoints, est celui de l'octave.

Vient maintenant le rhythme des triolets, le rhythme des temps divisés par trois; et comme ce rhythme donne déjà aux notes une certaine rapidité, et comme c'est de la rapidité même que naissent les difficultés, nous allons prendre, pour éviter la confusion, chaque instrument, séparément et dans l'ordre suivant :

1° Le cornet à pistons.

2° La trompette, considérée comme trompette simple.

3° Le cor (simple).

4° Le trombone.

Règle générale applicable à tous les instruments qui composent l'orchestration, à l'égard des degrés à établir dans l'enchaînement successif des notes.

Toutes les difficultés qui se présentent dans l'exécution musicale, provenant généralement de la rapidité du mouvement, lorsque les notes sont brèves et enchaînées sans interruption dans un dessin quelquefois prolongé, j'engage MM. les compositeurs à bien se convaincre de ceci; que, lorsqu'il y a rapidité dans le mouvement des notes, la facilité existe toujours en tout, lorsque le dessin est composé de notes écrites sur des degrés plus souvent conjoints que disjoints. Que, au contraire, la difficulté vient toujours de ce que les intervalles sont trop distants et toujours contrariés. Ainsi, ce que l'on appelle ordinairement les chants ou traits *baroques*, sont toujours difficiles; parce que, dans les chants naturels, les notes se succèdent de manière à enchaîner aisément les mouvements du mécanisme; alors, l'imagination devine les notes avant que l'œil lui-même ait eu le temps de les saisir, et le mécanisme obéit à l'imagination; tandis que, au contraire, les choses baroques le sont, pour l'oreille, pour l'œil et pour l'embouchure; et le mécanisme subit toujours l'influence de ces inconvénients qui tiennent l'exécutant, pour ainsi dire, dans une espèce de doute continu, surtout quand ce mécanisme est aussi bizarre que l'est celui du trombone. On devra se rappeler en outre que, l'embouchure des instruments en cuivre donnant aux instrumentistes, beaucoup plus de difficulté d'émission que celle des autres instruments, l'exécution, dans ces sortes de choses, sera pour les premiers, le plus souvent entravée.

En résumé, les degrés conjoints étant ce qu'il y a de plus facile, les degrés régulièrement disjoints par des intervalles toujours éloignés, constituant ce qui y a de plus difficile, on pourra rendre tout possible, sinon facile, en prenant un terme moyen, et en faisant pour les mélodies ou les traits composés d'une grande quantité de notes brèves et successives, et relativement à la facilité ou à la difficulté que présente l'espèce d'instrument, un mélange convenable des degrés qui enchaînent les notes, savoir :

Plus de degrés conjoints que de degrés disjoints; plus de degrés disjoints à courts intervalles que de degrés à intervalles éloignés; en outre, éviter d'écrire successivement trois intervalles éloignés.

Enfin, les traits difficiles, mais possibles, écrits pour les instruments lourds, et par le mécanisme, et par la grandeur, ou de leur embouchure, ou de leur archet, tels sont le trombone, l'ophicléide et la contrebasse, ne devront jamais l'être que dans les effets en *tutti forte*; et j'observerai que, dans ce cas, lors même que l'exécution n'aurait pas, quant aux notes, toute la netteté désirable, l'effet en serait cependant produit dans la masse, pourvu que l'on arrive d'aplomb sur la solution. Si, au contraire, soit même dans un *forte*, le trait se trouve trop en dehors, c'est-à-dire, s'il se trouve presque dans la condition de solo, il faudra que tout soit nettement fait; dans ce cas, je ne puis trop engager MM. les compositeurs à bien l'écrire.

Quelques mots encore sur l'application des rhythmes, selon la différence qui existe entr les instruments en cuivre.

J'ai déjà dit que le moyen d'émission du son, propre aux instruments en cuivre, l'embouchure en forme d'entonnoir, donne aux instrumentistes beaucoup plus de difficulté d'émission que l'embouchure des autres instruments. Mais le travail et l'expérience ayant vaincu les difficultés premières, les difficultés ne s'accroissent, pour chaque espèce d'instrument, qu'en raison de trois choses.

1° La différence de grandeur dans l'embouchure.

2° La différence dans la longueur et dans la grosseur des tubes.

3° La différence de légèreté plus ou moins grande dans le mécanisme dont la dénomination consacrée est : le doigté.

La plus petite des embouchures, est celle du cornet: ce qui, pour des raisons qu'il serait superflu de donner ici, donne à la langue de l'exécutant beaucoup plus de légèreté que l'embouchure des autres instruments.

Comme on l'a déjà vu, plus l'embouchure devient grande, plus la langue devient lourde.

Plus les tubes sont longs et larges, plus la quantité d'air à dépenser doit s'accroître.

Je ne crois pas avoir besoin de donner aucune raison pour faire comprendre que le doigté du cornet est beaucoup plus léger, plus vif dans son mouvement, que la coulisse du trombone, et que par conséquent, le mécanisme de ce dernier ne lui permet pas d'exécuter les mêmes difficultés que le premier.

Quant à l'ophicléide, quoique son mécanisme paraisse fort lourd, celui-ci est beaucoup plus facile qu'il ne le semble, et il permet que l'on exécute sur cet instrument, des traits composés de plusieurs notes brèves successives, pourvu que le rhythme en soit bien carré.

Pour le cor, il n'est pas possible, malgré tout le talent de l'exécutant, que la main placée dans le pavillon, ce qui est son doigté; il n'est pas possible, dis-je, que ce doigté donne à l'émission des sons, ou plutôt, à l'exécution des notes brèves, dans cet instrument, autant de précision, autant de facilité que le doigté précis, et pour ainsi dire fixe, des autres instruments, en donne à ces derniers.

Voici pourquoi l'on a grand tort d'écrire pour le cor des traits en notes brèves successives. On peut le faire, mais par fragments.

(Voir les détails ci-après, au rhythme du cor.)

DÉTAILS DU RHYTHME

Cornet à pistons.

Triolets ou trois croches pour un temps.

Le rhythme en triolets, facile pour tous les instruments, mais selon le genre de chacun d'eux, l'est pour le cornet à pistons, et pour les raisons déjà données, beaucoup plus que pour tous les autres.

Cet instrument, employé généralement pour exécuter un chant, soit en solo, soit conjointement avec les instruments en bois, doit être pour cette raison, traité avec beaucoup de discernement; car son mécanisme et son embouchure n'ont pas, soit la facilité d'émission, soit la légèreté de doigté, lesquelles permettent à ceux-là l'exécution d'une longue suite de notes quelquefois trop brèves pour sa nature particulière.

Mouvement du Mét. 112.

Le cornet à pistons peut exécuter tous les traits ou chants composés régulièrement de notes en triolet, parmi lesquelles on peut quelquefois intercaler deux ou trois doubles croches, mais seulement par degrés conjoints.

Quant aux degrés, il doit y avoir généralement plus de degrés conjoints que de degrés disjoints. De plus, il doit y avoir de temps à autre une noire ou un silence, pour donner à l'instrumentiste le temps de respirer, et pour reposer les lèvres surtout dans un chant solo, dans le cas où le dessin serait prolongé.

Si le mouvement est par trop vif, les degrés conjoints sont obligés, et les degrés disjoints ne doivent paraître que rarement; en outre, le trait ne doit pas être prolongé au delà de six temps au plus, sans rencontrer un repos quelconque. Si le cornet est employé dans le sens de trompette, et que les notes marchent par degrés totalement disjoints (mouv. 112), il ne faudra pas prolonger le trait au delà des quatre temps, sans rencontrer un temps d'arrêt.

On peut exécuter, sur le cornet à pistons, même dans un mouvement un peu plus vif que le mouvement 112, tous les traits dont chaque temps au moins sera écrit sur des notes au même degré, en ayant soin de ne pas trop les prolonger.

Doubles croches carrées ou division d'un temps en quatre parties égales.

Dans un chant en solo isolé, ou exécuté conjointement avec les autres instruments :

Après deux ou trois temps, quatre au plus, donner un repos sur une croche au moins, si le chant est construit avec plus de degrés conjoints que de degrés disjoints;

Donner le même repos après deux temps du rhythme sus-dit, si les degrés sont généralement disjoints; ne pas écrire de suite plus de deux grands intervalles, dont le plus grand ne doit pas dépasser la sixte.

Si les doubles croches sont des sixièmes de temps et non des quarts de temps (m. à 6/8), ce rhythme ne pourra exister que par fragments accidentels et rares, dans le mouvement du métronôme 112, et ainsi qu'il suit :

1° Quatre doubles croches, par degrés conjoints, et placées sur les deux dernières croches du triolet.

2° Six doubles croches accidentelles sur un temps seulement et dans une tutti *forte*, pour exécuter ce que l'on appelle une *fusée*, et la fusée n'est possible, si le trait prend toute l'étendue de la gamme, que dans les tons de *ut, fa* et *sol*.

On pourra prendre un peu plus de latitude, lorsque le trait, n'étant composé que de quatre ou cinq notes, n'exigera pas l'emploi du troisième piston.

Si le mouvement du métronome est plus lent que le mouvement 112, on pourra, en employant tous les intervalles, mais le plus souvent conjoints, on pourra, dis-je, prolonger le dessin de six notes pour un temps, pendant la durée de trois temps; le temps suivant donnera un repos qui servira à renouveler l'air et à reposer les lèvres. Au besoin, si le point de départ de chaque temps est bien établi, on pourra prolonger ce rhythme sur cinq ou six temps; mais le compositeur est averti que, de temps à autre, l'instrumentiste sera forcé de sauter par dessus une note au moins, pour reprendre haleine; dans ce cas, il ne faudrait pas que le chant fût écrit au cornet seulement. Les traits qui rentrent dans le caractère de la trompette et qui seront continuellement écrits par degrés disjoints (mét. 112), ne devront jamais excéder la durée de deux temps, trois au plus, sans rencontrer un repos quelconque. (Voir l'exemple qui termine le chapitre du cornet à pistons.)

TROMPETTE considérée comme trompette simple, la trompette à pistons ayant déjà été traitée.

Triolets.

Pour la trompette, les seules choses possibles sont les traits écrits pendant une durée de trois ou quatre temps au plus, si les degrés sont disjoints; et on pourra prolonger le trait.

si chacun de ces temps est écrit sur des notes au même degré. On peut varier les degrés temps par temps.

Si l'on écrit dans les notes par secondes successives de l'*ut*, troisième interligne de la portée, au *mi* ou au *sol* aigus, il faudra, tous les deux ou trois temps au plus, couper ce rhythme par des noires; de plus, il faudra bien asséoir le point de départ du trait sur le *sol*, l'*ut*, ou le *mi* aigu de la portée, pour les tons qui peuvent monter jusqu'au *sol*; et sur le *sol*, deuxième ligne, et sur l'*ut* seulement, pour les tons qui ne doivent monter que jusqu'au *mi* aigu.

Doubles croches.

Le point de départ d'un trait devra toujours être bien posé, c'est-à-dire, commencé par une des notes de l'accord parfait, depuis l'*ut* au-dessous de la portée, jusqu'à l'*ut* troisième interligne. En outre, les traits qui, dans ce rhythme, sont toujours des rentrées ou des appels en solo pour la trompette, ne devront jamais excéder la durée de deux temps sans rencontrer un repos représenté par une croche au moins, et lorsque le trait passera exclusivement sur les notes de l'étendue comprise entre l'*ut* placé au-dessous de la portée et le *mi* aigu. On devra de plus éviter d'écrire de suite deux écarts d'intonation qui dépasseront l'intervalle de quarte, comme du *sol* à l'*ut* supérieur. Si l'on écrit sur des degrés différents dans l'étendue des notes par secondes successives, il ne faudra pas les prolonger au delà d'un temps et demi, deux temps au plus.

Cor simple.

La longueur et la forme régulièrement circulaire du cor, donnant au son de cet instrument plus de difficulté dans son émission, plus de retard dans sa production, que dans tous les autres, il faut éviter l'abus de la prolongation des notes brèves, et tant pour les triolets que pour les doubles croches carrées, on ne devra écrire pour le cor, dans ces deux rhythmes, que dans les cas suivants :

Triolets (mét. 112).

Si les triolets sont écrits sur des notes écrites elles-mêmes sur des degrés différents, ils ne devront l'être que par fragments interrompus de deux, trois ou quatre temps, soit par degrés conjoints, soit par degrés disjoints, mais en rapprochant le plus possible les intervalles. Dans les appels de chasse, en solo spécial, et dans un mouvement qui pourra au besoin dépasser un peu la vitesse du numéro 112 du métronôme, lorsque les intervalles ne dépasseront pas celui de la sixte; lorsqu'il n'y aura qu'un intervalle de quinte, de quarte ou de sixte contre deux intervalles successifs plus rapprochés, intervalle de tierce ou de seconde; et enfin lorsque, sur chaque temps de chaque mesure, il y aura deux notes écrites sur le même degré, contre une écrite sur un autre degré, on pourra prolonger le trait en triolets, pendant la durée de six ou sept temps; mais il faudra que ce trait, s'il est écrit régulièrement par degrés disjoints, le soit seulement sur les notes à vide de la portée, et que de plus, le point de départ du trait (c'est-à-dire la première note) soit établi sur une des notes de l'accord parfait du ton du cor, *ut*, *mi* ou *sol*. Il ne faudra pas abuser de ce genre de solo isolé. Dans les airs de chasse, en tutti, ou dans les solos d'autres genres, écrits en triolets, dans le mouvement déjà indiqué, on devra, tous les trois ou quatre temps, intercaler une noire, surtout si le trait est continuellement écrit dans l'étendue des secondes successives, à vide. Si le mouvement est plus vif que celui du numéro 112, on ne pourra prolonger la durée des triolets que lorsque chaque temps sera composé de trois notes écrites sur un même degré.

Doubles croches.

1° Écrire sur des notes au même degré.

(Voir au chapitre du cor les exemples relatifs aux notes brèves dans l'étendue grave.)

2° Écrire sur des notes passant par celles de l'accord, le trait n'excédant pas la durée de deux temps au plus.

3° Écrire sur les notes du médium et au besoin de l'aigu, et sur des degrés différents, par degrés généralement conjoints ou à de très-courts intervalles, le trait n'excédant pas la durée d'un temps et demi.

4º Dans le mouvement n'excédant pas, en vitesse, celui du métronôme qui donne de 75 à 80 noirés à la minute, on pourra, par nécessité, écrire des intervalles d'octaves, mais seulement pendant la durée d'un temps, et tout au plus d'un temps et demi, le trait étant suivi d'un repos.

Nota. — Le mécanisme du cor n'ayant point une précision aussi grande que celui des autres instruments, il faudra éviter de prolonger pour cet instrument certains traits, soit en triolets, soit en doubles croches, qui seraient très-possibles pour les autres instruments. Ces traits, étant par trop prolongés dans le cor, manqueraient souvent de netteté.

Trombone. Croches carrées.

(Mét. 112 et 120).

Sont possibles :

Tous les traits (peu prolongés dans le mouvement 120) composés de degrés plus souvent conjoints et disjoints à de courts intervalles, que de degrés disjoints à de grands intervalles.

Sur quatre intervalles, il doit y en avoir au moins trois de rapprochés. Quant aux intervalles, on pourra, par nécessité, et selon le dessin d'un chant ou trait quelconque, en écrire successivement deux dont la distance ne dépassera pas celui de la sixte, et l'on pourra même écrire à leur suite un intervalle de quarte, mais seulement lorsque les trois notes, formant ces trois intervalles, se trouveront sur la même position. Tous les traits chromatiques, s'ils sont trop en dehors, doivent être peu prolongés, si l'on ne veut pas forcer l'exécutant à faire des interruptions.

Remarque. — Dans certains genres de musique légère, on écrit pour le trombone des chants prolongés et régulièrement composés, soit de croches égales, soit de croches pointées et de doubles croches, soit de trois croches en triolet pour chaque temps. Eh bien, il ne faut pas oublier que les poumons ne sont pas inépuisables comme l'archet des instruments à cordes, et que l'air, vite et très-souvent épuisé dans le trombone, lequel en dépense une grande quantité pour la production d'une seule note, même d'une courte durée, venant trop souvent à manquer dans ces sortes de chant, en arrête l'exécution ou en altère l'effet, parce que, ou chaque note ne reçoit pas la quantité d'air qui est nécessaire pour la produire, ou l'exécutant est forcé de supprimer par-ci par-là quelque note. En outre, il arrive qu'à la suite d'un fragment assez long d'un chant, on écrit de grands intervalles d'intonation, dont le sommet va s'établir sur les notes très-élevées de l'instrument. Dans ce cas, l'air épuisé et les lèvres déjà fatiguées par ce qui précède ce grand intervalle, ne permettent plus à l'exécutant d'émettre avec précision la note élevée qui arrive brusquement au milieu du trait continu, ne fût-elle précédée que de sept ou huit notes. Il faut donc, dans des chants semblables, et principalement dans un *forte*, donner souvent aux lèvres, quelque repos, soit sur un silence, soit sur une note posée, noire ou blanche, ce qui permettra de renouveler suffisamment la respiration, et cela surtout lorsque ces chants, étant prolongés, embrasseront toute l'étendue de l'instrument et offriront des intervalles dépassant celui de l'octave.

Triolets

Les triolets sont toujours possibles ; seulement, il ne faudra pas les prolonger, dans l'étendue grave, au delà de deux ou trois temps, et on aura soin de rapprocher les intervalles des positions. Dans les ouvrages sérieux, opéras, airs de ballet, on écrit généralement peu ou point de solos pour le trombone, mais on écrit des traits obligés qui en tiennent lieu. Il faudra que ces espèces de solos, s'ils présentent quelque difficulté par les écarts, soit de l'intonation, soit de la coulisse, s'arrêtent au delà de trois, et tout au plus de quatre temps. En ne dépassant point cette durée, on pourra écrire des traits diatoniques ou chromatiques dans le mouvement 120, mais seulement par degrés conjoints.

Nota. — Pour l'ophicléide, instrument dont le mécanisme est, relativement, beaucoup plus facile à mouvoir que celui du trombone, on pourra se baser, même avec un peu plus de licence, sur les observations appliquées au trombone, mais en évitant d'écrire des traits en notes brèves au-dessous du *fa* grave, parce que les notes graves de *ut* à *mi* inclus n'ont aucun effet, si elles ne sont pas bien posées (valeur au moins égale à celle d'une noire pointée, mét. 112).

Trombone

Si les traits sont bien écrits (voir et raisonner la tablature au plan), et par conséquent faciles, on pourra les prolonger pendant la durée de six ou sept temps, dans le médium et dans l'aigu. Mais si, dans le grave, on écrit par degrés conjoints, à partir et au-dessous de l'*ut*, cela nécessitera l'emploi de la tierce, non pas du ton, mais bien de chaque position, et les écarts de la coulisse pourraient gêner l'exécution, si les traits étaient continus.

Du reste, on peut écrire jusque dans le grave; mais il ne faut pas toujours y rester, ou l'on sera obligé de couper le trait pour donner les repos nécessaires. Pour bien écrire dans le sens de cette observation, il faudra autant que possible ne pas écrire au-dessous du *fa* ou du *mi* écrit dans la portée, clef *fa*, lorsque l'on prolongera les traits, et il ne faudra pas dépasser la durée de deux ou trois temps, si l'on écrit dans le grave.

De plus, il faudra se renfermer, autant que possible, dans l'emploi des tons suivants : *fa, si b., mi b., ré b.*, et au besoin le ton d'*ut*. Mais si l'on emploie tous les autres tons, depuis le ton de *sol* même, ton qui n'a qu'un *dièze*, mais qui a le *si nat*, note qui manque à la tierce de la quatrième position, accord de *sol*, il faudra éviter d'écrire les traits qui, dans le grave, au-dessous du *mi* ou du *ré*, donneraient lieu à de grands écarts.

Je crois utile de rappeler ici que, avec des *bémols*, on joue généralement de la première à la quatrième position, et que, avec des *dièzes*, on joue de la première position à la septième, et que la tierce grave, manquant à chaque position, il survient alors de grandes difficultés.

Enfin j'ajouterai que, lorsque MM. les compositeurs, à force d'étude, seront parvenus à bien connaître le trombone, ils verront eux-mêmes, comme cela arrive en toutes choses, qu'ils pourront se permettre à son égard des licences auxquelles je ne puis pas les autoriser aujourd'hui, car je craindrais de leur livrer moi-même les abus que je veux précisément empêcher.

Nota. — Il faudra éviter : 1º de monter dans les notes trop aiguës; 2º de trop prolonger les traits chromatiques. Lorsqu'on arrivera à la terminaison d'un trait, on pourra descendre jusqu'au *sol* grave.

Triolets sur des notes écrites au même degré. (Mét. 112.)

Si les notes sont écrites au même degré, au moins pendant la durée d'un temps avant de changer de degré, on pourra prolonger ce rhythme autant qu'on le voudra, depuis le *fa* aigu jusqu'au *sol* grave. (Employer accidentellement les notes plus élevées que le *fa*.) Au-dessous du *sol* grave, on ne devra point prolonger la durée de ce rhythme au delà de deux temps pour le *fa dièze*, d'un temps pour le *fa nat.*, et rien pour le *mi nat.*

Si le mouvement dépasse celui du *Mét.* 112, c'est-à-dire jusqu'au chiffre 120 seulement, on pourra l'écrire sans trop le prolonger, mais seulement jusqu'au *si b.* grave; si le trait nécessite l'emploi des notes plus graves, jusqu'au *sol* seulement, on ne pourra prolonger ce rhythme au delà de deux temps sans qu'il y ait un repos.

Triolets en contre-temps.

Les triolets en contre-temps, deux notes sur trois, et à l'extrémité du temps, peuvent être prolongés dans le mouvement du *mét.* 112; mais ils ne pourront exister que pendant la durée de deux temps si le mouvement dépasse le nº 112, et cela seulement jusqu'au mouvement 120.

Nota. — Lorsqu'un rhythme régulier quelconque n'a d'autre importance que celle d'accompagner après la basse frappée, et non de produire un effet de réponse ou d'appel, il est très-ridicule d'écrire des contre-temps dans le grave des instruments graves et dont, surtout, le timbre est plus strident que celui de l'instrument qui leur marque la basse, le point de départ. J'engage donc fortement MM. les compositeurs à ne jamais écrire pour le trombone, employé comme simple accompagnateur, des contre-temps, dans quelque rhythme que ce soit, au-dessous du *mi* ou du *ré*, troisième ligne de la portée, clef *fa*. Ces contre-temps se trouveraient souvent, dans ce cas, au niveau de la basse, ou tout au moins ils en seraient beaucoup trop rapprochés, et, en raison du timbre dur que possède le trombone dans son étendue grave, l'effet en est toujours mauvais.

Rhythme des doubles croches carrées, quatre notes pour un temps. (Mét. 112.)

Ce mouvement (*Mét.* 112) est le seul qui permette, aux instruments en cuivre à grande embouchure, de prolonger le rhythme en doubles croches carrées au delà de la durée d'un temps. (Voir ci-après les dessins.)

Trombone.

Si le mouvement dépasse la vitesse du n° 112, et jusqu'au n° 120 au plus, le rhythme de quatre doubles croches pour la valeur d'un temps ne pourra jamais excéder la durée même d'un temps, les notes étant écrites sur le même degré, à part la note qui terminera l'effet sur le temps suivant.

(Mét. 112.)

La prolongation de ce rhythme sera possible, sans interruption, pendant la durée de trois ou quatre temps au plus, quand les notes composant chaque temps seront écrites sur le même degré, aussi pour chaque temps.

Si les degrés varient par intervalles disjoints, il faudra, dans ce rhythme, éviter les grands écarts d'intonation, car les traits de ce genre, même sur des notes au même degré, sont d'une action très-difficile, très-lourde, pour les instruments à long tube et à grande embouchure. Quant à l'étendue dans laquelle on peut écrire dans ce rhythme, l'on peut se baser sur les observations appliquées au rhythme des triolets, en agissant même avec plus de restriction pour les notes graves qui se trouvent au-dessous du *si b.* grave. Si les notes du médium peuvent supporter ce rhythme pendant la durée de quatre temps, les notes de l'étendue grave, depuis le *si b.* et même depuis le *ré* grave, ne peuvent pas, en raison de la dépense d'air, le supporter pendant plus de deux temps, et jusqu'au *sol* grave seulement.

Si les notes sont écrites sur des degrés différents, si les degrés sont généralement conjoints, et si les degrés disjoints sont rapprochés, on pourra, dans le médium et dans l'aigu, prolonger le dessin dans ce rhythme, pendant la durée de deux ou trois temps, quatre au plus; mais, pour dépasser la durée de deux temps, il faudra que le trait soit très-facile.

Si le trait est écrit, dans la même étendue, par mouvement chromatique, on pourra le prolonger pendant la durée de deux temps environ; et l'on pourra au besoin le faire redescendre sur lui-même, et immédiatement (mais en cas de nécessité), et toujours s'il est d'un doigté facile, ce qui lui donnera une prolongation de quatre temps.

EXEMPLE. (Mét. 112).

Si le trait est écrit dans le grave, au-dessous du *si b.*, il ne devra pas dépasser les deux extrémités de la coulisse, à moins que ce ne soit pour arriver à la terminaison; mais la seconde des deux notes, formant un écart de la première position à la septième, ne devra jamais servir de terminaison. Par exemple, si du *si b.* grave, première position, l'on va brusquement rejoindre le *si nat.*, (septième position), ce ne sera que pour terminer le trait par l'*ut*, car, dans ce cas, le *si nat.* est à moitié *escamoté*, et produit son effet de note sensible de l'*ut* qui, étant note de terminaison, doit être parfaitement entendu; tandis que, au contraire, si l'on s'arrêtait brusquement sur le *si nat.*, après cet écart de cinq positions, on n'aurait pour résultat qu'un affreux canard, ou une note nulle par sa faiblesse même.

EXEMPLES POSSIBLES.

Les diviser en trois fragments. — Même observation que pour les triolets.

(Mét. 112.)

Si le trait ne dépasse pas, en montant, le *si b.*, on pourra, au besoin, le répéter en descendant; mais, s'il monte jusqu'à l'*ut*, on ne pourra pas le répéter sans qu'il y ait interruption entre les deux mouvements contraires.

Du reste, dans un *tutti* général, si, partant d'une des notes plus basses que le *si b.* grave, et depuis le *sol* grave, on voulait prolonger le trait jusqu'à la hauteur de la quinte ou de l'octave, on pourrait rendre le trait tout à fait possible, et sans le dénaturer en rien, en supprimant quelques-unes des notes faibles du premier temps du trait; ces notes faibles étant faites en *forte* par tous les autres instruments graves, le trait n'en serait que mieux rendu, parce que le trombone attaquerait fort la première note, sans en prolonger la durée, et l'instrumentiste, n'étant point paralysé par les grands écarts, exécuterait nettement la fin du trait; et la suppression des notes faibles, celles-ci passant vite, ne serait pas même remarquée.

EXEMPLES. (Mét. 112.)

Les barres indiquant la valeur des notes pour les traits généraux sont écrites au-dessus, et les suppressions au-dessous de la portée.

RÉMARQUE.

Lorsque les traits sont diatoniques et non chromatiques, le parcours des grands écarts se fait généralement de la première à la sixième position, ou de la deuxième à la septième, plutôt que de la première à la septième. Par conséquent, on pourra terminer un trait quelconque par une gamme; soit en montant, soit en descendant, et jusqu'au *fa dièze* grave seulement; mais il faudra que la première note soit toujours une croche (voir le premier et le second des exemples ci-dessus, après la suppression), mais seulement dans les *forte*, et principalement dans des tons en rapport avec ceux que donne chacune des positions du trombone, excepté toutefois le ton de *fa diè.* ou *sol b.*, ton qui nécessite le mouvement de la première position à la septième, de *la diè.* à *si nat.*, ou *si b. ut b.* Le *mi dièze* grave étant trop grave pour être entendu, lorsque sa durée est trop courte, on fera bien d'éviter, dans ce cas, de l'écrire toutes les fois que l'on pourra faire autrement.

Comme je l'ai déjà dit, les signes indiquant la valeur des notes n'ayant une valeur réelle qu'en raison du mouvement indiqué pour le degré de vitesse à donner à l'exécution, il ne faudra pas se laisser éblouir par la forme des signes, car les noires et les croches peuvent devenir des croches et des doubles croches.

Lorsque le mouvement est moins vif que celui du *mét.* 112, on peut écrire des traits prolongés pendant trois, quatre et même cinq temps, lorsque les notes sont écrites généralement par degrés conjoints et dans l'étendue du médium; mais l'étendue grave et les degrés disjoints exigeront de fréquentes interruptions.

Doubles croches dans les temps divisés par trois, mesure à 6/8.

Pour tous les instruments en cuivre, ce rhythme n'est possible que dans un mouvement lent qui donne tout au plus 60 noires à la minute. On peut prolonger ce genre de dessin, pour le cornet à pistons, à la condition d'écrire :

1° Plus de degrés conjoints que de degrés disjoints;

2° Dans les tons qui donnent un doigté facile;

3° A la condition d'intercaler, de temps à autre, dans les temps composés de six doubles croches, quelques noires ou quelques croches régulières ou suivies de deux, de trois ou de quatre doubles croches.

Il doit en être de même pour l'ophicléide.

Pour la trompette, les notes devront être écrites, temps par temps, sur un même degré, si le rhythme est prolongé au delà de quatre temps, et seulement dans les notes de la portée, de l'*ut*, à l'*ut* ou au *ré* aigu (le sol grave pris accidentellement). Si les notes changent de degré, elles devront passer régulièrement par les notes de l'accord parfait, et en suivant aussi le mouvement ascendant ou descendant, mais sans jamais excéder la durée de deux temps, lesquels devront être suivis d'un repos, soit un silence, soit une note posée.

La même observation doit s'appliquer au cor, à l'exception près que le cor, ayant le secours de la main, peut exécuter de petites rentrées par degrés différents et conjoints; mais ces rentrées ne doivent pas excéder la durée d'un temps.

Quant au trombone, si les degrés sont conjoints et si les positions sont rapprochées, on pourra prolonger le dessin en mélangeant des notes de différentes valeurs; mais les fractions dont chaque temps sera composé de six notes, ne pourront pas excéder la durée de deux temps. On devra, en outre, éviter d'écrire régulièrement des notes à intervalles disjoints.

On pourra traiter de la même manière les mesures à trois temps ou à trois-huit, dans un mouvement un peu plus lent que celui de la valse.

Si le mouvement atteint une vitesse égale à celle de la valse, les traits écrits dans ce rhythme ne devront pas excéder la durée de trois temps pour le cornet à pistons et pour l'ophicléide, un temps pour la trompette et pour le cor (degrés conjoints ou notes écrites sur le même degré), et un temps et demi, deux au plus, mais seulement par degrés conjoints, pour le trombone. Pour ce dernier et pour le cor, les degrés disjoints ne pourront être écrits que sur les notes à vide, sur le cor, et sur les notes d'une même position pour le trombone.

<hr>

Quelques mots sur les arpèges.

Les violons n'éprouvent aucune difficulté à exécuter les arpèges, qu'ils soient écrits par degrés conjoints ou par degrés disjoints. Seulement, autant pour les instruments à cordes que pour les instruments à vent, il est nécessaire que les arpèges par degrés disjoints soient bien coulants, bien précis, c'est-à-dire que, dans les arpèges écrits sur des accords difficiles, pendant lesquels l'imagination est toujours tendue, il ne faut point tromper l'œil et contrarier le doigté par de grands intervalles continus d'intonation et marchant régulièrement par mouvements contraires.

L'on devra s'appliquer à leur faire suivre, autant que possible, un mouvement soit ascendant, soit descendant alternativement. Il est bien entendu que je parle ici pour le cas où il y a rapidité d'exécution dans l'enchaînement des notes (doubles croches ou notes équivalentes, *mét.* 112 et 120). Par exemple, dans un mouvement moins vif que le n° 112 du *mét.*, les violons peuvent exécuter des arpéges donnant huit triples croches pour un seul temps, mais il faut, dans ce cas, que tous les degrés soient conjoints entre eux.

Lorsque les arpèges sont écrits par degrés conjoints, et même, lorsque, écrits par degrés disjoints, ils ne sont point contrariés dans leur mouvement, dans l'enchaînement successif des notes, on peut, pour la flûte, la clarinette et le hautbois, écrire jusqu'au nombre de six doubles croches par temps, mais dans un mouvement plus lent que le numéro du *mét.* 112. Voilà déjà une restriction à observer.

Pour le cornet à pistons, surtout si les degrés sont disjoints (emploi du cornet au lieu de trompette), les traits en arpèges, à six doubles croches par temps, ne pourront excéder la durée de deux temps avant de s'arrêter, et cela dans le mouvement déjà désigné pour la clarinette. Dans un mouvement plus vif il ne faut pas y songer. Nouvelle restriction.

Quant au cor, à la trompette simple, au trombone et à l'ophicléide, les traits en forme d'arpèges, et non les arpèges réguliers, ne doivent se présenter que par petits fragments, c'est-à-dire pour la durée d'un ou de deux temps lorsque les notes sont précipitées.

Ainsi, comme l'on doit aller de restriction en restriction, depuis les instruments à cordes jusqu'au trombone (on pourra prendre pour l'ophicléide un peu plus de latitude que pour ce dernier), les petits traits de ce genre ne pourront excéder la durée de deux ou trois temps, surtout s'ils sont écrits par degrés disjoints et par *mouvement contrarié*, ainsi qu'on va le voir par l'exemple suivant, exemple qui est une exception au principe des règles précédentes.

E̱XCEPTION.

Mouvement contrarié dans l'enchaînement des notes.

Trombone. (*Mét.* 112.)

Lorsque le mouvement des notes sera contrarié, mais qu'il passera, soit par mouvement ascendant, soit par mouvement descendant, et régulièrement, par les notes de l'accord direct du ton dans lequel sera la mesure écrite, on pourra prolonger un peu la durée du dessin pour les violons.

Pour les instruments à vent en bois, il faudra éviter de dépasser la durée de trois ou de quatre temps, sans qu'il y ait un repos.

Pour les instruments en cuivre à pistons, on ne devra écrire ce dessin que par fragments de deux ou de trois temps, et dans des tons qui assureront un doigté facile.

Pour le cor et pour le trombone, il ne pourra exister que par nécessité et par petits fragments, soit sur les notes à vide du cor, soit sur une des quatre premières positions pour le trombone.

Si, dans un grand *forte*, on jugeait nécessaire d'écrire ce dessin dans le ton des trois dernières positions du trombone, on ne devrait le faire que dans l'étendue comprise entre la première quinte du produit de chaque position et l'octave de cette note, c'est-à-dire du *ré b.* grave à son octave pour la cinquième position, de l'*ut* à l'*ut* pour la sixième, et du *si nat.* au *si* pour la septième. De plus, dans ce cas, il faudra commencer le trait, soit par la quinte grave, soit par la note tonique de la position même, soit *si* grave ou *mi* pour la septième position.

Si le dessin est écrit dans des tons qui ne feront point partie d'un accord direct, produit d'une des sept positions du trombone, ou même s'il force à dépasser l'étendue prescrite pour les trois dernières positions, fût-il écrit dans le ton de ces mêmes positions, il ne pourra exister que s'il est écrit en croches égales, dans un mouvement seulement un peu plus vif que celui que donne le n° 112 du métronome, ou en doubles croches dans un mouvement lent, équivalent.

Il y a encore, relativement au trombone, quelques exceptions qui sont des exagérations dans l'emploi de cet instrument; on les trouvera dans le texte suivant, qui a pour titre : *Récapitulation.*

Cadences, groupetto.

Il ne faut point abuser des cadences.

Sur le cor, comme elles ne peuvent se faire que sur les notes des secondes successives de l'*ut* au *mi* aigu de la portée, il ne faut les écrire, et sans les prolonger, qu'en cas de nécessité.

Pour le cornet à pistons, qui a besoin de ses pistons pour l'aider (tous les instrumentistes ne savent pas les faire par les lèvres, attendu que les notes sont, à vide, à distance de tierce, de quarte ou de quinte), les cadences ne peuvent se faire que dans les notes de la portée jusqu'au *mi nat.* aigu, et seulement lorsqu'elles peuvent être faites par le mouvement d'un seul piston, un seul employé et mis en mouvement. (Elles sont très-difficiles au-dessus du *mi nat.*, parce que les notes aiguës sont d'une émission délicate, et qu'elles sont déjà assez difficiles à soutenir, lors même qu'elles sont posées. Sans cette raison, l'on pourrait faire toutes les cadences ne demandant l'emploi que d'un seul piston. Celle du *fa dièze* aigu au *sol* est déjà trop haute.)

La cadence qui nécessite l'emploi de deux pistons, n'en y eût-il qu'un seul qui fût mis en mouvement, donne toujours de mauvais résultats. Si les deux pistons doivent agir alternativement, la cadence est absolument impossible.

Cette dernière observation doit aussi s'appliquer aux notes qui, dans le rhythme des doubles croches carrées, donneraient trois ou quatre fois de suite le mouvement alternatif de deux pistons. Mais si, de deux pistons employés, un seul est mis en mouvement, on peut prolonger le rhythme.

Ainsi, le premier des trois exemples suivants est impossible, ou du moins l'effet en est très-mauvais. Au contraire, les deux derniers sont très-bons.

Nota. — Il ne faut pas confondre la cadence prolongée avec le *groupetto*.

Le *groupetto* est toujours possible, mais il n'est bon, dans les instruments en cuivre, que dans le médium et dans l'aigu.

Pour la trompette, rien de tout ceci.

Tout est possible pour l'ophicléide, toujours dans le médium et dans l'aigu.

RÉCAPITULATION

suivie de quelques observations concernant certains effets isolés et le mouvement prolongé et régulier des contre-temps en notes brèves.

Quant à l'étendue, il faut généralement se tenir dans le médium de tous les instruments, sauf les cas où on est obligé d'écrire quelquefois dans l'extrémité grave ou aiguë.

Qui peut plus peut moins !

Donc, nous prendrons, pour servir de base, le plus difficile, c'est-à-dire les mouvements vifs et les enchaînements consécutifs des notes entre elles.

Ce n'est pas toujours la grande quantité de notes, ce n'est pas toujours non plus l'éloignement par l'intervalle d'une note à une autre qui crée les difficultés; c'est l'enchaînement, c'est la répétition des grands intervalles; ce sont surtout les intervalles égaux, grands ou courts, qui les créent, lorsqu'ils sont répétés, continus. Par exemple, on croira très-facile de répéter un mouvement établi sur des notes brèves à intervalles de tierce. Eh bien ! on sera dans l'erreur; ces mouvements, dans les instruments en cuivre, sont très-difficiles pour les lèvres, même lorsqu'ils n'ont que la durée d'un temps. (Je parle toujours pour les mouvements de quatre notes brèves pour un temps.)

Si les lèvres ne veulent pas être contrariées par des mouvements continus à grand écart d'intonation, elles ne veulent pas non plus des écarts égaux et réguliers, petits ou grands.

Il est plus possible d'exécuter un trait continu, écrit avec des intervalles de quarte, de quinte et de sixte, que s'il est écrit avec l'écart régulier de la tierce ou de la quarte. Si l'écart régulier est plus grand encore, il devient, je ne dirai pas difficile, mais absolument impossible.

Or, il faut surtout, et selon que chaque instrument peut comporter plus ou moins de notes brèves et successives, reconnaître et observer cette règle absolue :

Le degré conjoint offre ce qu'il y a de plus facile dans l'exécution.

Il y a aussi facilité d'exécution lorsque l'écriture est composée de degrés conjoints et de degrés disjoints à de courts intervalles, la tierce et la quarte confondues entre les degrés conjoints. (C'est l'enchaînement des degrés généralement conjoints ou à de courts intervalles, qui permet d'écrire pour le trombone, mais principalement dans le médium et dans l'aigu, des chants ou solos prolongés et isolés, dont presque tous les temps sont composés, soit de trois croches, soit de quatre doubles croches, et dans le mouvement du *mél.* 112. C'est pour cette même raison qu'avec le secours des lèvres le *groupetto* est toujours possible.)

Lorsqu'on arrive à l'emploi des intervalles de quinte, de sixte, de septième et d'octave, on doit, avant et après *deux* grands écarts au plus, retrouver le degré conjoint et le degré disjoint à court intervalle, avant de reproduire un nouvel et grand écart. (Ne pas écrire deux intervalles d'octave successifs.) Un repos remplace l'enchaînement du degré conjoint.

Pour la trompette et pour le cornet à pistons employé comme trompette, comme le genre de musique que l'on écrit pour ces deux instruments pris dans ce sens, exige un caractère particulier, on peut faire passer les notes alternativement par celles de l'accord parfait, soit du ton de l'instrument, soit du ton produit par chaque position des pistons, en mettant toujours des intervalles de tierce et de quarte entre les grands écarts; mais, comme on l'a déjà vu par l'exemple qui termine le chapitre du cornet à pistons, il ne faut jamais faire changer l'intonation des notes par mouvements contraires, surtout par mouvements ascendants, avec des intervalles donnant des écarts continus et opposés, depuis celui de la quarte jusqu'à celui de l'octave; car l'exécution n'en est pas toujours certaine et elle n'est jamais nette, et si cet effet manqué est écrit en solo obligé, je laisse à penser du résultat ce que l'on voudra. (Un exemple, déjà donné dans le commencement de ce chapitre, a fait voir ce que l'on peut écrire dans ce sens, mais par mouvement descendant, et en intercalant l'intervalle de tierce.)

De plus, ces genres de difficultés ne doivent jamais être écrits dans la première octave de l'instrument (première octave, étendue grave.)

C'est donc une faute d'écrire pour le trombone, dans ce rhythme, avec de grands écarts continus, ces écarts ne fussent-ils que d'une quarte, des traits prolongés, et dans l'étendue grave dans laquelle non-seulement l'émission est difficile, mais encore dans laquelle on rencontre de grands mouvements de coulisse. Même dans un mouvement un peu plus lent que le mouvement déjà indiqué, ce rhythme est tellement difficile pour les embouchures de cuivre, et surtout pour les grandes embouchures, que l'on ne devrait jamais l'écrire ni pour le trombone ni pour l'ophicléide, même dans le médium et dans l'aigu, si ce rythme devait excéder la durée d'un temps, et quand bien même le doigté serait facile.

EXEMPLE.

Voici ce que l'on écrit, et l'on a tort :

Mét. 112. — Impossible, quelle qu'en soit la durée.
Mét. 100. —   Id   jamais net.
Mét. de 90 à 95. — Moins difficile, mais ce mouvement, si on l'écrit, ne doit jamais l'être que dans un grand *tutti forte.*

(Arpèges. — Exception.)

Si, pour le trombone, on ajoute à cela les difficultés provenant du mouvement de la coulisse, l'exécution est encore plus impossible.

Or, malgré cette observation, que j'ai déjà faite au commencement de cet ouvrage, que le trombone devrait être écrit seulement avec des rondes, des blanches, des noires, des croches et avec une ou deux doubles croches (*Mét.* 112) accidentelles; que, dans un chant, si les passages en doubles croches sont bien écrits, on peut les prolonger de temps à autre sur deux temps pleins.

Voici dans quels cas seulement le rhythme précédent peut être écrit au trombone, si, malgré la recommandation ci-dessus, un compositeur veut absolument écrire des effets qui font, il est vrai, beaucoup de bruit, mais dans l'exécution desquels il y a toujours plus de confusion que de netteté.

1° Le mouvement ne doit pas dépasser en vitesse celui qui donne tout au plus quatre-vingts temps à la minute ; et, en évitant les grands écarts de coulisse, l'effet sera quelquefois possible (*Mét.* 80).

2° Il faut, soit dans le médium, dans le grave ou dans l'aigu, que sur deux temps, il y en ait un à faire sur une seule position, et que l'autre temps soit écrit sur des positions très-rapprochées.

3° Il ne faut pas que le trait se prolonge au delà de six temps au plus, sans qu'il soit interrompu.

4° Il ne doit jamais y avoir entre deux notes un intervalle plus grand que l'intervalle de quarte ou de quinte tout au plus.

5° Si l'on écrit (*Mét.* 112) pour le trombone des effets en *tuttis*, en doubles croches, passant par les notes d'accord parfait du ton dans lequel est la musique, si ces traits sont prolongés, ils ne pourront exister qu'autant qu'ils pourront être exécutés sur une seule et même position de l'instrument, et il faudra en outre éviter d'écrire deux fois de suite, dans le grave, le mouvement de la tierce ; autrement le trait sera impossible.

En tout, il faut éviter de créer des difficultés provenant de la trop grande quantité de notes, surtout pour des instruments qui n'ont pas été faits pour cela, et se rappeler que, pour le trombone, les traits prolongés et sans repos, écrits même en simples croches de deux pour un temps (*Mét.* 112), sont toujours mal rendus s'ils descendent au-dessous du *sol* grave, et nuls si chacune des notes qui les composent est plus brève que la croche.

Dans le rhythme en triolets (trois croches pour un temps, *mét.* 112), il en sera de même, parce qu'il pourrait y avoir de grands mouvements de coulisse.

Or, que cette dernière observation à l'égard du rhythme, et principalement appliquée au trombone, soit gravée dans la mémoire pour ne plus l'oublier, car elle est, dans l'intérêt même du compositeur, d'une grande importance :

D'abord, dans la musique sérieuse, la musique d'opéra, les solos écrits spécialement pour le trombone doivent toujours l'être largement, c'est-à-dire qu'ils ne doivent être composés que de rondes, de blanches, de noires, de croches, et, au besoin, d'une ou de deux doubles croches dans les mouvements du métronome de 100 à 112. Alors, dans les mouvements larges, on pourra, selon le degré de lenteur de ce même mouvement, donner aux notes une vitesse égale aux cinq espèces de notes (ou signes de durée) ci-dessus désignées ; c'est-à-dire que, dans un mouvement large, une croche du mouvement 112 pourra être représentée par le signe, double-croche, de même qu'en doublant la vitesse d'un mouvement, ce même signe, croche, peut n'avoir que la valeur d'une double croche du mouvement 112. Le plus bel effet du trombone est véritablement dans les solos larges.

Ensuite, quel que soit le genre de musique, les traits écrits en solo à découvert doivent toujours être bien écrits, c'est-à-dire que, si ces traits sont composés de beaucoup de notes brèves successives, ces mêmes notes devront s'enchaîner entre elles par degrés plus souvent conjoints que disjoints, ou tout au moins par deux notes en degrés conjoints contre deux notes en degrés disjoints, les degrés conjoints donnant beaucoup de facilité dans le mécanisme.

<hr>

OBSERVATIONS GÉNÉRALES.

N° 1. — *Effets des notes brèves frappées sur le temps.*

N° 2. — *Accompagnement des notes frappées à contretemps, par simples croches, triolets et doubles croches.*

(*Mét.* 112.)

N° 1. — Trois doubles croches frappées sur le temps même sont toujours faciles pour tous les instruments, même lorsque le mouvement en est prolongé, quand elles sont écrites sur le même degré ; c'est-à-dire que le degré peut changer à chaque temps, mais pas dans un même temps. Il faut éviter de prolonger ce rhythme dans les notes graves.

Si les degrés changent à chaque note, l'effet ne sera possible pour le trombone que lorsque ces trois notes pourront se faire sur une même position, ou, lorsque, écrites par degrés conjoints, elles pourront se faire sur des positions très-rapprochées, encore faudra-t-il éviter de prolonger ce rhythme au-delà de trois ou quatre temps.

Les trois notes devront toujours, en partant de la première, aller, soit en montant, soit en descendant, comme *sol, la, si b.*, ou *si b., la, sol* (le *la* étant *b.* ou *nat.*), et *sol, fa nat., mi nat.* (au besoin, le *mi* pourra être *b.*), c'est-à-dire que, généralement sur trois notes, deux au moins doivent être faites sur deux positions successives. Il en sera de même si l'on fait marcher les notes par mouvement contraire; ce qui sera permis alors, mais à la seule condition que les positions seront successives.

EXEMPLE. (*Mét.* 112.)

Trombone.

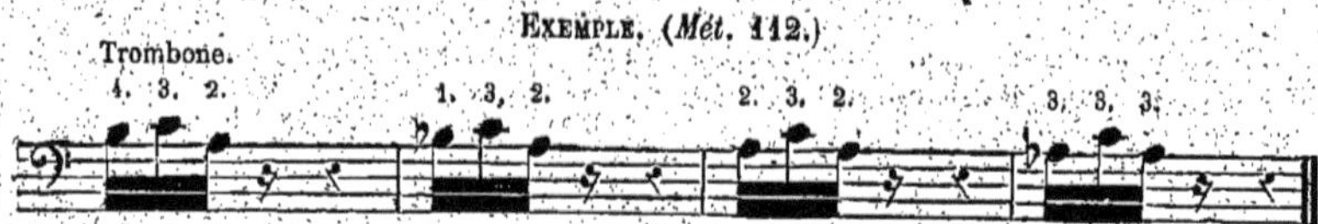

Lorsqu'il y aura seulement, et régulièrement une position à franchir entre chaque note, il ne faudra jamais, après la seconde note, revenir sur la première, qui serait alors reproduite pour être la troisième note du trait.

EXEMPLE.

Le résultat en est très-mauvais.

Si, dans le quatrième de ces exemples, on écrivait pour seconde note, le *mi b.* au lieu de l'*ut*, la difficulté de l'émission, par l'écart de l'intonation, lequel donnerait alors un intervalle de quarte, serait encore plus difficile, et partant, plus mal rendu.

Mais il est bien entendu qu'il n'est question ici que des traits isolés, de trois notes; car dans un chant, ou dans un trait prolongé seulement sur deux temps pleins, l'enchaînement amoindrit la difficulté, en ce sens que les notes d'une exécution rendue difficile par le double écart, et de l'intonation et de la coulisse, passent vite dans l'enchaînement général, et le trait produit son effet; tandis que dans les petits traits isolés, chaque note doit être parfaitement entendue, et c'est ce qui ne peut pas être quand ils offrent, dans leur construction, le double écart de l'intonation et de la coulisse.

Or, dans un chant prolongé, tous les mouvements contraires, mais se faisant sur des positions très-rapprochées l'une de l'autre, pourront se faire toutes les fois qu'ils ne seront répétés que par degrés conjoints, et encore, sur un seul de deux temps successifs.

EXEMPLE. (*Mét.* 112.)

Le second exemple, à cause de l'écart de la quarte, est plus difficile, mais il est possible, et il fait partie d'une de ces exceptions à l'observation qui, dans ce genre de rhythme et de dessin, exige le degré conjoint après un degré disjoint à grand écart.

Revenons aux petits traits isolés de trois notes brèves.

Si les degrés sont régulièrement disjoints, le trait ne pourra exister que pour un temps sur deux; c'est-à-dire, qu'après un temps écrit dans ce rhythme, il devra y avoir, soit un silence, soit un temps composé, ou d'une noire, ou d'une ou deux croches égales.

Pour le cor, ce rhythme n'est possible que sur des notes écrites au même degré, ou tout au plus, et accidentellement, sur les notes de l'accord parfait du cor, et sur les trois notes aiguës de la portée, *ut, ré, mi,* dans les tons graves et dans les tons du médium qui ne dépassent pas le ton de *fa.*

J'adresserai ici, à MM. les compositeurs, une recommandation par laquelle je désire les mettre en garde contre une double faute qui résulte de ce que l'on abuse trop souvent de l'emploi des instruments en cuivre, en raison de leur timbre éclatant.

Tout est relatif, et tout doit avoir une raison d'être.

Lorsqu'un chant *tutti* exécuté dans un orchestre par les instruments généralement employés à cet effet, est fortement accompagné, l'introduction des instruments en cuivre vient à propos, soit pour augmenter l'intensité de la sonorité, soit pour exécuter une rentrée ; s'ils arrivent au milieu d'un effet *piano*, ils produisent un contraste qui a une raison d'être.

Mais si, dans un effet piano de l'orchestre, effet pour lequel on n'aura pas voulu employer les instruments bruyants, il arrive un trombone, un cornet ou une trompette pour exécuter une rentrée dont l'effet, en raison du caractère même du sujet, de la mélodie, devra être plutôt doux que bruyant, l'effet sera trop dur, et deviendra ridicule.

On peut produire un effet de *forte*, mais de *forte* relatif, sans employer les instruments en cuivre ; en raison même de la faiblesse des timbres employés, un basson peut être de trop ; et une seule note produite par les instruments en cuivre et placée rans raison dans cette partie de l'orchestration, peut quelquefois être d'un effet très-disgracieux.

En outre, et ceci est le plus important, si tel petit trait composé de deux, de trois ou de quatre notes brèves, est d'une exécution facile pour tous les instruments, lorsqu'il est enchaîné à d'autres notes précédentes, il n'en est pas de même pour les instruments en cuivre, lorsque ce trait est isolé. Lorsque les notes qui composent un trait sont par trop brèves, à moins toutefois qu'elles ne soient écrites sur le même degré, l'impromptu de l'attaque, le manque de préparation, enlèvent l'assurance de l'émission, de la précision, et le trait écrit en *solo* peut être raté, ce qui, dans un cas semblable, n'est ni drôle ni agréable.

Et je ne puis trop le répéter, l'embouchure des instruments en cuivre est très-délicate, très-sensible, très-susceptible ; elle aime la politesse, les prévenances.

N° 2. — Une simple croche frappée à contre-temps est possible pour tous les instruments, même lorsque le mouvement est un peu plus précipité que le mouvement du mét. 112. Mais si ce même mouvement est par trop précipité, il ne faut point écrire ce rhythme aux instruments dont l'émission du son éprouve du retard, tels que le cor et le trombone ; car, non-seulement, le son arrive en retard, mais encore l'exécutant est bientôt essoufflé, presque asphyxié.

Les notes en triolet frappées à contre-temps, deux sur trois, sont possibles pour tous les instruments dans le mouvement du mét. 112. Si le mouvement est plus vif, ce rhythme ne peut exister pour les instruments en cuivre que pour un temps sur deux, c'est-à-dire qu'après un contre-temps de deux notes en triolet, la note suivante devra être frappée sur le temps. Et tout ceci, seulement sur des notes écrites au même degré.

J'ajouterai même que l'on devrait bien en agir, pour les instruments à vent en bois, comme pour les instruments en cuivre.

Lorsque les notes seront écrites sur des degrés différents, ce qui, dans tous les cas, ne peut exister que par degrés conjoints de deux en deux notes, comme *mi ré, ré ut*, ce rhythme ne pourra être appliqué qu'aux violons et aux instruments à vent en bois, d'un diapason élevé et d'un doigté léger. Encore ne faut-il point en abuser.

Contre-temps en doubles croches.

Remarque. Quand je dis contre-temps, je ne veux point parler de tous les effets, rentrées, appels ou réponses, commençant après un temps frappé, et se terminant sur la première note du premier ou du second temps suivant ; mais je veux dire « le rhythme régulier de trois doubles croches, ou de trois notes équivalentes, qui ne doivent être exécutées qu'après le temps frappé, et d'une manière continue et prolongée sur plusieurs temps consécutifs. »

Or, le genre et la grandeur d'embouchure, la forme et la longueur des tubes des instruments en cuivre, ne permettent pas au son d'arriver à temps ; le mécanisme trop lourd, surtout dans le trombone, si les notes changent de degré, est un obstacle de plus, qui, ajouté au précédent, le retard dans le son, empêche en tous points l'exécution de ce rhythme. De plus, la respiration se trouve de plus en plus gênée, et finit par dégénérer en suffocation.

Certes, je n'ignore pas que cette observation, ainsi que plusieurs autres de ce genre, écrites dans cet ouvrage, pourra devenir, pour certains esprits, un sujet de critique ; mais, comme je n'écris que pour les hommes qui aiment, et recherchent la vérité, et non pour ceux qui la haïssent et la repoussent, aucune raison ne saurait m'arrêter dans la ferme résolution que j'ai prise de dévoiler le plus grand nombre possible des accidents qui sont susceptibles de nuire à l'exécution.

La raison de la difficulté qui existe dans l'exécution des susdits contre-temps, est seulement dans ce que le point de départ est mauvais, non pas pour l'auteur, mais pour l'exécutant, et cela parce que ce point de départ est placé sur la note faible du temps; dans les instruments en cuivre, principalement dans le grave et surtout dans les instruments graves, le son n'arrive pas à temps.

L'on pourrait, par une foule de comparaisons, donner la raison de ce que je viens de dire à ce sujet; mais, j'ai pensé que cela aurait exigé plusieurs pages d'écriture, et je n'ai pas cru utile de le faire; le bon sens suffira pour en faire reconnaître la vérité. Et, je le répète, le rhythme dont il est question ici, est très-difficile pour les instruments à vent, en bois, et impossible pour les instruments en cuivre, quand toutefois il est continu, et dans un mouvement précipité.

Or, voici ce que j'ai à dire sur les contre-temps en doubles croches (mouvement du mét. 112), c'est-à-dire trois notes brèves sur quatre, frappées après le temps *battu*, et marqué pour l'instrumentiste, par une respiration remplaçant la première note, et dans un mouvement régulier, continu et surtout prolongé.

Ce rhythme ne peut exister que pour les instruments à cordes, et le plus rarement qu'il sera possible à l'auteur de le faire, car il est très-difficile, même pour les violons, et il n'est pas toujours bien régulièrement exécuté.

Par nécessité, et toujours si l'on n'a pas pu construire le chant autrement, on pourra l'écrire pour les instruments à vent, au diapason élevé et au doigté léger, mais seulement par degrés conjoints, si les notes sont écrites sur des degrés différents; ces genres de contre-temps sont alors de petits solos qui font partie intégrante d'un chant quelconque, et dépendent essentiellement des autres fragments de ce même chant, fragments exécutés par d'autres instruments qui servent à enchaîner le tout. Mais il ne faut pas en abuser.

Pour les instruments en cuivre, je viens de faire voir pourquoi ce rhythme est impossible, même quand les notes sont écrites au même degré; si les degrés varient, l'effet est d'une confusion incompréhensible; et s'il est écrit pour les instruments lourds, soit par le mécanisme, soit par le retard que peut éprouver le son dans leurs longs tubes, tels sont le cor, le trombone et l'ophicléide, on n'entend qu'un barbotage et un bredouillement continuels.

En un mot, ce rhythme dont on ne réussit l'exécution qu'avec peine sur les instruments à doigté léger, peut-être très-facile à écrire pour les compositeurs, mais les instrumentistes ne le jugent pas de la même façon. Et ce qui rend les choses impossibles, ce sont toujours les abus.

En conséquence, pour les instruments en cuivre, on ne pourra écrire ce genre de rhythme, que dans les cas suivants :

(Mét. 112.)

1° Lorsque les notes seront écrites au même degré, pour chaque temps au moins ;

2° Pour les instruments à petite embouchure et d'un diapason élevé, tels sont le cornet à pistons, la trompette, puis le cor pris dans les notes du médium des tons aigus, et dans les notes aiguës, jusqu'au mi-aigu, des tons graves; dans ces différents cas, il ne faudra pas excéder la durée de quatre ou cinq temps ;

3° Pour les instruments graves, à grande embouchure, on pourra les prolonger de la même façon, dans les notes du médium et les premières notes de la dernière octave, jusqu'au *fa* ;

4° On ne devra jamais écrire dans ce rhythme, dans l'étendue grave de ces instruments, depuis la base jusqu'à l'*ut* ou jusqu'au *ré* grave ;

5° Si le mouvement du métronome dépasse celui qui est indiqué ici, ce rhythme sera impossible pour tous les instruments en cuivre.

Quant aux triolets écrits à contre-temps, ils ne sont possibles, pour tous les instruments en cuivre, que dans le mouvement du mét. 112, et au besoin, dans un mouvement un peu, seulement un peu, plus vif, et seulement pour les notes plus élevées que celles de la première octave. Si le mouvement est trop vif, ce genre de contre-temps est impossible.

Remarque. — Il arrive aussi que l'on écrit pour le trombone, comme on le fait pour les instruments à doigté léger, soit en frappant sur le temps même, soit à l'extrémité du temps, de petits traits, composés de trois notes brèves, en forme de réponses, de rentrées ou d'appels isolés; on les écrit même en triples croches.

Si l'on veut absolument écrire ces sortes d'effets au trombone, il faudra bien faire attention à rapprocher les distances de la coulisse, si l'on ne veut pas s'exposer à faire manquer tout l'effet; dans ce cas, le degré conjoint est obligé.

Enfin, pour terminer ce chapitre, j'ajouterai pour le trombone cette dernière observation, qu'il y a des choses qui n'ont point besoin d'exemple, et que le propre bon-sens doit faire comprendre, deviner, au moment où l'on écrit quelque chose d'important.

Ainsi, dans le commencement de cet ouvrage, j'ai parlé d'écrire un repos, si court qu'il soit, pour reposer l'instrumentiste et lui donner le temps de renouveler l'air épuisé par un trait prolongé et par les trop grands mouvements de la coulisse.

Il y a des effets, traits ou chants, écrits en solo pour le trombone, lesquels paraissent à l'écrivain très-faciles, parce qu'il n'y a que des blanches, des noires et des croches; mais il y a un genre de construction de phrase qui présente toujours des difficultés d'exécution, et il y a toujours une fraction de cette phrase qui est faite au détriment d'une autre fraction. Cela arrive toutes les fois que le dessin de cette phrase, après avoir fait un mouvement ascendant, revient sur lui-même par un mouvement descendant, en donnant de grands intervalles d'intonation; alors, au lieu de rencontrer un temps plein, de repos, l'instrumentiste se trouve forcé de poser une note soutenue et obligée, puis de remonter immédiatement, soit brusquement, soit avec des notes intermédiaires, à une note qui peut se trouver à une distance de 12e de la note grave précédente; et le trait continue encore. Alors, il y a souvent, selon le ton dans lequel cette musique est écrite, de grands mouvements de coulisse, lesquels ajoutent à l'épuisement de l'air. Or, dans ce cas, par la continuité, il y a manque d'air, manque de force, de résistance, et je le répète, il y a toujours une fraction de phrase rendue au détriment de l'autre. C'est le genre même du mécanisme du trombone, ce sont les mouvements de sa coulisse, qui exposent cet instrument, plutôt que les autres, à rencontrer des accidents de cette nature.

CHAPITRE X

Effets imitatifs.

Avant de savoir bien employer un instrument, il est d'abord indispensable d'en étudier la voix et surtout le timbre, afin de savoir à quoi il est bon; car, parmi tous les instruments qui composent l'orchestration, il y en a qui, malgré la différence quelquefois très-prononcée de leurs timbres, sont propres à exprimer des idées semblables; mais ces idées, ou plutôt ces impressions, peuvent se manifester à différents degrés, selon la scène, les êtres; et c'est alors qu'il est important de bien choisir le timbre de l'instrument qui convient le mieux pour exprimer, pour rendre la pensée.

Il est aisé de comprendre que, par exemple, les notes graves du trombone, les notes bouchées du cor, lesquelles peuvent exprimer la férocité, la rage d'une part, l'anéantissement après un accès de folie, de rage chez l'homme, ne soient pas propres à rendre les cris aigus de la femme, dans un accès de folie bruyante, ce qui appartient au rôle de la petite flûte qui, dans ce genre d'impression, demande quelquefois à être combinée avec d'autres instruments d'un diapason élevé, et d'un timbre perçant.

Mais, parmi les compositeurs, il y en a beaucoup auxquels les moyens manquent pour étudier tous les différents timbres et les comparer; ce sont ceux-là qui, en raison de leur profession spéciale de pianistes et d'organistes, n'ont pas, comme les autres artistes qui sont journellement dans les orchestres, assez souvent l'occasion d'entendre les instruments à vent. C'est donc précisément ceux-là que je vais essayer d'aider par mes observations, en attendant qu'ils veuillent bien suivre quelques conseils qu'ils trouveront écrits à leur intention à la fin de cet ouvrage.

Effets imitatifs.

Observations importantes concernant l'emploi des instruments à vent dans les effets imitatifs, selon le timbre de chacun de ces instruments.

Lorsque l'on écrit de la musique légère, airs de danses diverses, marches militaires, etc., il y a des instruments dont le rôle est de toujours exécuter le chant, et d'autres dont le rôle est d'accompagner.

Si ce genre de musique, la musique de danse surtout, se trouve exclusivement en dehors de toute autre musique, c'est-à-dire la musique d'opéra, les airs de ballet, les instruments à vent n'ont pas précisément de caractère particulier; et sauf le cas de la pastorale, la danse champêtre, dont le caractère se reconnaît facilement, on emploie collectivement ou partiellement tous les instruments.

Mais, hors ce cas et celui où l'on emploie tous ces instruments pour exécuter, les uns le chant, les autres l'accompagnement, dans un tutti *forte* d'orchestre, le timbre de chacun d'eux a un caractère particulier, spécial, qui rend chaque instrument propre à exprimer des idées, des scènes différentes, et selon qu'on l'emploie dans le grave, dans le médium ou dans l'aigu. Selon le sens qu'on y attache, selon la scène, chaque instrument peut avoir en lui-même au moins deux caractères différents; il peut faire éprouver deux impressions opposées.

Si, à l'aide des instruments à vent en bois, on veut rendre un effet imitatif quelconque, il faut que les solos soient bien à découvert; il ne faut point que ces instruments, au timbre faible, soient écrasés par des instruments d'un timbre plus sonore, lesquels n'empêcheraient point le bruit des premiers, car, au point de vue du bruit, rien n'est perdu dans un orchestre, mais anéantiraient l'effet, l'impression que l'on voudrait rendre.

De plus, si l'on employait la flûte et la clarinette dans leur étendue grave, et dans un tutti *forte*, les notes trop faibles de cette étendue de ces deux instruments, étant écrasées, couvertes par les autres timbres, surtout ceux des instruments en cuivre, seraient d'un effet complètement nul.

Or, pour que la flûte et la clarinette produisent réellement leur effet dans leur étendue grave, il faut que ce soit dans un solo bien dégagé de tout autre timbre plus fort que celui de ces deux instruments; cependant, en écrivant à la clarinette des sons soutenus, elle pourrait dans le grave, accompagner un chant exécuté par un autre instrument.

En dehors des solos écrits spécialement pour la petite et pour la grande flûte, solos qui généralement, ne sont jamais accompagnés par des instruments d'une forte vibration, le premier registre de ces deux instruments, l'étendue grave, du *ré nat.*, au-dessous de la portée, base de la flûte, au *si*, troisième ligne de la portée, donne des sons trop faibles pour produire un effet quelconque dans un *forte*; dans ce cas, on les écrit toujours dans leur deuxième et leur troisième registre, c'est-à-dire leur deuxième et leur troisième octave, de l'*ut*, troisième interligne de la portée au *contr'ut* aigu; ce qui n'empêche pas que l'on puisse au besoin descendre jusqu'au *si* de la portée pour ne pas déranger la mélodie pour si peu de chose.

Il n'y a que deux cas où l'on puisse les écrire dans leur étendue grave, soit *forte*, soit *piano*, en dehors des solos.

C'est lorsqu'on les emploiera dans toute leur étendue, et par notes conjointes, dans les effets infernaux, diaboliques, ou dans les effets d'orage, ces instruments partant de l'aigu pour descendre jusqu'à leur base; alors, l'effet d'affaiblissement naturel de leur timbre aidera à rendre l'effet de diminuendo écrit par l'auteur; mais on arrêtera la petite flûte, selon l'intention de l'auteur, à l'une des notes élevées de la portée; et la grande flûte, à partir de sa quarte aiguë *sol*, ou de sa quinte aiguë *la*, notes placées immédiatement au-dessus de la portée, sera doublée par la clarinette qui, partant des notes de son troisième registre (ou troisième octave), se trouvera à l'unisson de la grande flûte; et ces deux instruments, ainsi doublés l'un par l'autre, descendront ensemble jusqu'à leur base, au degré où voudra les arrêter l'auteur; ce qui fait que la clarinette pourra compléter l'effet à une octave au-dessous de la flûte, c'est-à-dire jusqu'au *mi nat.*, au-dessous de la portée.

En général, pour tous ces instruments, les notes graves du premier registre, dans les *forte* surtout, ne doivent pas avoir moins de la durée d'une noire bien soutenue, si, écrites isolément, on veut en obtenir un effet positif.

De même, excepté les flûtes qui peuvent parfaitement attaquer isolément un *contre la* aigu, et les instruments en cuivre dont la théorie précédente a donné toutes les indications nécessaires, il ne faudra jamais écrire isolément les trois ou quatre demi-tons extrêmement aigus de chaque instrument; il faut absolument que ces notes, employées très-rarement, soient bien amenées, et écrites seulement par degrés conjoints; pour le cornet à pistons, il faut le plus souvent l'écrire dans l'étendue comprise dans la portée même, et les notes plus élevées que le *fa* cinquième ligne, ne doivent être écrites qu'accidentellement. On doit appliquer aussi à tous les instruments à cordes, depuis le violoncelle jusqu'au violon, cette observation concernant les notes extrêmement aiguës.

Emploi des instruments à vent selon la voix et le timbre de chacun d'eux, selon le degré d'intensité que l'on veut donner à leur vibration particulière pour rendre une impression quelconque, et selon le mode dans lequel on écrit.

Les instruments à vent se divisent en deux catégories :

La première, les instruments en bois, parce qu'elle se compose d'instruments d'un diapason généralement plus élevé, et d'une vibration plus faible que les autres.

La seconde, les instruments en cuivre, parce qu'elle se compose d'instruments dont le diapason est généralement grave et le timbre très-sonore.

Mais, pour ne pas trop éloigner les instruments en cuivre de la théorie précédente qui les concerne spécialement, nous les prendrons les premiers, quoique formant la seconde catégorie.

INSTRUMENTS EN CUIVRE.

TROMPETTE, CORNET A PISTONS, TROMBONE, COR ET OPHICLÉIDE.

La trompette employée seule, et le cornet à pistons remplissant le simple rôle de trompette, indiquent l'appel au combat, l'approche ou la présence d'hommes armés, le signal de la retraite; écrits l'un ou l'autre dans un rhythme de notes précipitées, ils annoncent le réveil, l'appel bruyant; les rhythmes de croches et de doubles croches pointées ou non pointées, et exécutées *forte* par plusieurs instruments de cette nature, expriment les scènes de massacre. Écrits en notes larges, ces instruments marquent l'extinction des feux (sens militaire).

Le cornet à pistons, la trompette et le trombone, pris dans leur médium et dans leur aigu, expriment, selon le mode, et selon le sens qu'on y attache, la joie, la confiance, la franchise, la domination, la hardiesse, le courage, la victoire. Emploi collectif, marche militaire, fanfares de chasse.

Trombone seul.

Le trombone employé seul, dans son médium et dans son étendue grave, exprime la vigueur, l'énergie, la brutalité.

Dans les chants larges, il exprime la réflexion, la gravité.

Dans son médium et dans son aigu, il peut, comme le basson, exécuter des chants relatifs à la voix humaine; son timbre, dont on peut affaiblir l'intensité à un degré extrême, lui permet même d'accompagner les voix des deux sexes.

Le trombone pris isolément, ou collectivement avec d'autres instruments, peut à différents degrés, exprimer la folie, les douleurs aiguës, la rage, la colère, selon le degré d'exaspération ou de simple exaltation que l'on veut donner au sujet.

Dans son étendue grave, il exprime la férocité, la cruauté, la terreur; le danger, les effets sinistres, les scènes lugubres, dramatiques, infernales. Dans ces différents sens, on peut lui adjoindre les notes extrêmement bouchées du cor.

Il peut rendre le grognement sourd du porc.

Il exprime aussi dans cette étendue grave, le contraste des choses basses et des choses élevées, celui qui existe entre le ciel et la terre, entre la base d'une montagne et son sommet. Ces deux derniers sens sont, du reste, le rôle particulier des instruments extrêmement graves qui, dans ces deux cas, peuvent être employés collectivement, cor, trombone, basson, et ophicléïde; c'est aussi son timbre caverneux et dur dans l'étendue grave, qui rend le trombone propre à exprimer les impressions diverses qu'il peut traduire dans le langage musical.

Dans toute son étendue, il joue aussi un grand rôle dans les effets d'orages. (Voir la note à la fin de ce chapitre.)

REMARQUE. — Le trombone peut être pris, il est vrai, pour la basse des instruments en cuivre de même nature, mais il n'a nullement un timbre de basse. Or, comme on l'emploie quelquefois pour doubler la voix d'une basse (voix d'homme), il faut le faire doubler lui-même par l'ophicléïde qui a le véritable caractère de la voix de basse; sans cela, l'effet est trop maigre. Au contraire, le trombone seul peut parfaitement doubler une voix de ténor.

Cependant, il faut remarquer qu'il y a des scènes dans lesquelles le trombone seul conviendra mieux que s'il est soutenu par l'ophicléïde; c'est lorsque cette scène aura un certain caractère de cruauté.

Cor.

Le cor a le caractère montagnard; il est pour le berger et pour le voyageur l'instrument d'appel; il invite aux plaisirs de la chasse. Seul, ou combiné avec les trois premiers instruments ci-dessus désignés, il exécute des fanfares de chasse.

Comme le trombone, il joue un rôle important dans les orages.

Employé seul dans son médium et dans son aigu, et écrit en notes larges, il exprime le mystère; écrit en notes brèves, il exprime un appel mystérieux. Il inspire le doute, la méfiance; il respire la flatterie, la fausseté; dans le grave et dans le médium, la timidité, la faiblesse, la mollesse; dans le grave, la paresse, quelquefois la lâcheté; le silence, il invite au repos.

Ses notes doublement bouchées, lesquelles ne doivent s'employer que dans les scènes dramatiques, font éprouver des frissons; leurs sons sourds et cuivrés expriment la haine, la crainte, la détresse, le danger, la terreur; l'anéantissement après un violent accès de rage ou de folie; elles expriment aussi les impressions pénibles, la colère, la rage concentrée, les douleurs sourdes; alliées aux notes grave du trombone, elles rendent les effets sinistres.

C'est le timbre voilé du cor qui donne à cet instrument le caractère propre à rendre ces différentes impressions. Il a aussi du rapport avec la voix humaine.

Ophicléïde.

Le caractère peu prononcé de l'ophicléïde, instrument aux mates vibrations, au timbre voilé, pris dans le sens imitatif, inspire plutôt la tristesse, le doute, la méfiance et l'hypocrisie, que toute autre impression. Mais ce défaut de sonorité comparée à celle des autres instruments en cuivre, lui donne une grande valeur et une grande utilité; quoique mat et pour ainsi dire voilé, son timbre a une portée qui lui permet de rendre une basse qu'aucun autre instrument de sa nature ne peut lui disputer. Il peut être employé dans l'emploi de basse chantante, pour accompagner des chœurs religieux, ou doubler la contrebasse dans un orchestre. Comme on l'a déjà vu, il peut aussi doubler les chants faciles que l'on écrit pour le violoncelle.

Il peut être employé pour remplacer, à l'aide de ses notes graves, le son lugubre d'une cloche qui annonce un malheur, des sinistres nocturnes.

Il a aussi son rôle dans les orages, mais employé avec d'autres instruments.

Dans le médium et dans le grave, on peut l'employer pour représenter les bruits d'une meute, pour imiter à peu près le beuglement du bœuf, les hurlements des animaux féroces de la race de l'ours, les aboiements des chiens de la grande espèce, soit qu'il soit écrit dans le grave ou dans le médium.

RÉSUMONS : — Premier cas. Toutes les fois que le compositeur voudra produire un effet infernal, ténébreux, dramatique, il emploiera dans leur premier registre, c'est-à-dire dans leur première octave, et au besoin dans les premières notes de leur deuxième registre, deuxième octave, les trombones, les cors et l'ophicléide.

Deuxième cas : S'il veut produire un effet de gloire céleste, de victoire, une fanfare de chasse, il emploiera dans leur médium et dans leur aigu, la trompette, le cornet à pistons et le trombone.

3° Mais, s'il veut produire un effet surnaturel, ou exprimer le contraste qui existe entre le ciel et la terre, les habitants et les astres de l'un et les habitants de l'autre, il faudra employer, comme dans le premier cas, le trombone, le cor et l'ophicléide, afin de bien marquer le contraste par leur opposition avec l'instrument plus aigu et d'un autre timbre, à l'aide duquel il voudra compléter son idée ;

Seulement, l'attaque des sons devra, dans ce dernier cas, être plus posée, moins brutale que dans le premier cas.

Quatrième cas : Si l'auteur veut produire un effet d'orage, il pourra employer dans toute leur étendue, et en raison du degré d'intensité que la scène permettra de donner à l'orchestration, les cinq espèces d'instruments ci-dessus, soit partiellement, soit collectivement.

Des différentes clefs sur lesquelles on écrit les instruments en cuivre.

Le cornet à pistons, la trompette et le cor (1) s'écrivent sur la clef *sol* (deuxième ligne).

Dans la musique légère, en dehors de la musique d'opéra, on écrit ordinairement les trois trombones sur la clef *fa* (quatrième ligne). On doit le faire par prudence.

Dans la musique sérieuse, le premier trombone, partie de trombone alto, s'écrit sur la clef *ut*, troisième ligne. Le second trombone, partie de trombone ténor, s'écrit sur la clef *ut*, quatrième ligne. Le troisième trombone, partie de trombone basse, doit toujours s'écrire sur la clef *fa*, quatrième ligne.

L'ophicléide s'écrit sur la clef *fa* quatrième ligne.

Instruments en bois

FLUTE, HAUTBOIS, COR ANGLAIS, CLARINETTE, BASSON,

Flûtes

Autrefois, la famille des flûtes avait presqu'autant de membres qu'il y a de tons dans la gamme ; mais, depuis que l'on a perfectionné l'étude de cet instrument, on a retranché de cette famille beaucoup de ces membres qui devenaient pour ainsi dire inutiles, et les seuls usités de nos jours sont : la petite flûte et la grande flûte.

La petite flûte se divise elle-même en deux tons :

1° La petite flûte en *ré b.* (l'*ut* de son doigté donne à l'oreille le *ré b.*), laquelle s'emploie généralement dans la musique d'harmonie militaire, et quelquefois dans l'harmonie symphonique.

------

(1) Parmi les compositeurs, il y en a qui ont commis une erreur sur le degré de gravité ou d'élévation du diapason que peut donner un ton quelconque du cor ; de cette erreur, il est résulté qu'en se servant de la clef *fa*, croyant mieux se faire comprendre par les instrumentistes, ils ont écrit les notes à une octave de la distance du diapason qu'ils croyaient donner.

Il est d'autant plus facile de ne point commettre cette erreur, qu'en écrivant toujours le cor sur la clef *sol*, et seulement sur cette clef, MM. les compositeurs n'auront qu'à comparer leur musique écrite au piano avec le tableau général qui termine cet ouvrage ; et, ayant bien désigné le ton du cor, ils l'écriront sur les degrés dont ils trouveront, dans ce tableau, la comparaison entre le cor et le piano ; alors il n'y aura plus d'erreur possible, puisqu'il est convenu, consacré par l'usage, que, quelque soit pour l'oreille le ton de l'instrument, une portée musicale composée de ses onze lignes, doit recevoir, dans toute sa hauteur, toute l'étendue d'un instrument. Or, la portée même reçoit la deuxième octave du cor, et, cependant, l'oreille peut entendre, dans l'exécution des notes écrites, une différence d'octave, différence du ton d'*ut* bas au ton d'*ut* haut.

Comparez simplement votre musique au piano, avec le piano du tableau général, et vous aurez à côté, l'écriture toute faite de votre partie de cor ; ne vous occupez pas de l'exécution.

2° La petite flûte en *ut*, laquelle ne s'emploie que dans la musique d'harmonie symphonique ; ces deux instruments sont l'octave supérieure de la grande flûte.

Ensuite, la grande flûte en *ut*, laquelle s'emploie dans les deux genres de musique.

L'étendue de la flût⁰, petite ou grande, est de près de trois octaves, depuis sa base *ré*, note placée immédiatement au-dessous de la portée, clef *sol*, clef sur laquelle on écrit la flûte, jusqu'au contre *si* aigu deuxième *si* écrit au-dessus de la portée. Pour la grande flûte seulement, on peut par nécessité aller jusqu'au contr'*ut* aigu.

Les notes les meilleures et les plus sonores sont du *si*, troisième ligne de la portée, au contre *la* aigu ; les deux autres ne doivent s'écrire que par degrés conjoints.

Étendue de la Flûte :

Remarque. — Quoique la petite flûte ait la même étendue que la grande, il sera préférable de transposer, à l'octave en dessous, les notes extrêmement aiguës, *si b.* et *si nat.*, lorsque, en dehors des tuttis *forte*, on les écrira dans des chants quelconques, et cela en raison de ce qu'étant d'un diapason très-élevé et d'un timbre très-perçant, cet instrument a sa plus grande sonorité dans sa deuxième octave.

Effets imitatifs

Petite flûte

Dans la musique légère, la danse, la marche militaire, la petite flûte exprime la franche gaîté, la marche décidée. Dans ses deux octaves aiguës, elle imite le chant des oiseaux de l'espèce du rossignol et de la fauvette ; dans sa première octave, celui de la caille.

Dans les orages, elle imite les sifflements du vent ; les bruits diaboliques sont aussi sa spécialité ; les effets de magie, de sorcellerie. Elle peut exprimer les cris aigus de la femme dans un accès de folie bruyante.

Grande flûte

La grande flûte, prise dans sa deuxième et dans sa troisième octave, peut doubler la petite flûte dans le premier cas cité à l'égard de cette dernière.

Elle peut imiter, dans son médium et dans les notes élevées de sa première octave, la voix à timbre voilé des oiseaux de l'espèce du coucou.

Le timbre de la grande flûte, faible et gracieux dans sa première et dans sa deuxième octave, exprime la douce rêverie, le doux mystère, l'adoration, les pures et douces passions ; elle s'emploie pour les barcarolles, les sérénades nocturnes.

Dans le mode mineur, elle exprime la douleur passionnée, la tristesse, la faiblesse, la fatigue.

Dans les effets d'orage et dans les effets diaboliques, elle peut, dans son médium et dans son aigu, doubler la petite flûte. (Voir la note déjà indiquée.)

Clarinette

La famille des clarinettes ne se compose aujourd'hui que de cinq membres qui sont : (Comme pour les flûtes, on se servait autrefois de petites clarinettes dans plusieurs tons ; mais la petite clarinette en *mi b.* est la seule employée en France.)

1° La petite clarinette en *mi b.* (l'*ut* de son doigté donne à l'oreille le *mi b.*) Elle est une tierce au-dessus de la clarinette en *ut*, et par conséquent une quarte au-dessus de la clarinette en *si b.* Son emploi spécial est dans la musique d'harmonie militaire.

Elle s'écrit sur les mêmes degrés que la petite flûte, et, si le chant offre des notes trop élevées (on ne doit guère l'écrire que jusqu'au *mi*, et tout au plus et par degrés conjoints, jusqu'au *fa*), on renverse le chant à l'octave inférieure, pour le reprendre ensuite, comme cela se fait pour la petite flûte, à l'octave supérieure.

2° La clarinette en *ut*, peu employée aujourd'hui par les clarinettistes, parce que, disent-ils, elle a des sons trop criards.

Les instrumentistes transposent généralement ce qui est écrit pour cet instrument, à l'aide de la clarinette en *si b.* et de la clarinette en *la,* selon que le ton de la musique est écrit avec plus ou moins de dièzes ou de bémols. Cependant, en raison même de son timbre criard, quelques compositeurs l'emploient pour rendre certains effets imitatifs et pour obtenir, dans l'extrême aigu, des chants qui seraient trop élevés pour les autres clarinettes.

3° La clarinette en *si b.* (son *ut* donne à l'oreille le *si b.*)

3* La clarinette en *la* (son *ut* donne à l'oreille le *la*).

Ces deux dernières sont celles que l'on emploie le plus, et dans toute espèce de musique.

5° La clarinette basse en *si b.*, à une octave au-dessous de la clarinette en *si b.* déjà citée. Elle s'emploie généralement dans ses deux premières octaves.

Le rôle spécial de la clarinette basse est dans les chants religieux, style sévère, soit dans le mode majeur, soit dans le mode mineur ; les chants imposants qui inspirent la tristesse, les scènes dramatiques ; elle imite le son d'une cloche. Dans le sens dramatique, elle produit l'effet d'une cloche funèbre.

Cet instrument dépensant une grande quantité d'air, et, comme dans tous les grands instruments, le son éprouvant toujours un certain retard dans son émission, on ne doit écrire pour lui que des chants larges ; si l'on écrit des arpéges, il faut absolument que ces arpéges soient également écrits très-largement, sans quoi ils deviendraient impossibles.

Étendue de la clarinette.

L'étendue de la clarinette dépasse trois octaves, depuis sa base *mi nat.* grave, note placée au-dessous de la portée, jusqu'à son sommet *fa* aigu, une octave au-dessus de la portée.

La clarinette s'écrit sur la clef *sol* (deuxième ligne). On peut au besoin faire monter la clarinette jusqu'au *fa* et même jusqu'au contre *sol* aigu ; mais il ne faut le faire que rarement et par cas de grande nécessité, par degrés conjoints, et seulement dans des tuttis à grand *forte*.

Depuis la base *mi nat.* grave jusqu'au contre *ré* aigu, toutes les notes de la clarinette sont très-bonnes et très-sonores lorsqu'on sait les employer convenablement. Ce même *ré* aigu est la dernière note élevée que l'on puisse écrire, soit isolément, soit comme point de départ d'un trait quelconque ; mais on peut l'écrire sans crainte et dans tous les cas.

Dans les tuttis *forte*, ses notes les plus sonores sont à partir du *sol* deuxième ligne au contre *ré* aigu.

Effets imitatifs.

En dehors de la musique légère, danse et autre, la clarinette, prise dans son étendue grave et dans celle du médium réunies, a le caractère religieux, imposant ; elle invite au recueillement, à la dévotion ; elle exprime les sentiments tendres, elle porte à la sympathie. Prise dans sa deuxième octave et dans quelques-unes des notes de sa troisième octave, elle remplace le chalumeau. La clarinette a le caractère de la pastorale.

Dans les notes de sa troisième octave, elle imite la voix du dindon ; la voix perçante des oiseaux de la grande espèce des perroquets ; dans ce dernier cas, on peut exagérer les sons de la clarinette, et adjoindre à son timbre, celui du hautbois qui contribuera à faire entendre des sons aigus et criards. On pourra adjoindre la clarinette au basson, pour imiter le cri des grands oiseaux de proie, des oiseaux de nuit. (Voir au basson).

Dans le premier de ces deux derniers cas, le cri du dindon, on prendra les notes les plus graves du troisième registre, troisième octave, et dans le second, les notes les plus aiguës. Dans son étendue grave, son premier registre, elle imite le tintement des cloches (Voir la clarinette basse).

Prise dans toute son étendue, et selon le mode, le goût et l'inspiration de l'auteur, elle exprime le mystère, les impressions pénibles chez les êtres dont la voix a quelque rapport avec son timbre. Elle s'emploie aussi, comme on l'a déjà vu, dans les effets d'orage, et dans l'exécution de la musique légère, danse, marche militaire, etc.

Hautbois, cor anglais, basson.

La famille d'instruments à laquelle appartient le hautbois se compose de trois membres qui sont :

1° Le hautbois ;
2° Le cor anglais, espèce de hautbois ;
3° Le basson.

Il y a bien un quatrième membre de cette famille, petit hautbois que M. Triébert a inventé pour remplacer la musette, mais cet instrument est encore très-peu répandu.

Hautbois proprement dit.

L'étendue du hautbois est de deux octaves et demie, depuis sa base *si nat.*, note placée au-dessous de la portée, clef *sol*, clef sur laquelle on écrit cet instrument, jusqu'à son sommet, *fa nat.* aigu (contre *fa*). On peut écrire isolément toutes les notes depuis sa base *si nat.* jusqu'au contre *ré nat.* aigu ; mais les notes *mi b.*, *mi nat.* et *fa nat.*, notes extrêmement aiguës, ne doivent jamais être écrites que très-rarement, par nécessité, et par degrés conjoints.

Étendue du hautbois :

Sa tonalité réelle est en *ut.*

Effets imitatifs.

Le hautbois peut être compris dans la masse de l'orchestre, dans l'exécution de la musique légère déjà citée, et dans les effets d'orage.

Son timbre, tout à la fois nazard et criard, peut, dans son étendue grave, imiter le cri des oiseaux de l'espèce du canard, effet que l'on peut produire en écrivant en doubles croches, et sur le temps même, soit deux, soit trois notes au même degré ; soit en écrivant, toujours en doubles croches, et par mouvement chromatique, quatre, cinq ou six notes, et par mouvement descendant ; il imite aussi le chevrotement de la chèvre ; dans le médium et dans l'aigu, les vagissements de l'enfant, les pleurs du cerf.

En raison de son timbre nazard et plaintif, le hautbois a le caractère campagnard ; il respire la paix champêtre ; son rôle est celui de la pastorale ; il remplace la musette.

Employé dans le mode mineur, il exprime l'ennui, la rêverie pénible, la souffrance. Il inspire quelquefois la crainte.

Dans l'accompagnement, son meilleur effet est dans les sons soutenus.

Cor anglais.

L'étendue du cor anglais est la même que celle du hautbois ; seulement, au lieu d'être en *ut* comme celui-ci, il est en *fa nat.*, c'est-à-dire que son *ut* (*ut* du doigté) donne un *fa* pour l'oreille. Jusqu'ici, on l'a considéré comme étant en *ut*, et les compositeurs l'ont écrit sur la clef *ut* 2° ligne. Les instrumentistes transposent la partie en lisant la clef *sol*, attendu que, le mécanisme du hautbois et du cor anglais étant le même, ils sont obligés de changer l'écriture et non le doigté, ce qui serait impossible. Il est donc préférable de le faire rentrer, relativement au hautbois, dans la catégorie de tous les instruments qui changent de ton à volonté ; et, le considérant comme il est véritablement, en *fa*, l'écrire sur la clef *sol*, comme le hautbois.

Effets imitatifs.

Le timbre du cor anglais, quoique dans le genre de celui du hautbois, est cependant moins criard, plus mâle que celui de ce dernier; il tient, sous ce rapport, le milieu entre le hautbois et le basson ; mais son timbre se rapproche beaucoup plus de celui du premier que de celui du dernier. Son rôle le plus spécial, le plus convenable, est d'exprimer les pensées douloureuses, les souffrances morales, les effets tragiques.

Si l'on écrit pour cet instrument des chants dont le rhythme est composé de notes brèves longuement enchaînées, il faut que ce soit dans des mouvements larges; des notes par trop précipitées seraient un contre-sens pour cet instrument qui exprime plutôt les choses langoureuses et tristes, que les choses vives et gaies; de plus, dépensant une plus grande quantité d'air que le hautbois, il demande un peu, sous ce dernier rapport, l'application de la règle émise à l'égard de la clarinette basse, quoiqu'il offre plus de latitude.

Nota. — L'emploi collectif de la grande flûte, de la clarinette, et du hautbois ou du cor anglais produisent, par leur mélange, et surtout dans le mode mineur, un timbre tout à la fois doux, passionné, langoureux et plaintif.

Basson.

L'étendue du basson dépasse trois octaves depuis sa base *si b.* grave (contre *si* clef *fa*) jusqu'à son sommet *ré nat.* contr'aigu. La tonalité réelle du basson est en *ut.*

Étendue du basson :

Toutes les notes du basson s'entendent très-bien ; les deux dernières notes aiguës *ré b.* et *ré nat.* ne doivent s'écrire que par degrés conjoints avec l'*ut* ou le *si*, et par nécessité.

Pour les chants ou les accompagnements qui ne dépassent pas le *mi* au-dessus de la portée, et surtout lorsqu'on descend dans l'étendue grave du basson, on doit écrire sur la clef *fa* (4º ligne); mais quand ils dépassent cette note, *mi*, on doit écrire sur la clef *ut*, 4º ligne ; si, dans le courant d'un morceau de musique, on veut écrire des notes trop graves, on doit reprendre la clef *fa* pour éviter à l'exécutant une difficulté de lecture provenant de la confusion des petites lignes trop nombreuses dans ce cas au-dessous de la portée, la musique étant écrite sur la clef *ut*, 4º ligne. On doit du reste appliquer cette observation aux parties de 1ᵉʳ et de 2ᵉ trombone, quand un trait doit être prolongé sur ces degrés extrêmement bas.

Effets imitatifs.

Dans l'orchestration ordinaire, on fait quelquefois exécuter au basson des chants qui peuvent remplacer tantôt une voix de baryton, tantôt une voix de ténor (car chaque instrument est employé pour représenter, sinon pour remplacer une voix). On lui fait aussi jouer le simple rôle d'accompagnateur, soit en notes soutenues, soit en lui faisant marquer à temps ou à contre-temps le rhythme caractéristique de la musique. Ceci est pour la musique légère. Comme dans le hautbois, les sons soutenus sont ce qui lui convient le mieux. Mais dans la musique sérieuse, la musique poétique, il y a plus d'un parti avantageux à tirer du basson. D'abord, de tous les instruments, c'est celui qui, avec le cor, se rapproche le plus, par le timbre, de la voix humaine, si on le prend depuis l'*ut* de la première octave jusqu'au *la* aigu. Pris dans ce sens et dans le mode mineur, il est plaintif, il exprime la douleur. Ses notes extrêmement aiguës, du *sol* aigu au *contr'ut*, peuvent imiter la voix perçante des grands oiseaux de proie tels que le vautour et l'aigle.

Employé *piano*, dans les notes de sa deuxième octave et dans les premières notes de sa troisième, il peut imiter le bourdonnement des mouches de la grosse espèce. Il exprime aussi le mystère.

Dans les notes élevées de son étendue grave, et dans les premières notes de sa deuxième octave, écrit en arpèges conjoints ou disjoints, diatoniques ou chromatiques, il indique l'approche du serpent; dans le grave et dans le médium, et dans un rhythme en arpèges par notes disjointes et détachées, il imite le bruit des meutes dans les chasses, la cadence des chevaux ; dans un mouvement large, en arpèges liés, il rend les ondulations de la mer; dans son étendue grave, il exprime, comme le trombone, la réflexion, la gravité, mais dans un sens plus paisible que ce dernier; le contraste des choses basses et des choses élevées, il a également son rôle à jouer, dans toute son étendue, dans les effets d'orage.

NOTA. — Lorsque l'on voudra imiter, à l'aide des instruments à vent propres à cet effet, la voix criarde des oiseaux de la grande espèce, ou exprimer une plainte, il faudra enchaîner entre elles, au moyen de la seconde supérieure majeure ou mineure, deux notes écrites au même degré. C'est le caractère même de la musique, qui doit décider du mode que l'on doit employer. Le cri des grands oiseaux est fort et prolongé; généralement une plainte est faible et de peu de durée. Du reste, la distance des degrés dans l'intervalle des notes devra dépendre du ton et du mode, et selon que l'on attaquera l'effet sur la tonique, la tierce ou la quinte.

CHAPITRE XI

Instruments à cordes.

La famille des instruments à cordes se compose de quatre membres, dont l'un, le violon proprement dit, est pris dans le double emploi de premier et de deuxième violon.

Ces quatre membres sont :
1° Le violon (emploi de deux parties) ;
2° L'alto ;
3° Le violoncelle ;
4° La contre-basse.

Violon.

Dans les solos écrits spécialement pour le violon, on écrit quelquefois jusqu'au deuxième *mi* placé au-dessus de la portée clef *sol*; mais dans l'orchestration, l'étendue réelle du violon est de trois octaves et demie, depuis sa base *sol* grave, note placée au-dessous de la portée, jusqu'à l'*ut* contr'aigu ; on peut écrire isolément jusqu'au contre *la*, mais après cette note, les autres plus élevées doivent être bien amenées, et écrites par degrés conjoints.

Le violon s'écrit sur la clef *sol*.

Le violon, employé en double partie, premier et second violon, est susceptible de remplir deux rôles différents.

Le premier violon est chargé de l'exécution des chants que l'on veut écrire pour son timbre.

Le violon est la partie aiguë des instruments à cordes.

Le second violon, lequel double quelquefois le premier violon dans l'exécution du chant, soit à l'unisson, soit à la tierce ou à la sixte, est plus spécialement chargé du rôle de simple accompagnateur.

Lorsqu'on emploie les violons, premier et second, dans des accompagnements en arpéges (et non les effets chantants écrits en forme d'arpéges, et dans lesquels tout est permis quant à l'étendue), le violon ne doit point dépasser le *fa*, ou tout au plus, le *sol* placé immédiatement au-dessus de la portée; en raison du diapason élevé du violon, les notes de sa troisième octave sont trop aiguës et trop maigres, et si on dépassait cette limite, cela produirait un effet moins que satisfaisant. Dans les trémolos et dans les accords qui doivent être exécutés *fort* et *sec*, on peut écrire dans toute l'étendue de l'instrument ; mais dans les accompagnements qui marquent *piano* le rhythme caractéristique de la musique, il ne faut point écrire plus haut que le *ré*, quatrième ligne de la portée.

Alto.

L'alto s'écrit sur la clef *ut*, troisième ligne. Dans l'orchestration ordinaire, l'étendue de l'alto est de près de trois octaves, depuis sa base *ut* grave, note placée au-dessous de la portée jusqu'au contre *la* aigu, deuxième *la* placé au-dessus de la portée ; mais il arrive quelquefois que, pour donner plus d'intensité à la sonorité de l'orchestration, on l'écrit pour doubler les violons écrits très-haut dans les chants en tutti *forte*, dans des effets de grand opéra ; alors les notes aiguës de l'alto rendent ces chants à une octave au-dessous des violons ; dans ce cas on le fait monter jusqu'au contre *ré* aigu ; mais il ne faut point abuser de l'alto dans cet emploi, car on lui crée de très-grandes difficultés dans cette étendue, s'il y a une grande quantité de notes à exécuter dans un mouvement vif ; lorsqu'il arrivera qu'on écrive ainsi pour cet instrument, il faudra l'écrire sur la clef *sol*, comme les violons, à partir de la note *ré* aigu, le premier *ré* placé au-dessus de la portée ; encore, si le trait prend toute l'étendue de l'instrument et qu'il se prolonge en durée, il faudra l'écrire en entier sur la clef *sol*, pour éviter de surprendre et de fatiguer la vue.

Pour les accompagnements en arpéges, les trémolos et les accompagnements marquant le rhythme, on peut appliquer à l'alto les observations déjà émises à l'égard du violon, et relativement aux degrés de sa tonalité comparée avec les notes de ce dernier ; seulement, et selon le cas, on fait doubler par l'alto, soit le premier violon, soit le second, quand il y a deux parties. Il en est de même quelquefois pour les accords en doubles notes ; ce qui fait que, pour donner plus d'aisance dans le mécanisme, lorsque la partie de premier violon chante, l'alto est quelquefois écrit au-dessus du second violon.

Lorsque l'on écrit des accords en doubles notes pour le premier et le second violon et pour l'alto, il ne faut point dépasser la note qui se trouve être la quinte du produit de chaque corde, si le mouvement est vif. (Voir les tablatures particulières de chaque instrument.) Si le mouvement est lent, ou ce qui est la même chose, si les notes de chaque accord ont une longue durée (valeur d'une blanche, mét. 112), on peut aller jusqu'à la sixte, produit de chaque corde ; mais il ne faut pas en abuser.

La plus grande partie des compositeurs, en écrivant les doubles accords aux instruments à cordes, écrivent souvent trois notes au même instrument, soit dans un accord final, soit dans une suite d'accords isolés. Quelquefois l'accord est possible, mais souvent aussi il ne l'est pas ; et quelques artistes m'ont déclaré que, très souvent, ils ne font pas ce qui est écrit, et qu'ils se contentent, sur trois notes, d'exécuter les deux notes qui donnent au doigté le plus de commodité. Et l'auteur n'en voit rien !

Ce qui prouve que la quantité de notes, dans un accord isolé, ne produit pas autant d'effet que l'on pourrait s'y attendre.

Or, qu'est-ce qui produit l'effet ?

C'est la précision, c'est la netteté ; et jamais la confusion !

Donc, deux notes suffisent à chacune des trois parties élevées au-dessus de la basse, premier violon, deuxième violon et alto. Ces deux notes, bien placées à chaque partie, auront beaucoup plus de portée, produiront un effet beaucoup plus positif, plus net, si l'on apporte, par la netteté même de l'écriture, une grande précision dans l'accord formé par la basse et les trois autres parties.

S'il y a trop de notes, il y a confusion bruyante ; c'est un voile placé devant un tableau. L'expérience des études de l'harmonie a fait construire ainsi un accord parfait (en montant) : *ut sol mi ut*. Pourquoi ne l'écrirait-on pas de même aux instruments à cordes ? L'effet sera beaucoup plus net ainsi, l'alto doublant la basse à l'octave et donnant en même temps la quinte au-dessus — *ut sol* dans la portée ; le second violon doublera le *sol* de l'alto, et à l'unisson, et donnera la sixte au-dessus *mi*, quatrième interligne, clef *sol* ; enfin le premier violon doublera le *mi* du second et donnera en même temps le contr'*ut* aigu ; par ce moyen, chaque note sera doublée de force, et la confusion n'existera plus.

EXEMPLE. — Accord d'*ut*.

(Voir ci-après le tableau comparatif des instruments à cordes.)

La contrebasse doublera la basse à une octave au-dessous, et les harmoniques de ces cinq instruments compléteront l'effet, sans y apporter aucune confusion.

Ainsi, dans cet exemple, il y a trois instruments qui donnent chacun un accord composé de deux notes. L'alto donne pour première note l'octave de sa base *ut*, qui se trouve être la quarte du produit de sa troisième corde, laquelle donne, à vide, le *sol* le plus grave de l'alto.

Sa seconde note est le *sol* du médium de l'étendue de l'alto ; ce *sol* se trouve être la quarte du produit de la deuxième corde, laquelle donne, à vide, le *ré*. (Vérifier à la tablature et à la touche de l'alto.)

Le second violon donne pour première note le *sol*, unisson du *sol* de l'alto déjà écrit, octave de la base du violon ; cette note, *sol*, est la quarte du produit de la troisième corde du violon, laquelle donne, à vide, le *ré*. La seconde note est le *mi*, quinte du produit de la deuxième corde du violon, laquelle donne à vide le *la*. (Vérifier.)

Enfin, le premier violon donne pour première note le *mi* désigné dans le second violon, et, pour seconde note, l'*ut* aigu, qui se trouve être la sixte du produit de la première corde du violon. (Vérifier à la touche et à la tablature.)

La latitude de la distance à prendre sur la première corde peut s'étendre généralement à un degré de plus que sur les autres cordes ; c'est-à-dire que, sur la quatrième, la troisième et la deuxième, on ne doit point, sauf les cas déjà cités, dépasser la quinte ; et, que, sur la première, on pourra s'étendre jusqu'à la sixte. Cela vient de ce que la pose naturelle de la main sur la touche donne à l'index une certaine aisance pour s'éloigner de la tête de la touche, sans contrarier l'action des autres doigts qui sont un peu sous la dépendance les uns des autres.

En étudiant bien les tablatures, l'expérience fera voir facilement ce que l'on peut écrire et ce que l'on peut éviter. Il faut écrire de manière à ne point donner constamment à l'exécutant de trop grands écarts de doigté. On peut écrire quelques tierces, quelques secondes et principalement des quartes, des quintes et des sixtes ; quelquefois des septièmes, des huitièmes. Pour les secondes, par exemple, on peut écrire entr'autres, au violon, l'*ut* et le *ré* graves ; à l'alto, le *ré* et le *mi*, puis le *ré b.* et le *mi b.*, écrits dans la portée même ; pour les accords de quartes et les autres à intervalles plus grands, il faudra, pour assurer plus de facilité dans le doigté, conserver à l'une des trois parties et même à deux de ces parties au besoin, la note commune, toutes les fois que l'harmonie le permettra, parce qu'alors il n'y aura qu'un changement dans les doigts.

NOTA. — Les instrumentistes regardent comme très-gauche et très-difficile pour le doigté l'accord de triton exécuté en doubles notes par la même partie, et lorsque cet accord fait sa résolution conjointement, c'est-à-dire sans repos intermédiaire, et par mouvement brusque dans le doigté, avec l'accord suivant. Pour exemple je citerai les deux notes *ré nat.* grave et *sol diè* deuxième ligne, écrites au violon. Cet accord est toujours gauche, quelles que soient les notes et les cordes, s'il occupe sur ces cordes la même place que les deux notes ci-dessus. On pourra cependant l'écrire, quand le mouvement des notes, de la valeur d'un temps et quelle que soit la mesure, s'enchaînera par accord disjoint par un silence, à moins que le mouvement ne soit large ou modéré ; dans ce cas, on pourrait le faire par accord conjoint, chaque note ayant au moins la valeur d'une noire.

Quant aux chants que l'on doit écrire pour l'alto, en dehors de son emploi de doublure du violon, il faut écrire des chants larges, relativement au rhythme, à l'espèce de mesure et au mouvement.

L'alto, quant à la rondeur, à l'ampleur du son, à la douceur de son timbre magnifique, est le plus sympathique des instruments à cordes. Dans sa première et dans sa deuxième octave, il représente la voix de ténor, et dans sa deuxième et sa troisième octave, la voix grave de la femme. On peut parfaitement l'employer pour remplacer le cor et le basson, à défaut de ces derniers ; on doit principalement, quand le rhythme le permet, écrire pour cet instrument des sons soutenus.

Autrefois, avant l'introduction en France du violon d'origine italienne, les auteurs employaient l'alto avec une raison, une intention qui le faisait ressortir et faisait voir ses brillantes qualités. Ce serait donc un grand tort de le considérer comme un instrument de simple accompagnement. Il y a un parti magnifique à tirer de cet instrument, si l'on sait bien l'employer. Dans les effets dits : effets de grand opéra, l'alto, employé pour doubler, à l'octave au-dessous, le chant des violons, enlève, par son timbre mâle et sonore, la monotonie du timbre aigu du violon employé seul ; mais il faut toujours éviter les abus, pour ne pas tomber d'une exagération dans une autre.

Violoncelle.

Le violoncelle s'écrit sur deux clefs ; la clef *fa,* quatrième ligne, lorsqu'il est employé pour remplir le rôle de basse simple (doublure de la contrebasse), pour exécuter les effets de basse simple, les chants qui doivent représenter une voix de basse, ou pour les accompagnements qui ne dépassent point le *mi* au-dessus des lignes, clef *fa.*

Dans les accompagnements ou dans les chants qui dépassent cette limite, on doit l'écrire sur la clef *ut,* quatrième ligne. Son timbre est mâle, plein, rond et très sympathique. Outre les chants de basse, de baryton et de ténor, qu'on écrit pour cet instrument, on peut écrire les tremolos et les chants de toute espèce dans toute son étendue, laquelle dépasse trois octaves, depuis le contr'*ut* grave jusqu'au contre *mi.*

Etendue du Violoncelle.

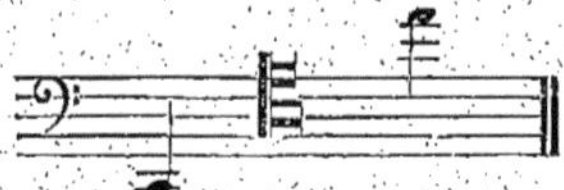

On pourrait même dépasser cette limite ; mais, outre les difficultés que l'on crée à l'instrumentiste, l'effet en est très-mauvais. On doit appliquer aux notes extrêmement aiguës du violoncelle, l'observation déjà émise à cet égard, pour les autres instruments.

Le violoncelle, écrit pour doubler la contrebasse, rend pour l'oreille, à une octave au-dessus de cette dernière, les notes écrites au même degré. (Voir ci-après la tablature.)

Contrebasse.

Le rôle de la contrebasse est trop bien connu pour qu'il soit nécessaire de donner sur cet instrument des détails inutiles. Son étendue dépasse deux octaves, depuis sa base *mi* grave, au-dessous de la portée clef *fa,* jusqu'au contre *sol* aigu.

Etendue de la Contrebasse.

Quant au degré plus ou moins grave où l'on doit écrire la basse, ce n'est que l'inspiration seule du compositeur qui puisse en décider. Il en est de même des effets à rendre sur tous les instruments à cordes, soit avec l'archet, soit en pinçant la corde, ce que l'on appelle : pizzicato (signe conventionnel : pizz.).

La contrebasse se divise en deux espèces :

1o La seule complète, la contrebasse à quatre cordes.

2o La contrebasse à trois cordes, qui n'est qu'une abréviation de la première, et les compositeurs ne doivent point s'en préoccuper ; les exécutants eux-mêmes transposent à l'octave supérieure les notes écrites pour la corde qui manque à l'instrument qui est mis entre leurs mains.

Tablature particulière de chaque membre de la famille des instruments à cordes.

Violon.

Les quatre cordes du violon s'accordent entre elles à un intervalle de quinte l'une de l'autre ; la première corde, appelée chanterelle, donne le *mi*, la seconde le *la*, la troisième le *ré*, et la quatrième le *sol*, base de l'étendue du violon.

Touche du Violon.

Côté de la tête.

1re ou chanterelle, *mi nat.*
2e — *la nat.*
3e — *ré nat.*
4e — *sol nat.*, base.

Alto.

Les quatre cordes de l'alto s'accordent en quinte, mais à une quinte plus bas que les cordes du violon.

Sa première corde, ou chanterelle, donne le *la*, la seconde le *ré*, la troisième le *sol*, et la quatrième l'*ut*, base de son étendue.

Touche de l'Alto.

Côté de la tête.

1re ou chanterelle, *la nat.*
2e — *ré nat.*
3e — *sol nat.*
4e — *ut nat.*, base.

Il est facile de voir, par ces tablatures, que, lorsque l'on écrira des doubles notes pour l'alto et pour le violon, on pourra, grâce à la distance qui existe entre chaque corde, éviter d'écrire des choses trop difficiles, en écrivant principalement des quintes et des sixtes, puis quelques quartes et quelques tierces, qu'il sera facile de reconnaître, Il tombe sous la bon sens que l'on ne peut pas écrire deux notes qui se trouveraient forcément sur la même corde. (Comparer ces touches avec les tablatures.)

Violoncelle.

Les cordes du violoncelle s'accordent en quinte et dans la même disposition que celles de l'alto, mais à une distance d'octave au-dessous de ce dernier.

Sa première corde, ou chanterelle, donne le *la*, la seconde le *ré*, la troisième le *sol*, et la quatrième l'*ut*, base de son étendue.

Touche du Violoncelle.

Côté de la tête.

1re ou chanterelle, *la nat.*
2e — *ré nat.*
3e — *sol nat.*
4e — *ut*, base.

Contrebasse.

Les cordes de la contrebasse s'accordent entre elles à une distance de quarte l'une de l'autre.

La première corde, la plus élevée, donne le *sol*, la seconde le *ré*, la troisième le *la*, et la quatrième le *mi*, base de son étendue.

Touche de la contrebasse.

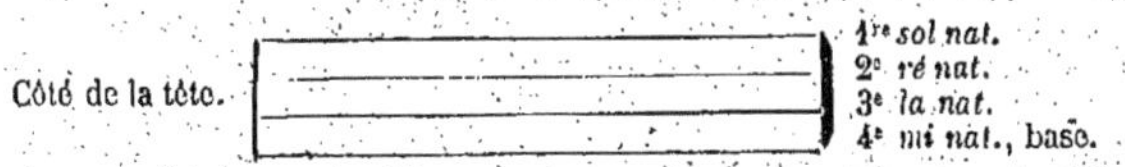

Côté de la tête.

1re *sol nat.*
2e *ré nat.*
3e *la nat.*
4e *mi nat.*, base.

OBSERVATIONS.

On a déjà vu que plus l'embouchure des instruments en cuivre est grande, plus la langue s'alourdit. Il en est de même pour la contrebasse quant à l'émission du son ; en outre, le doigté de cet instrument peut être comparé à la coulisse du trombone. En effet, il est aisé de comprendre que les cordes, beaucoup plus grosses sur la contrebasse que sur les autres instruments à cordes, exigent, pour cet instrument, beaucoup plus de force dans la pression des doigts, que pour les autres. Or, où il y a force, il y a raideur. Cette raideur des doigts sur les cordes de la contrebasse peut être comparée, en raison de la résistance des cordes et de la distance des positions, à la coulisse du trombone, et l'archet, plus lourd que celui des autres instruments, éprouvant, et plus de résistance, et par conséquent, la nécessité d'apporter de la force dans l'émission du son, sur d'aussi fortes cordes, peut lui-même être comparé à l'embouchure des grands instruments en cuivre. Il faut donc éviter de créer à cet instrument des difficultés provenant de la trop grande quantité de notes dont le mouvement est continu et précipité.

Il en est pour la contrebasse comparée au violon, comme du trombone et de l'ophicléïde comparés aux autres instruments à vent, dont le diapason est élevé et dont le doigté est facile par sa légèreté même.

En conséquence, lorsque l'on voudra écrire pour la contrebasse, des traits composés d'une suite continue de plusieurs notes brèves, il faudra éviter de les prolonger au delà de deux, trois ou quatre temps au plus, sans donner un repos, si court qu'il soit, dans les tons qui dépasseront trois dièzes ou trois bémols ; encore, sera-t-il prudent de ne les écrire, autant que possible, que dans des tuttis ; car le peu que l'on pourra écrire sera encore très-difficile. (Voir à cet égard, au chapitre du rhythme, les observations relatives aux traits difficiles mais possibles.)

La raison de cette observation, que j'engage MM. les compositeurs à suivre le plus possible, est celle-ci :

Que, dans les tons qui ne dépassent pas trois dièzes ou trois bémols, l'instrumentiste rencontre, dans l'emploi des cordes à vide, un double avantage ; en effet, non-seulement, cet emploi rapproche les distances des doigts, mais encore, il les repose en se privant, par-ci, par-là, de leur action.

Au contraire, dans les tons dont le nombre des accidents, dièzes ou bémols, dépasse celui de trois, l'emploi des cordes à vide est presque toujours nul ; partant de là, point de repos pour les doigts qui, en outre, rencontrent à chaque instant des écarts fatigants par leur distance et leur continuité.

Exemples de quelques effets imitatifs particuliers aux instruments à cordes.

Dans la musique légère, le violon remplissant le rôle d'instrument chantant, est employé pour représenter les voix aiguës.

On connaît déjà, sous ce rapport, le rôle que doivent jouer l'alto et le violoncelle.

Dans les effets imitatifs, le violon peut rendre, par mouvements chromatiques, et écrit dans son étendue du médium et de l'aigu, les effets diaboliques ; ces mêmes notes aiguës et maigres font plus d'impression sur les sens, que les notes plus graves et plus mâles des autres instruments de la même famille.

Du reste, dans ces effets, ainsi que dans les effets d'orage, chacun de ses membres peut jouer son rôle particulier, selon son timbre et le degré de gravité ou d'élévation des notes qu'il peut produire.

A l'aide de sourdines qui peuvent s'adapter au violon, à l'alto et au violonchelle (cet effet est mauvais sur la contrebasse; on écrit dans ce cas.: PIANO : *ppp*), on fait jouer dans différents sens, à ces instruments, un rôle mystérieux.

Écrits dans des rhythmes en arpéges bien liés entre eux et larges dans leurs mouvements les instruments à cordes rendent l'effet des ondulations de la mer. Le violon peut aussi imiter le miaulement du chat.

Le violoncelle, pris dans son étendue grave et dans quelques-unes des notes graves de sa deuxième octave, peut imiter la voix du veau et celle du bœuf. Il peut exécuter des chants, et dans l'étendue et dans le sens de la voix de l'homme, depuis la voix de basse jusqu'à la voix de ténor.

Tous ces instruments, écrits dans des rhythmes caractéristiques, sont propres à rendre toutes les impressions ou les effets que leur permet leur timbre particulier, et surtout, ce qui n'existe pas dans les instruments à vent, la possibilité d'exécuter avec une grande vitesse et d'une manière continue, longuement prolongée, des rhythmes composés d'une grande quantité de notes brèves; car l'archet aussi, qui est leur moyen d'émission, est inépuisable; et c'est ce qui les rend parfaitement propres à rendre l'effet des bruits d'une meute en chasse.

Pizzicato.

Le pizzicato, effet qui s'exécute en pinçant la corde avec le bout du doigt, au lieu d'employer l'archet, s'emploie, pour imiter la harpe, dans les sérénades, dans les prières et dans les chœurs célestes; le pizzicato exprime aussi le mystère.

Dans les scènes dramatiques, mystérieuses, la contrebasse et le violoncelle, écrits en pizzicato, et dans le mode mineur, peuvent aussi exécuter des basses chantantes qui rendent bien ces différentes idées. Il arrive aussi quelquefois, que, pour augmenter l'intensité de la sonorité de l'orchestration, sur certaines notes, sur certains temps forts d'un motif, on intercale dans le pizzicato, et par-ci par-là, une note qui doit être exécutée avec l'archet.

Ce nouveau *forte* n'est point un *forte* bruyant, mais il est relatif à la faiblesse que donne forcément à la sonorité, l'effet du pizzicato, fût-il même écrit *forte*, et il n'altère en rien le caractère que peut donner au sujet, l'effet même du pizzicato.

Dernières observations sur les effets imitatifs.

Il y aurait mille choses à dire sur le parti à tirer de tous ces instruments; mais c'est l'intelligence même du compositeur, qui doit le fixer sur le choix des timbres propres à exprimer ses pensées différentes, selon la scène, le lieu, les êtres, femmes, enfants, hommes ou animaux; et surtout selon le degré d'intensité qu'il veut donner à la sonorité de l'orchestration; et c'est pour aider cette intelligence, que j'ai écrit ces quelques observations. Par exemple, on sait que les notes écrites par degrés ascendants expriment positivement une ascension; et que par effet contraire, les notes écrites par degrés descendants expriment une descente. Mais si ces notes, montant ou descendant, sont écrites par degrés disjoints, et plus les intervalles de ces degrés sont grands, plus elles ont de force pour exprimer la pensée.

Ainsi, pour exprimer une ascension sur une montagne, les cors, écrits par mouvement ascendant et par degrés disjoints, expriment assez bien l'idée de cette ascension ainsi que la fatigue qu'elle fait éprouver. Dans ce cas, le mouvement doit être modéré, pour exprimer la lenteur de la marche; le timbre même du cor exprime la fatigue.

Si, au contraire, on veut exprimer la descente du sommet à la base d'une montagne, les instruments à cordes pourront exprimer cette idée, si la descente est opérée avec promptitude, et ce sera là le cas d'employer le pizzicato de ces instruments, en écrivant les notes par degrés disjoints et à de grands intervalles, même celui de l'octave. Mais si cette descente présente des obstacles ou des dangers, le mouvement lent et le degré conjoint seront obligés pour exprimer la précaution et la prudence; c'est alors que l'on aura à choisir le timbre qui conviendra le mieux pour représenter l'acteur de cette scène.

C'est aussi la rapidité dans le mouvement des notes, qui doit exprimer la rapidité plus ou moins grande de la chûte d'un corps quelconque ; le degré conjoint, quel que soit le mouvement, exprime la lenteur (lenteur relative), et le degré disjoint, la précipitation. La mesure, le rhythme, les nuances, *piano* ou *forte*, ont aussi leur part d'influence sur chacun des effets. Ainsi, quand je dis que le trombone, dans le grave, peut exprimer la cruauté, ainsi que d'autres impressions qui donnent le frisson, inspirent la terreur, il tombe sous le bon sens que les notes doivent, sur le trombone, être dans ce cas, attaquées avec force et brutalité.

En donnant comme règle l'application du degré conjoint et du degré disjoint, je ne veux pas dire que toute espèce de chant doive marcher absolument et sans interruption, soit par degré conjoint, soit par degré disjoint. Mais chacun de ces deux dessins, ajoutant un caractère particulier à la phrase, caractère qu'il puise dans le sens du sujet, dans la scène, je veux dire que dans une mélodie quelconque, chaque genre de dessin, selon ce qu'il doit exprimer, selon l'effet qu'il doit produire, doit dominer ; c'est-à-dire que le degré d'intervalle qui peut aider à exprimer une pensée, doit être employé plus souvent que celui qui doit rendre l'effet contraire.

Effets d'orage.

En traitant les instruments au point de vue de leur emploi dans le sens imitatif, il était peut-être superflu de renouveler à chaque instrument, l'idée de son emploi dans les effets d'orage ; aussi, ne l'ai-je fait qu'à titre de note anticipée ; c'était comme une espèce d'avertissement.

En effet, les orages se produisant dans l'atmosphère à des degrés différents d'intensité, les sinistres arrivant d'une façon plus ou moins marquante, plus ou moins triste, se présentant sous un aspect plus ou moins dangereux, il tombe sous le bon sens que, selon le degré é de l'intensité même du fait, on ne va pas employer les instruments bruyants pour rendre l'effet de l'orage qui gronde sourdement, pas plus que l'on n'emploiera les instruments à timbre faible pour rendre les éclats de la foudre, etc.

C'est à l'intelligence même de l'homme que l'on doit laisser le soin de choisir les timbres qui doivent rendre sa pensée ; et, selon le timbre de chaque instrument, selon le genre de mécanisme, dans les effets combinés, dans lesquels chaque instrument jouera un rôle différent, le compositeur devra s'attacher à bien appliquer les rhythmes, les dessins composés de beaucoup de notes, aux instruments à cordes et aux instruments à vent en bois, et les éclats, les notes isolées, aux instruments en cuivre.

Tableau comparatif de la tonalité relative des instruments à cordes.

La colonne de droite représente, sur une portée armée de la clef particulière à l'écriture de chaque membre de la famille des instruments à cordes, la note formant la base de chacun de ces instruments, et le tableau de gauche donne leur tonalité relative.

Les notes écrites perpendiculairement dans chaque colonne, donnent pour l'oreille, l'unisson général de toutes ces notes, quel que soit l'instrument qui les produit, c'est-à-dire que, sans avoir égard à la portée représentant chaque instrument, toutes les notes réunies d'une seule colonne ne forment qu'un même son.

Prenons par exemple la deuxième colonne de gauche, et comparons au piano toutes les notes qu'elle contient.

Deuxième colonne verticale convertie en une portée horizontale :

Ces quatre notes donnent au piano l'unisson suivant :

Tableau comparatif.

Effet que produisent à l'oreille les notes écrites au même degré sur la contre-basse et sur le violoncelle comparés au piano.

Doubles notes de la contre-basse et du violoncelle, ces deux instruments étant écrits sur les mêmes degrés.

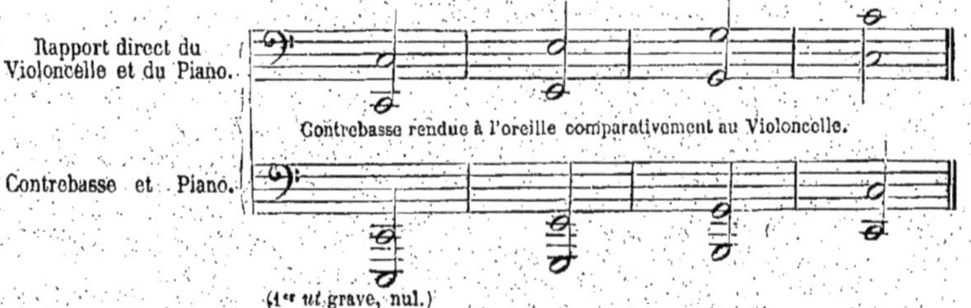

On voit par cet exemple que, pour l'oreille, les notes qui seraient écrites dans les degrés où elles le sont à la portée supérieure, rendraient sur la contre-basse l'octave au-dessous de ce qu'elles seraient sur le violoncelle. On ne doit pas oublier que la contre-basse n'a pas d'*ut* grave, puisque sa base est un *mi*; mais l'*ut* est obligé ici pour faire la comparaison.

Harpe.

Il y a encore dans l'orchestration un instrument à l'égard duquel je n'ai pas cru nécessaire d'écrire de longs détails. Cet instrument est la harpe.

La harpe est l'instrument des anges.

La harpe, dont l'emploi spécial et le timbre bien connus, mettent cet instrument en dehors de tous les autres, doit, je pense, se traiter, au point de vue du mécanisme, à peu près comme le piano, en enlevant toutefois à la première, à laquelle le rhythme le plus familier est le rhythme écrit en argèges, la grande complication des accords simultanés que l'on écrit pour le dernier.

On emploie principalement la harpe dans les sérénades nocturnes, les féeries, les chœurs célestes, les prières.

CHAPITRE XII

Batterie.

TIMBALES, TAMBOUR, GROSSE CAISSE ET CYMBALES, TRIANGLE, TAM-TAM.

Timbales.

Les deux timbales, espèce de tambours sans timbre (1), ont une tonalité réelle. (Dans les grands ouvrages on emploie même quatre timbales). Elles ont entre elles l'étendue d'une septième majeure depuis le *fa nat.* grave, clef *fa*, jusqu'au *mi nat.*, sa septième.

Elles peuvent donc à elles deux, en se partageant l'étendue, prendre la tonalité de tous les demi-tons compris entre ces deux notes inclusivement.

C'est à la volonté des compositeurs d'écrire la tonalité par des accidents, soit à la clef, soit devant chaque note. Du reste, il est très-utile d'écrire au commencement d'un morceau, ainsi qu'à chaque changement, le nom des notes qui sont écrites pendant tout un passage. Lorsque l'on emploie des notes étrangères aux notes d'accord parfait du ton réel, dont les principales sont la tonique et la quinte, il faut toujours donner au timbalier assez de temps pour changer la tonalité de ses instruments.

Si l'on voulait employer les timbales dans un passage obligé où l'on ne donnerait point le temps d'opérer le changement, il faudrait calculer à l'avance pour mettre à une des deux timbales, une note qui, étant note d'accord dans une mesure, pourrait servir de pédale dans l'accord de la mesure suivante. Il y a du reste des cas où la tonalité de l'orchestre l'emporte sur celle de la timbale, principalement dans les *forte*.

On peut écrire pour les timbales tous les rhythmes bien carrés, les triolets, selon les mouvements, les coups secs et les roulements. Leur emploi est commun à tous les genres de musique; mais elles ont un emploi spécial pour les effets d'orage et les marches funèbres.

(1) Ici, le mot timbre est employé pour désigner la corde de boyau dont on se sert pour donner au tambour son éclat bruyant; cette corde touche la peau inférieure du tambour, et produit le son clair et éclatant que l'on connaît; c'est ce qui lui a fait donner, dans la musique militaire, le nom de caisse claire, pour distinguer cet instrument de la caisse roulante, instrument plus long, et alors sans *timbre*, que l'on emploie pour remplacer les timbales dans les musiques militaires.

Tambour.

Outre les effets de *forte* dans lesquels on emploie le tambour ou caisse claire, pour donner du mordant à l'intensité de la sonorité de l'orchestration, le tambour s'emploie pour marquer des pas, des marches, et pour marquer aussi, soit à temps, soit à contre-temps, le rhythme de la mesure.

Tous les rhythmes de croches, croches pointées et doubles croches composant le même temps, noires et croches dans les mesures à 6/8 et autres, roulements, tout lui est propre.

Mais lorsque l'on voudra que le tambour frappe autant de coups qu'il y a de doubles croches dans un temps de mesure à 2/4, il faudra les écrire en détail, sans quoi le musicien, au lieu de deux, de trois ou de quatre coups, ferait un roulement ; mais, la première mesure étant bien détaillée, on pourra se servir des abréviations ordinaires, en mettant des points sur chaque note principale.

Roulements.

(Mettre deux ou trois barres.)

Coups détaillés et secs, à temps ou à contre-temps.

Si l'on veut faire exécuter ce que l'on appelle *un rra* sur un coup sec, il faudra l'écrire ainsi :

Au choix :

Lorsque l'on voudra faire éteindre le son aussitôt que le coup sera frappé, il faudra écrire au-dessus de la note, le mot : *sec.*

Cette dernière observation doit s'appliquer à la grosse caisse, et à la cymbale si celle-ci est employée seule, sans grosse caisse.

Toutes ces observations doivent s'appliquer aussi aux timbales.

Le tambour s'emploie pour rendre, par un roulement attaqué brutalement, le coup de tonnerre qui se fait entendre dans un orage. Il peut aussi imiter l'effet d'une fusillade en faisant frapper au tambour, dans tous les rhythmes, des coups secs, soit à temps, soit à contre-temps.

Grosse caisse et cymbales.

La grosse caisse et la cymbale réunies servent à augmenter l'intensité de la sonorité de l'orchestration. La grosse caisse accompagnée de la cymbale doit toujours frapper le temps, soit temps fort, soit temps faible de la mesure ; elle ne doit frapper à contre-temps que dans un rhythme où la basse de l'orchestration frappe elle-même à contre-temps.

EXEMPLE.

Sec.

Lorsque la note à contre-temps est une double croche (mét. 112), on peut l'écrire, mais l'effet en est peu entendu ; c'est le seul cas où l'on puisse écrire une double croche.

On ne peut écrire à la grosse caisse que le rhythme des croches carrées de la mesure à 2/4. Lorsque le rhythme des instruments est composé de beaucoup de notes plus brèves que la croche, on doit se contenter d'écrire, pour la grosse caisse, un ou deux coups pour chaque temps ; il faut cependant éviter de trop prolonger ce genre de rhythme.

Lorsqu'un mouvement de notes est donné, et que la suite de ces notes est prolongée, et dans un *forte*, on peut écrire à la grosse caisse une noire pour chaque temps, si elle doit frapper sur chaque temps, et une blanche pour deux temps, si elle ne doit frapper que tous les deux temps. La croche n'est utile que lorsque l'on veut étouffer le son de suite.

Quelquefois, pour terminer un morceau de musique, on écrit la dernière note en roulement ; cet effet se produit au moyen d'un instrument de percussion appelé *mailloche ;* le musicien exécute ce roulement en frappant la grosse caisse, avec précipitation et alternativement, avec les deux extrémités de la mailloche tenue par le milieu ; mais alors, la cymbale a terminé son rôle en frappant, avec la grosse caisse, son dernier coup.

On use aussi de ce moyen dans les effets d'orage.

La grosse caisse imite l'effet du canon ; mais dans ce cas, elle doit frapper les coups marqués sans le concours de la cymbale ; cela doit être indiqué dans la partie :

Canon : grosse caisse sans cymbale.

La cymbale, employée seule, s'emploie dans les effets fantastiques. On fait frapper ensemble les deux cymbales, ou l'on fait frapper un coup de mailloche sur une seule cymbale ; le son est étouffé de suite, ou s'éteint de lui-même selon le désir de l'auteur. On peut produire cet effet, soit seul, soit en lui adjoignant les notes doublement bouchées du cor.

Triangle.

Le triangle, dont l'emploi peut représenter un timbre de sonnette, est assez connu pour qu'il ne soit pas nécessaire de donner à son égard des détails inutiles.

On l'emploie quelquefois dans la pastorale. Son rhythme peut être copié sur celui de la caisse claire, excepté par les doubles croches carrées qui doivent être remplacées par des roulements, dans les *forte* seulement.

Tam-tam.

Le tam-tam est la cloche d'alarme ; la cloche funèbre ; tout en lui exprime des effets sinistres.

TABLEAU GÉNÉRAL DE LA TONALITÉ

des Instruments à Cordes et des Instruments à Vent

COMPARÉS AVEC LE PIANO.

EXPLICATION DU TABLEAU

Ce tableau est divisé en colonnes doubles.

Dans chacune de ces colonnes, la partie gauche représente les instruments à vent ou à cordes, et la partie droite représente le piano.

Chacune des portées du piano donne la tonalité réelle des notes de l'instrument comparé avec lui.

Chaque portée représentant les instruments, et les tons de rechange des instruments qui peuvent supporter un changement de tonalité dans leur corps même, donne, de la base au sommet, mais extrême dans l'aigu, toute l'étendue possible de chacun d'eux.

Donc, pour ne point commettre d'erreur, il faudra se reporter à la théorie de chaque instrument, pour l'écriture des notes extrêmement aiguës.

La théorie des instruments (principalement ceux en cuivre) ayant fait connaître leurs produits, soit naturels, soit artificiels, je n'ai pas cru utile d'écrire dans ce tableau, toutes les notes possibles, de la base au sommet; c'est pourquoi, dans les deux premières octaves, on ne trouvera que la base et les octaves toniques de l'instrument.

INSTRUMENTS A CORDES.

INSTRUMENTS A VENT, EN BOIS.

FLUTES. — CLARINETTES.
HAUTBOIS. — COR ANGLAIS. — BASSON.   PIANO.

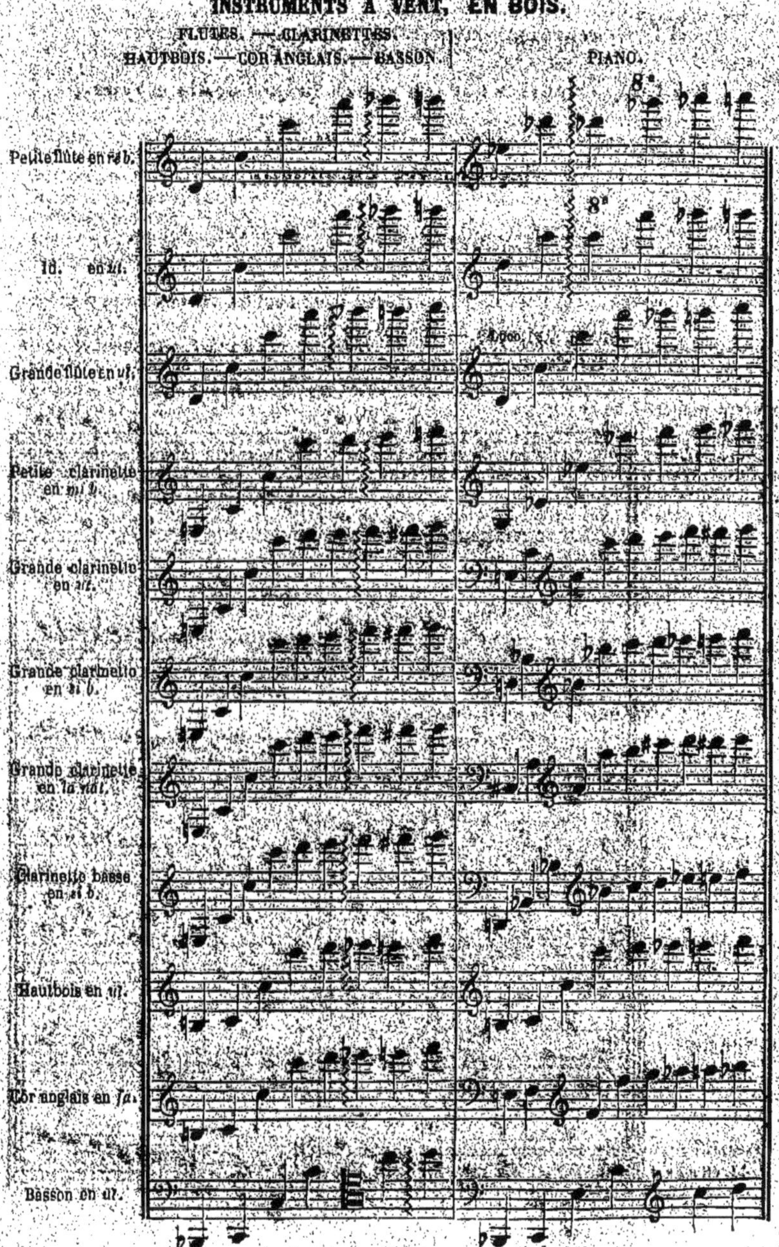

INSTRUMENTS EN CUIVRE.

CORNET A PISTONS. — TROMPETTE.
TROMBONE. — OPHICLÉIDE.

PIANO.

Id. en mi b.
Id. en ré nat.
Id. en ré b.
Id en ut.
Id. en si nat.
Id. en si b.
Id. en la nat.
Id. en la b.
Id. en sol grave inusité.
Trombone ténor en ut.
Ophicléide en ut.
Id. en si b. idem
un ton plus bas.

COR, PRIS DANS TOUS SES TONS.
PIANO.
Cor en ut haut.
Id. en si b. haut.
Id. en la nat. haut.
Id. en la b. haut.
Id. en sol.
Id. en fa nat.
Id. en mi nat.
Id. en mi b.
Id. en ré nat.

Id. en ré b.
Id. en ut bas.
Id. en si nat.
Id. en si b. bas.
Id. en la nat. bas.
Id. en la b. bas.

ADDITION AU TABLEAU.

Tableau particulier aux Musiques militaires.

Instruments en cuivre appelés Sax-horns.

La famille des instruments appelés sax-horns se compose de sept membres, lesquels ne s'emploient que dans les musiques d'harmonie militaire, à l'exception du sax-horn alto, que l'on emploie dans quelques orchestres de bal, pour remplacer les cors; mais cet instrument, auquel on a ajouté deux membres à un demi-ton de distance l'un de l'autre, n'est qu'un exception et s'emploie fort peu dans ce cas. Du reste, on ne doit point écrire pour ces deux instruments, puisqu'ils jouent textuellement les parties du cor. L'un de ces deux instruments est en *fa*, et l'autre en *mi*. On pourra les comparer à leur précédent, le sax-horn alto en *mi b.*, instrument que l'on va trouver dans la série suivante.

Les sept membres de la famille des sax-horns sont :
1° Le petit sax-horn en *mi b.* aigu.
2° Le sax-horn contr'alto en *si b.*
3° Le sax-horn alto en *mi b.*
4° Le sax-horn baryton en *si b.*
5° Le sax-horn basse, à quatre cylindres, en *si b.*

(On en a fait aussi en *ut*, mais ce n'est qu'une fantaisie de la part des artistes qui ont voulu remplacer, dans les orchestres, l'ophicléide par cet instrument. Du reste, qu'il soit en *si b*, ou en *ut*, on peut traiter cet instrument comme l'ophicléide, dans une étendue de trois octaves d'*ut* à *ut*.)
6° Le sax-horn bombardon en *mi b.* grave.
7° Le sax-horn contrebasse en *si b.* grave (instrument exagéré).

Ces instruments, comparés aux autres instruments en cuivre, ont le timbre voilé. Par exemple, pour établir une comparaison, le sax-horn contr'alto en *si b.* aigu pourrait, quant au timbre, tenir le milieu entre le cor et le cornet à pistons. Il est le meilleur de toute la famille, et il y a, entre lui et le cornet à pistons, assez de différence dans le timbre, pour qu'on écrive des duos qu'ils exécutent ensemble, et l'effet en est très-joli.

On doit le traiter exactement comme le cornet à pistons, et c'est pour cela que je l'ai détaché le premier de la série.

Excepté la basse en *si b.*, à quatre cylindres, dont le quatrième piston lui donne l'étendue de l'ophicléide, le mécanisme de tous ces instruments est semblable à celui du cornet à pistons. Quant à l'étendue, elle varie selon le degré de gravité ou d'élévation.

L'étendue est limitée dans l'aigu, pour le petit sax-horn en *mi b.* aigu, et elle l'est dans le grave et dans l'aigu, pour les deux contrebasses en *mi b.* et en *si b.* Tous les autres peuvent avoir la même étendue. Dans les solos, le point de départ peut être le même, dans le grave, selon la volonté du compositeur. Mais, malgré leur étendue semblable dans l'aigu, on apporte une certaine limite, selon l'espèce d'instrument, parce qu'on ne les traite pas de la même façon.

Quant au mécanisme, il est assez léger, depuis le petit sax-horn en *mi b.*, jusqu'au baryton inclus. La basse à quatre cylindres commence à demander plus de réserve. Les tubes coniques de cette famille donnent au son une grande facilité d'émission; c'est ce qui permet d'écrire beaucoup de notes pour ces instruments. On peut écrire pour le baryton, par exemple, des traits qui demandent un mouvement de doigté aussi vif que ce que l'on écrit pour le cornet à pistons, mais seulement dans le médium et dans quelques notes de l'aigu, et les traits doivent être de courte durée.

Il y a même des personnes qui abusent de cette facilité, parce qu'elles ont sous la main des virtuoses que l'on ne rencontre point partout et que l'on ne rencontre pas assez souvent pour prendre leur talent pour une règle d'écriture.

On pourrait faire, à l'égard de la basse en *si b.*, la même observation, et agir encore avec plus de restriction, surtout dans le grave.

J'ajouterai, comme autre exemple, que les deux contrebasses, qui ne devraient jamais donner que des notes posées, peuvent aussi comporter des rythmes composés de beaucoup de notes brèves, mais seulement par fragments d'un temps environ, seulement aussi dans des notes écrites sur les mêmes degrés et dans le médium de l'étendue *limitée* et non de l'étendue *possible*. Il faudra éviter d'en abuser. (Voir plus loin.)

Désignation des instruments de la famille des sax-horns.

1° Petit sax-horn en *mi b.* aigu. (Voir la tablature des sax-horns.)

Le *sol* aigu du petit sax-horn, donnant pour l'oreille et pour la pression des lèvres l'unisson du contr'*ut* aigu du cornet ou du sax-horn en *si b.* aigu, on ne doit point écrire pour le premier, au-dessus de ce même *sol*, cette note est sa note extrême dans l'aigu.

Il remplace, dans les fanfares, la petite clarinette des musiques d'harmonie militaire.

2° Sax-horn en *si b.* aigu (contr'alto).

Cet instrument, qui est à l'unisson du cornet à pistons, se traite exactement comme ce dernier.

3° Sax-horn alto en *mi b.*

Le sax-horn alto en *mi b.*, celui auquel on a ajouté le ton de *mi* et le ton de *fa* pour les orchestres de danse, ne doit s'écrire que jusqu'au *la* aigu, pour les solos ; cependant on pourrait au besoin aller, par nécessité, jusqu'au *si b.*, cet instrument étant excessivement doux à jouer.

Dans l'accompagnement, on ne doit écrire que depuis l'*ut* grave, au-dessous de la portée, jusqu'au *fa*, cinquième ligne ; son meilleur emploi dans ce sens est dans les notes de la portée. On écrit toujours cet instrument à deux parties. On l'emploie dans les musiques militaires pour remplacer les cors. Ces trois premiers instruments s'écrivent sur la clef *sol*.

4° Sax-horn baryton en *si b.*

Cet instrument, dont l'étendue est, comme celle des trois premiers, semblable à celle du cornet à pistons, se traite de trois manières. Comme il est, à partir de sa base *sol*, à l'unisson de la basse à quatre cylindres, quoiqu'avec un peu de différence dans le timbre, on lui fait quelquefois doubler la basse. Quelquefois il fait, soit à temps, soit à contretemps, soit par des notes soutenues, l'accompagnement au-dessus de la basse. Quelquefois il joue le rôle d'instrument chantant. Les arpéges aussi lui conviennent parfaitement.

5° Basse à quatre cylindres en *si b.*

La basse à quatre cylindres en *si b.* est à l'unisson de l'ophicléide en *si b.*, et doit se traiter comme ce dernier. Cet instrument s'écrit sur la clef *fa*.

Le sax-horn baryton, quoique étant pour ainsi dire un instrument de basse, s'écrit par convention sur la clef *sol*, de sorte que, relativement à la clef, il rend, pour l'oreille, ses notes une octave plus bas qu'elles ne sont écrites. Il en est de même du sax-horn bombardon en *mi b.* ; cependant quelques auteurs l'écrivent sur la clef *fa*, et c'est beaucoup plus rationnel. Écrit sur la clef *sol*, il donne à l'oreille, ses notes deux octaves plus bas qu'elles ne sont écrites. La contrebasse en *si b.* est à l'octave au-dessous de la basse à quatre cylindres.

Or, ces deux instruments, le bombardon en *mi b.* et la contrebasse, doivent s'écrire sur la clef *fa*, et, pour obtenir un bon résultat de leur emploi, il faut autant que possible suivre les observations suivantes :

Au maximum, l'étendue de ces deux instruments ne doit être considérée que comme n'ayant que deux octaves depuis leur base *sol* grave, jusqu'au *sol* aigu.

6° Bombardon en *mi b.*

On peut écrire cet instrument depuis le *sol* grave jusqu'au *ré*, placé au dessus de la portée clef *fa*, et au besoin jusqu'au *mi* ; dans l'étendue comprise entre le *mi*, troisième interligne, clef *fa*, et la note la plus aiguë, on peut écrire, quant au rhythme, quelques croches, et au besoin quelques triolets, mais seulement pendant une durée de deux temps successifs, au plus (mét. 112).

Dans l'extrême grave, on ne peut écrire qu'une note par temps. Mouvement de valse, une note par mesure.

7° Contrebasse en *si b.*

Pour la contrebasse en *si b.*, on ne peut écrire qu'une note par temps dans toute son étendue, que l'on ne doit prendre avec assurance que depuis l'*ut*, deuxième interligne de la portée clef *fa*, jusqu'à l'ut, son octave supérieure, et, par nécessité, jusqu'au *ré* ou jusqu'au *mi*. Mais, pour cette raison que l'on ne peut écrire qu'une note par temps, une note large ou une noire bien posée, dans les mesures à deux, trois ou quatre temps, et une note par mesure dans les mouvements de valse, on peut facilement éviter, soit de monter trop haut, soit de descendre trop bas. Ainsi, quoique l'on puisse produire des notes jusqu'au *sol* grave, il ne faut pas écrire au-dessous de l'*ut* grave ou du *si*, note qui doit être considérée comme étant sa limite extrême (1).

Tableau des membres de la famille des Sax-horns, comparés avec le piano.

(1) Il y a aussi une contrebasse en *ut*, appropriée aux orchestres de théâtre, pour exécuter des marches militaires spéciales, qui se jouent sur la scène.

En outre, M. A. Sax, dans la fabrication de cet instrument, a ajouté un demi-ton à l'étendue ordinaire des instruments à pistons, en descendant, d'un demi-ton, le troisième piston, lequel donne alors le ton de *la b.* au lieu du ton de *la nat.* Par conséquent, l'instrument en *ut* peut descendre jusqu'au *fa nat.*, et l'instrument en *si b.*, donne pour l'oreille le *mi b.* Si j'ai limité l'étendue de la contrebasse au *si nat.*, quel que soit le ton de l'instrument, c'est parce que je suis par expérience que tous les instrumentistes n'ont pas tous les qualités nécessaires pour fournir les notes extrêmes. Cependant, si l'on veut ne pas abuser de ces notes, et leur donner au moins la valeur d'une noire bien soutenue, on pourra descendre au moins jusqu'au *sol*.

A quoi ont conduit les exagérations et les abus.

Lorsque l'esprit inventif des hommes s'est un jour arrêté, satisfait de ses recherches à l'égard des instruments de musique, alors que la musique elle-même, au point de vue de la composition, avait atteint un haut degré de perfectionnement, les compositeurs, grâce à la variété des instruments, des timbres, ont pu écrire leurs idées et employer chaque instrument selon le parti qu'ils pouvaient en tirer. Ils avaient alors (je pars de l'époque où tous ces instruments étaient inventés), les instruments à cordes, les instruments à vent, en bois, connus aujourd'hui, et seulement deux espèces d'instruments en cuivre, le cor et la trompette (cor et trompette simples). A cette époque là, les compositeurs faisaient une étude sérieusement comparée des différents timbres; aussi, sauf quelques exagérations dans l'écriture (et non dans l'emploi) de chaque instrument, l'effet désiré par le compositeur était produit, réussi.

Mais, il manquait à l'orchestration un effet que l'on a obtenu en cherchant et en créant l'instrument qui porte aujourd'hui le nom de trombone. Cet instrument, comme les autres a été bien appliqué (selon le parti que l'on savait alors en tirer) par les compositeurs non-seulement de l'époque de son apparition, mais encore, un peu plus tard, par des génies qui, nés depuis longtemps, sont les auteurs encore vivants des plus beaux ouvrages que l'on connaisse aujourd'hui.

Mais écoutons le langage des hommes d'aujourd'hui.

Lorsque l'on joue de la musique du temps où l'on n'avait que les instruments à cordes, et même de celle dont on a pu compléter l'orchestration à l'aide des instruments à vent en bois, on entend sortir de toutes les bouches une petite phrase qui est toujours la même, à quelque temps qu'elle soit dite :

Oh! cette musique est bien belle, mais! elle est bien monotone, bien endormante.

S'il y a eu en tous temps des caractères exagérés, il faut avouer aussi que, en faisant la part des habitudes et des choses de chaque temps, cette petite médisance qui n'est, avouons-le aussi, ni une calomnie, ni même une critique à l'égard de tant d'œuvres de haut mérite, peut bien être pardonnée à des gens qui ont aujourd'hui au service, soit de leur plume, soit de leurs oreilles, une grande diversité de timbres; l'ancienne musique peut donc leur paraître monotone.

Il faut reconnaître aussi que les compositeurs des anciens temps ne voulaient en aucune façon, leurs œuvres le prouvent en général, s'écarter des règles sévères de l'harmonie, règles sur lesquelles il voulaient toujours se tenir, comme dit le vieux proverbe, à cheval; et c'est ce qui fait dire à nos médisants, ces mots : musique monotone, parce que, prétendent-ils, c'est toujours la même chose.

A une époque plus rapprochée, nos célèbres compositeurs avaient à leur disposition, lors de leurs premières œuvres, sinon la perfection, du moins l'existence de tous les instruments qui composent aujourd'hui l'orchestration, instruments qui manquaient aux anciens.

De plus, par le travail, les recherches, l'expérience, ces mêmes grands compositeurs ont trouvé que, sans altérer en rien la pureté de l'art, on pouvait user de ce qu'ils ont appelé des licences, mais des licences bien raisonnées, bien établies, lesquelles ont donné à la musique une extension qui, la faisant sortir des restrictions de l'ancienne composition, sans s'écarter des règles sévères de l'harmonie, a fait naître nos belles œuvres lyriques modernes.

A ces licences, vint donc se joindre la diversité des timbres.

Alors, tout fut complet.

Mais à tout il y a une limite.

Et quand l'homme se met en tête de dépasser une limite qui ne lui est point tracée par une règle, mais bien par le propre bon sens, il n'y a pas de raison pour qu'il s'arrête.

Revenons donc à notre point de départ; et pour établir une comparaison de laquelle doit sortir la vérité, imitons, *par convention*, sans aucune indulgence, le langage des hommes modernes, et disons :

La musique des anciens est monotone!

Dans le principe, on avait peu d'instruments; donc, peu de ressources.

Les instruments à cordes, par leur ancienneté, par leur utilité, leur propre caractère, sont le fondement d'un orchestre. C'est le fond obligé d'un tableau ; on a créé peu à peu des instruments à vent de diverses natures ; accroissement de ressources ; ces instruments ont eu pour mission de donner la couleur, de varier les nuances sur le fond ; si la peinture veut la diversité des nuances, des couleurs, l'orchestration veut la diversité des timbres.

Les instruments à vent en bois ; les instruments en cuivre, cor, trompette, trombone, tous ont apporté leur tribut. Complément.

Application parfaite des timbres ; perfectionnement dans l'exécution ; écriture convenable, possible, de tous les instruments. C'est là le fini, le vrai.

Mais là aussi, doit être la limite !

C'est à partir de ce moment que, voyant avec quelle facilité (facilité relative à chaque instrument) les instrumentistes sont parvenus à se servir de leur instrument, la masse des compositeurs modernes, je le dis en respectant toujours les exceptions, a pris le parti de se servir de toute espèce d'instrument, sans discernement, sans réflexion, à tout propos, sans avoir égard au timbre, à la difficulté soit de l'émission du son, soit du mécanisme ; et c'est ainsi que, d'exagération en exagération, d'abus en abus, les trombones sont pris pour des seconds violons. (Voir les observations à la page suivante.)

Qu'en résulte-t-il ?

Que de la monotie endormante, on tombe dans une monotonie assourdissante.

Quel est aujourd'hui l'effet de l'orchestration ? Toujours fort ! Plus d'impressions, plus de pensées rendues ; même dans la musique légère, plus d'effets particuliers ; toujours du cuivre, du bruit, du tapage. Plus de fond, plus de coloris au tableau ; un véritable chaos de couleurs.

Mais toute chose veut avoir une raison d'être ; et c'est là le vice de l'orchestration, cette raison d'être n'existe pas toujours.

Si, dans une scène quelconque, un compositeur veut obtenir du bruit, du tapage, il emploie tous les instruments ; mais là, il y a raison d'être. Si, au milieu d'un effet *piano*, le compositeur fait frapper aux trombones un accord à grand *forte*, il produit un effet de surprise, de saisissement ; mais si les trombones sont déjà employés dans le simple accompagnement avant de frapper ce même accord, l'effet de surprise, s'il n'est pas détruit, est du moins fortement amoindri. Il faut un milieu en toutes choses.

Qu'est-ce qui produit l'effet ?

C'est l'opposition, le contraste. Or si cette opposition, ce contraste, n'existe pas, l'effet ne peut pas avoir lieu.

Si d'un effet toujours trop faible, à un effet toujours trop fort, il y a loin, en apparence, il y a en réalité, rapprochement, puisque les extrêmes se touchent ; et puisque l'opposition des nuances, sur le fond, n'existe point, l'effet est forcément nul.

Enfin, j'ajouterai que si en peinture, les couleurs, si en musique, les nuances, doivent être variées sur le fond, si l'emploi collectif, soit des couleurs, soit des nuances, est quelquefois utile, nécessaire, il ne faut pas que l'on voie toujours les mêmes couleurs, que l'on entende toujours les mêmes nuances.

Il faut en retrancher çà et là quelques-unes.

Le quatuor peut même agir seul.

Quelquefois, une seule couleur, une seule nuance vient trancher sur le fond ; et c'est le changement, c'est le remplacement d'un timbre par un autre, c'est le mariage de deux timbres arrivant à propos, qui fait la diversion, qui enlève à l'orchestration, ou la monotonie du seul emploi du quatuor qui, étant le fond du tableau, et à quelques exceptions près, doit toujours être présent, ou celle de l'emploi collectif et continuel de tous les instruments.

Quant aux exceptions qui concernent l'emploi ou la suppression du quatuor, elles consistent en ce que, d'un côté, l'on fait faire à tel ou tel instrument des rentrées en *solo* exclusif ; en ce que d'un autre côté, on emploie exclusivement les instruments à vent pour rendre des scènes exceptionnelles, ou pour exécuter des marches militaires ou triomphales dont la première partie est exécutée *piano* par ces mêmes instruments qui, au retour à grand *forte*, du premier motif de la marche, se trouvent alors doublés, renforcés par le quatuor.

Mais, outre l'avantage de la diversion des timbres, en supprimant de temps à autre tel ou tel instrument à vent, l'on donnera à l'instrumentiste un repos nécessaire, indispensable, sans lequel il lui serait impossible d'aller jusqu'au bout d'un ouvrage qui dure deux, trois, quatre, et même cinq heures. Car il faut considérer que dans les instruments à cordes, l'archet qui est tout à la fois le créateur, le producteur, le soutien, le fournisseur du son, ne crée pas à l'exécutant l fatigue qu'éprouvent, chez l'artiste qui joue d'un instrument à vent, et les lèvres qui reçoivent soit intérieurement, soit extérieurement l'embouchure, et les poumons qui doivent fournir une grande quantité d'air; et ce qui les fatigue beaucoup aussi, c'est de retenir, de comprimer cet air pour ne pas le perdre inutilement, afin de ne pas en manquer au moment où l'instrumentiste en aura le plus besoin.

Serai-je compris? Je l'espère!

Et puissent ces quelques observations donner à réfléchir aux hommes de bon goût, afin de rendre à l'art musical tout le sentiment qu'il inspire, et qu'ont détruit en lui tant d'exagérations, tant d'abus trop souvent renouvelés.

Observations concernant les effets ou chants, piano, écrits aux instruments en cuivre.

En parlant plus haut de l'abus dans l'application des timbres, j'ai cité principalement les trombones, parce que le timbre du trombone est le plus strident de tous; parce que sa sonorité peut couvrir celle de tous les autres instruments.

C'est pour cette même raison que je dois faire particulièrement ici, puisque nous sommes au chapitre des abus, une observation très-importante à l'égard des accords et des chants que l'on écrit pour être faits *piano*. Lorsqu'un accord est marqué *forte*, l'exécution en est facile pour tous les instruments; mais lorsqu'il est marqué *piano*, ce ne peut être qu'un piano relatif à l'instrument. J'ai déjà dit combien il est difficile d'émettre le son dans un instrument en cuivre; j'ai dit aussi que le trombone peut donner des sons depuis le plus extrême *piano* jusqu'au plus grand *forte*; mais, je le répète, ce *piano* doit être nécessairement relatif à l'espèce d'instrument.

Les instruments en cuivre, et principalement le trombone, demandent, dans l'émission, dans l'attaque du son, pour qu'il soit produit, plus d'intensité que les autres instruments. Par conséquent, si l'on veut que le trombone produise un *piano* aussi faible que l'effet *piano* des instruments à cordes, il est inutile d'écrire pour le trombone; car dans ce cas, l'émission n'aura pas lieu, ou, si elle a lieu, si chaque note est produite, et elle ne le sera qu'en raison de l'intensité d'attaque exigée par l'espèce d'instrument, l'effet sera peut-être plus fort que ne l'aura désiré l'auteur. Cette difficulté peut arriver principalement dans le grave, étendue dans laquelle les notes dépensent une grande quantité d'air, ce qui exige, dans l'attaque, une plus grande intensité, sans laquelle l'air fera fuite, au lieu de produire le son. A cet égard, je signalerai que la tonique grave de chaque position du trombone est d'une émission très-facile; mais aussi, la tonalité, si l'on exige un *piano outré*, baisse graduellement et par force.

La quinte de chacune des quatre dernières positions, *si nat.*, *ut, ré b. et ré nat.*, est très-dure et perd beaucoup de sa qualité lorsqu'elle doit être produite trop *piano.*

L'instrument se raccourcissant à mesure que l'on approche de la première position, les trois autres quintes, *mi b., mi nat.* et *fa nat.*, troisième, deuxième et première position sont meilleures, parce que, l'air ayant moins d'étendue à parcourir, avant de frapper la première courbe de la coulisse, l'émission de ces notes est plus précise et, partant, plus facile; mais aussi, il faut éviter d'écrire pour cet instrument, des accords soutenus et prolongés, pour ainsi dire indéfiniment, ce qui arrive soit dans les récits, soit dans les mouvements très-larges. Dans les récits, les chanteurs prennent leurs aises, quelquefois avec exagération, et il n'est pas possible aux instrumentistes de soutenir, sans les interrompre, les accords écrits. Ces accords peuvent être soutenus par les parties qui ne descendent pas au dessous du *fa*, quatrième ligne de la portée clef *fa*; mais, au-dessous de cette note, et de plus en plus, à mesure que l'on descend dans les notes graves, l'air épuisé vient à manquer; pour le renouveler, il faut une suspension de son. Pour continuer l'accord, il faut une nouvelle attaque; et, dans les accords isolés, cette attaque, pour que le son soit produit, est quelquefois trop dure, et fait, par conséquent, un mauvais effet. Au contraire, un dessus du *fa* inclus, l'attaque peut être très-douce.

Il faut donc que l'auteur calcule combien de temps doit durer la tenue obligée de l'accord, avant de l'écrire.

Dans les effets *piano*, la tenue de l'accord peut durer, sans qu'il y ait suspension, la valeur de douze à quinze temps du mouvement du métronome 112, pour les notes écrites au-dessus du *fa*, quatrième ligne de la portée clef *fa*.

Si les notes sont écrites au-dessous de ce même *fa*, la tenue ne peut excéder la durée de huit ou neuf temps; parce que, l'ouverture qui existe entre les lèvres, étant plus grande pour les notes graves que pour les notes du médium et pour celles de l'aigu de l'instrument, l'air s'épuise plus vite; ensuite, l'attaque exigeant plus d'intensité, l'air est, par ce fait, chassé avec plus de vivacité, et le son s'éteind également plus vite.

Dans les *forte*, la tenue n'est possible que pendant la durée de six ou huit temps au plus, au-dessus du *mi nat.*, et de cinq ou six temps, bien soutenus, au-dessous de cette même note.

On peut appliquer comme règle, ce qui vient d'être dit relativement aux notes graves, aux notes de l'étendue grave des instruments en cuivre, et principalement à ceux dont le timbre est strident.

Enfin, si le trombone peut jouer très-deux, surtout dans le médium et dans l'aigu, cette douceur ne peut être que relative à sa sonorité naturelle.

L'exigence d'une exécution trop faible est un abus qui s'étend sur tous les instruments à vent en général, mais, je le répète principalement sur les instruments en cuivre.

Par exemple, on a tort de prendre le cor pour un instrument de remplissage.

Le cor est un instrument à effet; il a un emploi spécial; en outre, si l'on écrit toujours de l'accompagnement pour les parties de cor, les lèvres de l'instrumentiste seront fatiguées à tel point que l'on pourrait craindre pour l'exécution d'un *solo* venant à la suite de cet accompagnement continu.

Si l'on vient ensuite exiger de l'exécutant, un *piano* impossible pour l'instrument, l'exécution elle-même en sera impossible.

En conséquence, je dirai que dans un accompagnement *piano*, mais collectif, les instruments en cuivre se soutiennent les uns les autres, et l'on peut dans ce cas écrire, et demander le *piano* le plus faible; mais relatif à chaque espèce d'instrument.

De plus, lorsqu'une voix ou un instrument quelconque devra exécuter un chant *solo*, la sonorité des instruments chargés de l'accompagnement, devra, même dans un effet piano, être proportionnée à la sonorité même, à la portée du son de l'instrument qui exécutera le chant, lequel doit toujours dominer.

Ainsi, le hautbois, écrit dans la portée musicale, a beaucoup plus de sonorité que la clarinette écrite sur ces mêmes degrés.

Mais lorsqu'un ou plusieurs instruments de la même famille, ont à exécuter, en *solo*, soit un chant, soit un accord soutenu et *piano*, les instrumentistes, après avoir entendu le désir de l'auteur, quant à l'intensité à donner dans la sonorité, dans l'effet, doivent, non pas attaquer *forte* les notes écrites, mais, donner des sons naturels et bien posés; sans cela, les sons trembleront entre les lèvres, les notes pourront être ratée, et l'effet sera totalement détruit. Dans ce cas, la sonorité doit être naturelle, franche; et MM. les compositeurs doivent se convaincre de la vérité de ce fait, qui est obligatoire, afin de ne pas exiger, de la part des instrumentistes, une exécution absolument impossible.

CONSEIL A MM. LES JEUNES COMPOSITEURS

QUI NE CONNAISSENT QUE L'ORGUE ET LE PIANO.

Comme je l'ai déjà fait voir au commencement de cet ouvrage, beaucoup de compositeurs manquent de moyens pour bien connaître et, par conséquent, pour bien employer les instruments à vent.

Par ces quelques lignes, sous forme de conseil, je leur offre un moyen bien simple d'acquérir, par leur propre expérience, les connaissances indispensables à un compositeur.

Or, voici ce moyen.

A mon avis, aucun des compositeurs qui ne connaissent que l'orgue et le piano, ne devrait se dispenser d'apprendre à jouer d'un instrument à vent quelconque et de le travailler assez, non pas pour devenir ce que l'on appelle un virtuose, mais pour être au moins capable de faire passablement une partie dans une musique d'harmonie militaire.

Alors, s'associant entre eux, ils pourraient former, et selon leur nombre, une ou plusieurs musiques du genre de cette dernière; ils se réuniraient exactement au moins une fois par semaine; ils pourraient écouter, réfléchir, s'instruire l'un par l'autre, et ils auraient par là, l'assurance d'apprendre beaucoup de choses qu'ils ne connaissent pas, et que l'on ne peut point apprendre par théorie, car pour entendre et apprécier un timbre, il faut les oreilles, et non les yeux.

Ainsi associés, ils trouveraient aisément, non-seulement un local, mais encore le répertoire de musique qui leur serait nécessaire.

Quant au local, je pense qu'en adressant une demande à MM. les maires de leurs communes respectives, aucun de ces Messieurs ne leur refuserait, pour deux ou quatre heures par semaine, une salle dans leur mairie.

Je sais que l'on reculera tout d'abord devant l'idée de former une orchestre avec des personnes qui, aujourd'hui, ne savent rien en fait d'instrument à vent; mais la chose étant très-simple et très-facile, il faut tout simplement vouloir. Eh! bien, que les plus courageux commencent!

Une heure d'étude consciencieuse par jour, suffira pour que tous puissent contribuer à atteindre le but que je leur montre au bout de leur chemin, et à recueillir les fruits de leur courageux travail.

Il faut d'abord former un noyau; cette heure de travail, bien employée tous les jours pendant un an, sera suffisante pour des hommes intelligents et déjà musiciens, et pour lesquels, par conséquent, l'instrument ne sera presque rien.

Avec trente musiciens au plus, on peut former un noyau composé de tous les timbres; lorsque ce noyau sera formé, d'autres suivront l'exemple, et petit à petit, sans que l'on y pense, le temps aura passé, la société s'accroîtra; et quand le nombre des sociétaires deviendra trop grand, on se partagera pour former d'autres orchestres.

Les premiers, les plus courageux qui auront formé le premier noyau, se diviseront par partie d'instrument, ils seront alors la tête principale de chaque orchestre, et ils instruiront les plus jeunes; alors on verra sans nul doute, sortir du sein de cette société, de jeunes et nouveaux génies que le manque de connaissances aurait laissés dans l'ombre.

TABLE DES MATIÈRES

CHAPITRE VI.

CHAPITRE VII.

CHAPITRE VIII.

CHAPITRE IX.

CHAPITRE X.

CHAPITRE XI.

CHAPITRE XII.

Paris. — Imp. G-. A. Pinard, 9, cour des Miracles.

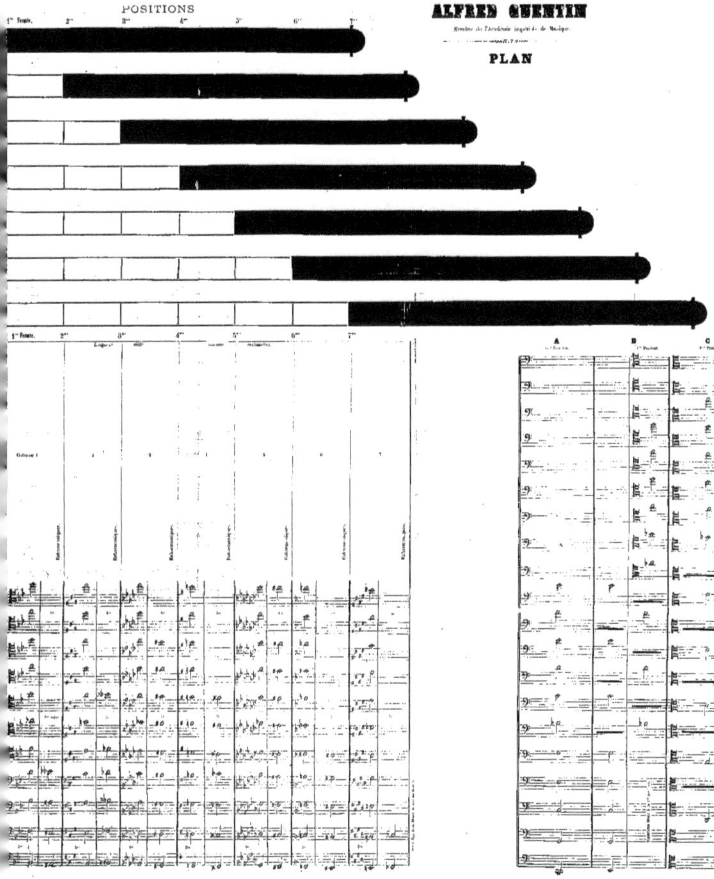

TRAITÉ D'INSTRUMENTATION

par

ALFRED QUENTIN

Membre de l'Académie impériale de Musique.

PLAN

Mouvement relatif des notes et de la coulisse.

POSITIONS

du Trombone, du Cor, de la Trompette et du Cornet à pistons

A. Trombone basse.
B. Trombone ténor.
C. Trombone alto.
D. Cor en ut bas.
E. Trompette.
F. Cornet à pistons.

BASE DONNÉE, UT

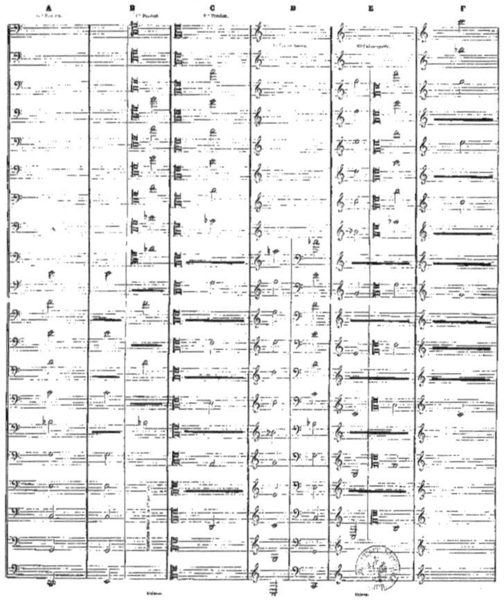

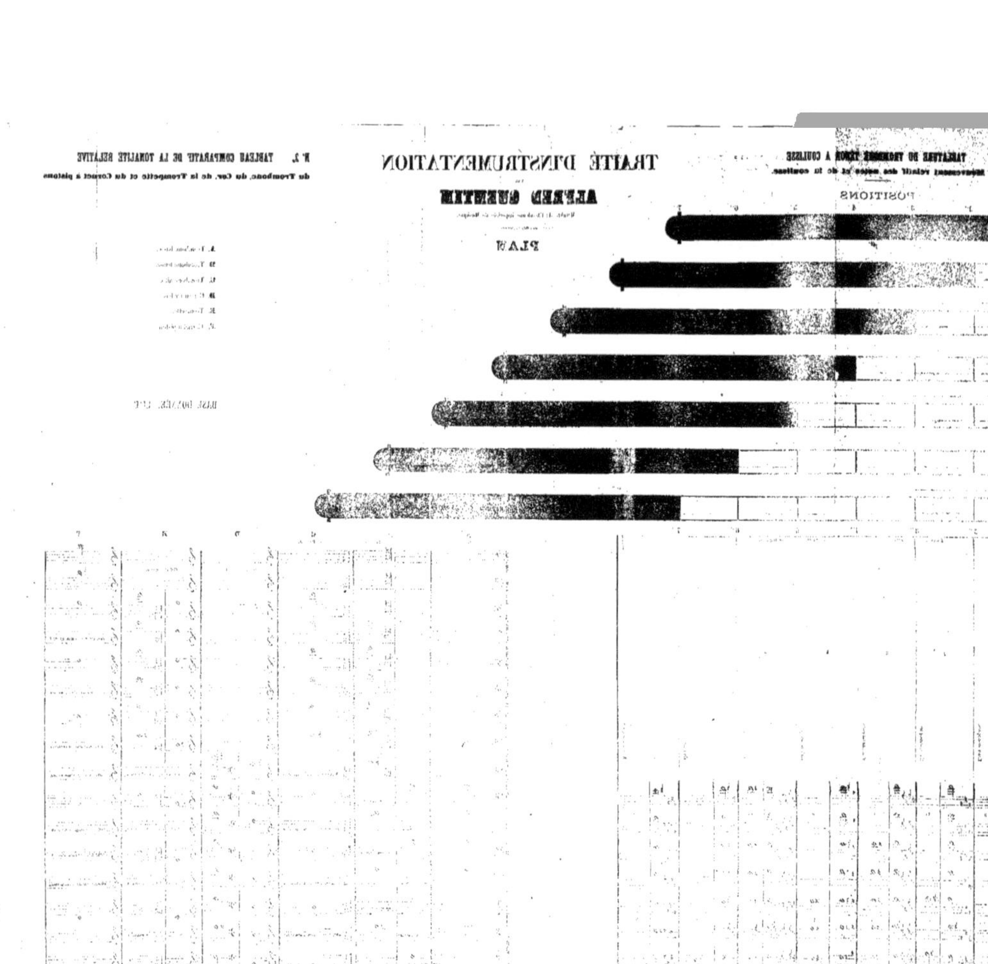

www.ingramcontent.com/pod-product-compliance
Ingram Content Group UK Ltd.
Pitfield, Milton Keynes, MK11 3LW, UK
UKHW022351090726
13658UKWH00002B/595